U0779458

XIANDAI HANYU GAILUN

现代汉语概论

周国光　练春招
张　舸　董祥冬　编著

广东高等教育出版社
广州

汉语言文字学

【研究丛书】

图书在版编目（CIP）数据

现代汉语概论/周国光等编著．—广州：广东高等教育出版社，2014.7（2025.8 重印）
ISBN 978-7-5361-5123-9

Ⅰ.①现…　Ⅱ.①周…②练…③张…　Ⅲ.①现代汉语-师范大学-教材　Ⅳ.①H109.4

中国版本图书馆 CIP 数据核字（2014）第 104731 号

广东高等教育出版社出版发行
（地址：广州市天河区林和西横路）
邮政编码：510500　　电话：（020）37091783
广东信源文化科技有限公司印刷
890 毫米×1 240 毫米　32 开本　12.125 印张　320 千字
2014 年 7 月第 1 版　2025 年 8 月第 5 次印刷
定价：28.00 元

目　　录

第一章 绪 论

一、什么是现代汉语

汉语是汉民族的语言，现代汉语是现代汉民族所使用的语言。现代汉语有广义和狭义之分。广义的现代汉语包括汉民族共同语、汉语的各种方言、汉语在世界各地的变体即域外汉语。这些语言都是汉语，只是在语音、词汇、语法等方面存在一定的差异。

狭义的现代汉语指的是现代汉民族共同语。现代汉民族共同语指的是“以北京语音为标准音，以北方话为基础方言，以典范的现代白话文著作为语法规范的普通话”。现代汉民族共同语言在不同的地方还有其他不同的说法：在东南亚的新加坡、马来西亚、泰国称“华语”，有的地方则称现代汉语为“官话”。

普通话是现代汉民族最重要的交际工具，同时又是国家法定的全国通用语言。它在全国范围内通用，包括民族自治地区和少数民族聚居的地方。民族地区可以同时使用本民族的通用语言和方言。国家推广全国通用的普通话，并不是消灭少数民族语言，也不是消灭汉语方言，它们可以在一定领域和特定地区长期使用。

普通话以北京语音为标准音，是符合人们使用汉语的客观情况的。任何一个民族的共同语都需要以一个地点方言的语音作为标准音，汉民族共同语以北京语音为标准音，是我国历史发展的必然结果。辽、金、元、明、清以来的 800 多年，大多以北京作为都城，北京成为我国政治、经济和文化的中心。作为官府通用语言的北京话，即“官话”，也就传播到了全国各地。所以说，以北京语音为现代汉民族共同语的标准音，是大势所趋。需要注意的是，“以北京语音为标准音”，是指以北京话的语音系统作为普通话的语音标准，并不包括北京口语中的土音以及过多的轻声、儿化现象等。

普通话以北方话为基础方言，是历史的必然。北方话分布区域最广，使用人数最多，影响最大。宋代话本如《碾玉观音》等，元朝的戏曲杂剧如《窦娥冤》等，明清小说如《水浒传》《西游记》《红楼梦》等，都用北方话写成。北方话也通过这些作品得以广泛传播。五四运动以后的白话作品也多由北方话写成，这些作品的流传更增强了北方话的影响，北方话成为普通话的基础方言是历史的必然。普通话是在北方话的基础上形成的，所以说普通话是“以北方话为基础方言”。一方面，从词汇的角度，这意味着普通话的词汇标准以北方话词汇为基础，普通话词汇来源于北方话，但这并不是说北方话中所有的词都可以进入普通话，那些不具有普遍意义、地方性很强的土俗的词语就不宜吸收到普通话中。另一方面，为了使用的需要，普通话也可适当吸收非基础方言中的有用成分，如方言词、古语词、外来词等，从而丰富词汇。

普通话以典范的现代白话文著作为语法规范，指的是以典范的现代白话文著作的一般用例为语法规范。所谓“典范”的著作，指的是具有广泛代表性的著作，如著名作家的名著名篇。和口语比起来，书面语是经过作者加工锤炼的较成熟的语言形式，其语法更具普遍性、定型性和稳固性等特点，因而宜以书面语著作作为语法标准的依据。因为语言在不断发展，每位作者都具有个人使用语言的一些习惯，所以并不是现代白话文著作的所有用例都可作为语法规范，作品中的特殊用例、方言语法成分及语法方面的错误用例等均要排除在外，只有那些典范的现代白话文著作的一般用例才能成为普通话的语法规范。

二、现代汉语的形成

汉语按历史发展阶段可以分为上古汉语、中古汉语、近代汉语和现代汉语。先秦及两汉以前的汉语称为上古汉语，魏晋南北朝及隋唐时的汉语称为中古汉语，宋元明清时的汉语称为近代汉语，清末及五四运动以后的汉语称为现代汉语。现代汉语是从古代汉语逐渐发展而来的，是在近代汉语的基础上形成的。在汉语发展过程中，存在着共同语和方言、书面语和口语的分歧；现代汉民族共同语的确立，经历了一个克服分歧、渐趋统一的复杂过程。

书面汉语的文体形式经历了文言文—近代白话文—现代白话文的一系列变革。

汉字早在殷商时代就已经是非常完善的文字体系了，但是中间经历了 2 000 多年诸多朝代的变迁，最后冠以“汉”名，至今仍称之为“汉字”，足以说明汉王朝的建立在中国历史上的作用。中原文明与周边其他并存的文明之间，互相接触和渗透，配合和冲突，归化与流散，逐渐形成了汉藏语系不同语族、语支和语言的格局。

秦汉时代的书面语是“文言”，当时言文脱离的现象已经存在，这可以从《史记》《汉书》中所记录的“口语”中看出一些端倪。文言作品在言文脱离的情况下，对语言的统一和发展、对民族共同语的形成都起了积极的作用。

唐宋以后，以北方方言为基础形成的新的书面语——“白话”作品多、影响大，促进了北方方言的推广。金、元、明、清等朝代定都北京，北京成了全国政治、经济、文化、科技等各方面的中心，北京话作为“官话”得以在全国推广。几次语文运动，尤其是五四时期“白话文运动”与“国语运动”的互相推动和互相影响，使书面语与口语日益接近、融合，最终形成普通话。中华人民共和国成立后，普通话更得到大力推广。

三、现代汉语方言

普通话是汉民族的共同语，是建立在某种方言的基础上的。汉语方言则是汉民族共同语的地方变体。普通话和方言同源同宗。方言也属于现代汉语，它不是古代汉语，也不是另一种语言，在基本词汇、语法构造上与普通话基本相同，差别大的是语音。

根据各方言的特点，联系方言形成和发展的历史，就目前方言调查的初步结果看，现代汉语方言大体上可分为七大区。

（一）北方方言

以北京话为代表，是现代汉民族共同语的基础方言。分布在长江以北地区，长江南岸的镇江到九江以东的沿江地带，湖北（东南除外）、四川、云南、贵州等省和湖南省的西北部，以及广西北部一带。北方方言内部又可分为北方官话、西北官话、西南官话、下江官话等四种次方言。“次方言”是指地域方言内次一级的方言。汉族有 70%以上的人使用北方方言。在内蒙古、新疆、青海、西藏、广西、四川、云南等自治区和省的少数民族地区居住的汉人中，也通行北方方言。

（二）吴方言

以苏州话为代表。也有人认为，从现在的影响来看，上海话应作为吴方言的代表。吴方言分布在江苏长江以南镇江以东（镇江不在内）地区和浙江的大部分。使用人口占汉族总人口的 8.4%左右。

（三）湘方言

以长沙话为代表，分布在湖南大部分地区（西北角除外）。

使用人口占汉族总人数的5%左右。

（四）赣方言

以南昌话为代表，分布在江西（东北沿江地带和南部除外）、湖北东南一带。使用人口占汉族总人口的2.4%左右。

（五）客家方言

以广东梅州话为代表，分布在广东东部和北部、江西南部、福建西部、广西东南部，此外，湖南、四川也有一些客家方言点。客家人从中原迁徙到南方，虽然居住分散，但客家话仍自成系统，内部差别不算太大。使用人口占汉族总人口的4%左右。

（六）闽方言

闽方言主要分布在福建省，广东东部的潮州、汕头一带，海南省和台湾省的大部分地区。华侨和华裔中有很多人是说闽方言的。闽方言使用人数约占汉族总人口的4.2%。闽方言内部分歧较大，有人主张可以分成五种次方言：①闽东方言以福州话为代表，分布在福建东部闽江下游；②闽南方言以厦门话为代表，分布在福建南部、台湾及广东的潮汕地区、雷州半岛、海南及浙江南部，南洋华侨有很多是说闽南话的；③闽北方言以建瓯话为代表，分布在闽江上游武夷山一带；④闽中方言以永安话为代表，通行于福建中部永安、三明、沙县；⑤莆仙方言以莆田话为代表，通行于莆田、仙游一带。

（七）粤方言

以广州话为代表，分布在广东中部、西南部和广西的东部、南部。海外华侨很多是说粤方言的。使用人口占汉族总人口的5%左右。

普通话和方言的区别主要体现在语音上，其次是词汇，差异最小的是语法。

与普通话语音距离最大的是闽方言和粤方言，其次是吴方言，再次是赣方言、湘方言和客家方言。

各方言在语音上有很大的差别。在声母方面，有的保留成套的古浊音，有的浊音很少；有的分舌尖前音和舌尖后音，有的不分。例如韵母方面，有的有 -m、-n、-ng、-b、-d、-g 韵尾，有的只有 -n、-ng，有的 -n 和 -ng 不分。在声调方面，各方言的入声情况很不相同，调类也从三个到十个不等，调类相同的，调值也不同。此外，各方言声、韵、调的配合关系也不一样。

各方言都有自己的方言词，通行于本方言区内。同一样东西在各方言区常常有不同的名称，如北京说“冰棍儿”，沈阳说“冰果儿”，成都说“棒冰”，长沙说“冰棒”，广州说“雪条”。有时书面形式相同的词在不同的方言区其真实含义有所变化，表现为词义扩大、词义缩小、词义对换、词义转移等，如普通话的“蚊子”在湘方言里既指“蚊子”又指“苍蝇”，广东人的“房”和“屋”的词义正好与北方方言相反。

与语音、词汇方面的差异相比，各方言的语法差异较小，主要表现在量词的使用、某些句子的不同格式以及语气词等虚词的使用上。比如，北京话说“一个人”，客家话说“一只人”；表示比较的句式中，北方方言说“今天比昨天冷”，粤方言说“今天冷过昨天”。

虽然现代汉语的各种方言相互间存在不少差异，但它们共用一套汉字符号系统，有着一大批共同的词汇，又有大致统一的语法结构和整套关系密切对应的音系，因此汉语的这些方言仍然是从属于民族共同语的语言，是现代汉语的地域变体，并不是和普通话并列的独立语言。

四、现代汉语的地位

汉语历史悠久，无论过去或现在，在国内国外都影响很大，具有十分重要的地位。

在国内，汉语是使用人数最多的语言。我国是一个多民族国家，共有56个民族。中华人民共和国的成立，促进了各民族政治、经济、文化和语言文字的发展，加速了民族的交往。汉族和各少数民族彼此都在学习对方的语言，以便交际。目前，汉语不仅是汉族人民与少数民族交际的工具，也是少数民族人民经常使用的交际工具，说汉语的人占全国总人数的90%以上。

在国际上，汉语是世界上使用人数最多的语言。汉语的传播已遍及五大洲，全世界差不多有五分之一的人是说汉语的。海外华侨3 000多万，他们走到哪里，汉语就传到哪里。在汉语的形成和发展过程中，出于地理和历史的原因，它对东南亚各民族的语言有着深刻的影响。朝鲜在15世纪40年代谚文产生以前，曾借用汉语的字、词。日本自古以来就和我国有交往，大约在三国时代就正式派使节来我国，随着外交往来增多，汉字东渐，汉语对日语产生了重大影响。越南从秦代起就接触了中国的文化，18世纪以前越南的书面语言用的多数是汉字。朝鲜、日本、越南等国的语言中不仅有大量的汉语借词，而且把这种借词作为构造新词的基础。现在日语中的常用汉字有2 000个左右。

中华人民共和国成立以后在国际上的威望越来越高，因而汉语在国际交往中的地位也越来越显著，不仅在许多国家，学习和研究汉语的人越来越多，而且汉语已经成为联合国法定的六种通用语言之一（另五种是英语、俄语、法语、西班牙语和阿拉伯语）。在国际交往中，汉语的重要作用越来越引起人们的高度重视。

五、现代汉语规范化

语言规范化就是语言在约定俗成的过程中，在语音、词汇和语法等方面建立统一、明确、共同遵守的标准，以利于正确表达和理解。

现代汉语规范化是必要的。我国人口众多，需要规范的现代汉语。汉语是中华人民共和国这个多民族国家的官方语言和联合国工作语言，无论应用、传承还是传播，都需要加以标准化和规范化。随着信息化社会的发展，信息处理、人机对话、信息档案、语音识别与合成等，都需要有规范的处理对象、形式，以便于计算机系统的识别与处理。随着网络的发展，网络应用、网络文化、网络资源的开发建设与利用，也需要现代汉语的规范化。现代汉语的规范是社会发展和语言交际发展的需求，也是信息处理、网络建设的需求。

现代汉语规范化是可行的。语言的发展是约定俗成的过程，语言系统本身会在不断适应交际的过程中做出调整或改变，以让更多的使用者认同和使用，一些用法的规范就在交际实践中渐渐形成了。实际上，约定俗成就是少数服从多数。任何语言现象，包括语音、词汇、表达方式等，都存在使用多少的情况。人们学习语言时，常会选择多数人使用的式样，因为学会了以后会有广泛的使用空间。学习和使用语言的这种共同心理使语言规范化成为现实。历史上政府行为干预语言文字应用的先例在不同程度上推进了语言的规范化。此外，社会经济文化的发展，也能促进语言的规范化。

练习题

一、名词解释

①现代汉语　②汉语方言　③语言规范化

二、简答

1. 现代汉语为什么以北方话为基础方言？
2. 现代汉语是如何形成的？
3. 现代汉语有哪些方言？

4. 为什么说现代汉语具有十分重要的地位?

5. 为什么要使现代汉语规范化?

三、讨论

1. 你说的方言属于哪种方言? 它与普通话有哪些不同?

2. 你认为现代汉语有哪些不规范的地方?

第二章　语　　音

第一节　语音概述

语言是一种音义结合的符号系统，语言传达的意义是以声音作为物质形式来实现的。所以说，语音是语言声音的反映，是语言的“物质外壳”，是人类通过发音器官发出的、具有一定意义的、用以交际的声音。

一、语音的性质

语音首先是一种声音，是由于物体的振动而产生的，和其他声音一样，它是一种物理现象，具备物理属性；其次，语音是通过人类的发音器官发出的，是肺经气管产生的气流冲击声带，使声带发生振动，发出声音，再通过口腔和鼻腔共鸣而形成的声音，因此，语音是一种生理现象，具备生理属性；再次，语音具有一定的意义，什么样的声音表达什么样的意义，是某种语言的使用群体共同约定的，因此，语音具有社会性，具备社会属性。

（一）语音的物理性质

语音首先是一种声音，产生于物体的振动，以声波的形式传播。声波振动内耳的听小骨，这种振动被转化为微小的电子脑波，就是我们觉察到的声音。语音同自然界的其他声音一样，具有物理性质。语音的物理性质具有四个基本要素：音高、音强、音长、音色。

1. 音高

音高指的是声音的高低。音高是由发音体振动的频率来决定的。声波每秒振动的周期次数就是声波的频率。在一定时间内振动的次数多，频率就高，声音就高；振动的次数少，频率就低，声音就低。发音体振动频率的高低与发音体的大小、长短、粗细、张力等因素有关，语音的高低，则跟声带的长短、厚薄、松紧有关。人的声带是不完全相同的。声带长、阔、厚、松，振动就慢，频率就低，发出的声音就低，声带短、窄、薄、紧，在同样的时间内，用同样的力量发音，声带的振动就快，频率就高，发出的声音就高。同一个发音体，发音时声带的松紧不同，声音也有高低之别。汉语的声调，如普通话里的妈（mā）、麻（má）、马（mǎ）、骂（mà）的区别，主要就是由不同的音高造成的。

2. 音强

音强指的是声音的强弱。音强是由声波振幅的大小决定的。振幅大，声音就强；振幅小，声音就弱。词语中的轻重音主要是音强的不同形成的。普通话里的“莲子”和“帘子”里的“子”音强不同，前一个“子”音强比较强，后一个“子”音强比较弱。声音的强弱在普通话中有区别词义的作用，例如“大意”中的“意”，分别读为轻声和非轻声时，所表示的意思就不一样。

3. 音长

音长指的是声音的长短。音长是由发音体振动时间的长短决定的。英语中元音发音长与短，有区别意义的作用，例如 sit（坐）和 seat（座位）的区别，主要是其中元音［i］的音长不同。seat 里的［iː］音较长，sit 里的［i］音较短。在普通话中，轻声音节中的音长较短，例如读单字“亮”与读轻声词“月亮”时的“亮”是有差别的，“月亮”里的“亮”声音较短。音的长短在普通话中区别词义作用不大，但在语句感情的表达上有一定作用。在有的汉语方言中，音长可以区别词义。例如广州话里“三[saːm]”和“心[sam]”的不同，主要是其中元音 a 的音长不同，“三”里的 a 音较长，“心”里的 a 音较短。

4. 音色

音色指的是声音的特色。音色是由声波的不同形状决定的。它是每个声音的本质，所以也叫音质。音色是区别不同声音的最重要的要素。发声体不同、发音方法不同、共鸣器的形状不同，都会造成音色的不同。

（1）发音体不同，音色不同。例如，胡琴和口琴的声音不同，原因就在于发音体一个是琴弦，一个是簧片。老人发音声音低沉，小孩声音清脆，主要是因为他们的声带不同。

（2）发音方法不同，音色不同。例如：同一把小提琴，用弓子拉和用手指弹拨发出的音是不一样的。同样，g 和 h 这两个音，主要发音器官都是舌根与软腭，但 g 是用爆发方法发音，h 是用摩擦方法发音，发音方法不同，因而声音不同。

（3）共鸣器的形状不同，音色不同。例如大、小提琴，二者的发音体都是弦，发音方法都是用弓拉，但是大提琴的共鸣器很大，小提琴的共鸣器很小，音色就不一样，大提琴浑厚、低沉，小提琴明亮、悠扬。再如 u 和 o 的共鸣器都是口腔，但发 u 时口腔开度要比发 o 时小，因而声音不同。

在任何语言中，音色都是区别意义的最重要的要素。

（二）语音的生理性质

语音是由人的发音器官发出来的，因而具有生理性质。发音器官及其活动决定语音的区别。发音时发音器官状况不同、所用的方法不同，发出的声音也不同，所以我们在学习语音时也要研究发音器官的构造及其在发音中所起的作用。

发音器官可以分为三个部分：

1. 呼吸器官：肺和气管

气流是发音的动力，肺是气流的动力站，气管是气流出入的通道。肺部呼出的气流，通过支气管、气管到达喉头，作用于声带、咽腔、口腔、鼻腔等发音器官，经过这些器官的调节而发出不同的语音。

2. 发声器官：喉头和声带

气管的上部接着喉头。喉头由 4 块软骨构成，中部附着声带。声带是两片富有弹性的肌肉薄膜，两片薄膜中间的空隙是声门，声门是气流的通道。声带可以放松或拉紧，可使声门打开或关闭。声门打开时，气流可以自由通过；关闭时，气流可以从声门的窄缝里挤出，使声带颤动从而发出声音。

3. 共鸣器官：口腔、鼻腔、咽腔和喉腔

声带发出的声音经过共鸣后扩大，并形成各种声音色彩。口腔、鼻腔、咽腔和喉腔是发音的共鸣器官，其中口腔最重要。人发声的通道是一个呈直角的弯管，垂直的部分下面是肺和气管，中间一小段是喉腔，上面一大段是咽腔；水平的部分分上下两个部分，下面是口腔，上面是鼻腔。口腔中上面的叫上腭，下面的叫下腭。上腭包括上唇、上齿、齿龈、硬腭、软腭和小舌，硬腭在前，是固定的，软腭在后，可以上下升降，软腭后面是小舌。下腭包括下唇和下齿，舌头也附着在下腭上。舌是口腔中最灵活的器官，分为舌尖、舌面和舌根。舌头的前端是舌尖，自然平伸时，相对着牙齿的部分是舌叶，舌叶后面的部分是舌面，舌面后面的部分是舌根。上腭上面的空腔是鼻腔，软腭和小舌处在鼻腔和口腔的通道上。软腭上升时，鼻腔关闭，气流从口腔通过，这时发出的声音叫口音。软腭下垂时，口腔中的某一部位关闭，气流从鼻腔通过，这时发出的声音叫鼻音。见图 2－1。

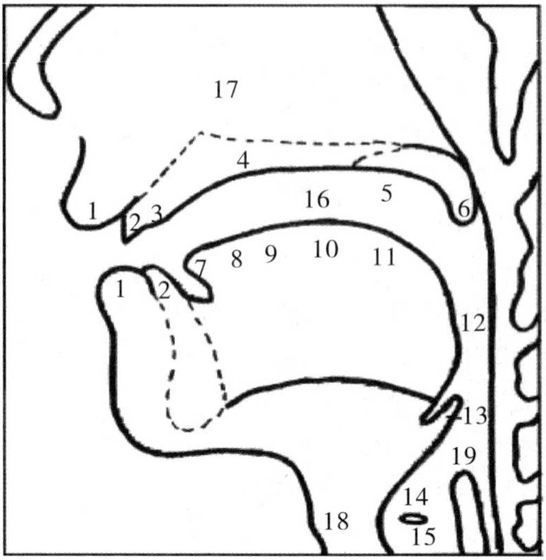

1. 上唇、下唇
2. 上齿、下齿
3. 齿龈　　4. 硬腭
5. 软腭　　6. 小舌
7. 舌尖　　8. 舌叶
9. 舌面前
10. 舌面中
11. 舌面后
12. 咽腔　13. 会厌
14. 声带　15. 喉腔
16. 口腔　17. 鼻腔
18. 甲状软骨
19. 食道

图 2－1　发音器官

（三）语音的社会性质

语音是一种社会现象，具备社会性质。语音的社会性是语音区别于其他声音的本质属性。语音的社会性质突出地表现在声音和意义的联系上。什么样的声音表达什么样的意义、什么样的意义用什么样的声音表达，本来没有必然的、本质的联系，它们的联系也不是由个人随意决定的，而是在一定范围内，由社会成员在长期的社会生活中“约定俗成”的。在不同语种或方言中，同一个意思会用不同声音来表示，例如“装订成册的著作”这个意思，在汉语普通话中用 shū（书）这一语音形式来表达，在方言中却还有 su、fu 或 xu 的表示方法，而在英语中则用［buk］（book）这一语音形式表达。这正如我国著名的哲学家荀子在《荀子·正名》中所言：“名无固宜，约之以命，约定俗成谓之宜，异于约谓之不宜。名无固实，约之以命实，约定俗成谓之实名。”

此外，各语种或方言都有自身独特的语音系统，这也是语音社会性的表现。不同语种或方言的语音表现出不同的民族特征，因而形成不同的语音体系。这方面的表现有两个：一是语音的选择。例如在普通话中有 z、c、s 和 zh、ch、sh 两组声母，而在粤方言和吴方言中只有一组 z、c、s 声母，没有 zh、ch、sh 声母。二是语音组合规则的约定。例如普通话没有复辅音，而英语中很常见；普通话中 f 和 i 不能组合，在英语则是可以的（fish）。

二、语音单位

（一）音素

音素是从音色角度划分出来的最小的语音单位。两个音，如果在发音体、发音方法和共鸣器官方面有所不同，音色就不同，例如“ɑ”和“i”两个音，发音方法和共鸣器不同，且不可再分，是两个音素。再如普通话中的“打 dɑ”，可以分为“d”和“ɑ”，两者从音色方面看是不同的音，所以是两个音素。

音素可以分为元音和辅音两大类。发音时气流振动声带，在口腔、咽头不受阻碍而形成的音叫元音，又叫母音。普通话中有 10 个主要元音：ɑ、o、e、ê、i、u、ü、er、－i［ɿ］、－i［ʅ］。发音时气流在口腔或咽头受到一定程度的阻碍而形成的音叫辅音，又叫子音。普通话中有 22 个辅音：b、p、m、f、d、t、n、l、g、k、h、j、q、x、zh、ch、sh、r、z、c、s、ng。

元音和辅音的主要区别有以下四点。

（1）元音发音时，气流在咽头、口腔不受阻碍；辅音发音时，气流通过口腔、鼻腔时要受到某部位的阻碍。这是元音和辅音的最主要区别。

（2）元音发音时，发音器官各部位保持均衡的紧张状态；辅音发音时，构成阻碍的部位比较紧张，其他部位比较松弛。

（3）元音发音时，气流较弱；辅音发音时，气流较强。

（4）元音发音时，声带要颤动，发出的声音比较响亮。辅音发音时，有的声带颤动，这样的辅音叫浊音，声音响亮，如 m、n、l、r、ng；有的辅音发音时，声带不颤动，声音不响亮，如 b、t、z、c，这样的叫作清音。

（二）音节

音节是语音结构的基本单位，也是人们听觉上自然感到的最小语音片断。如“先（xian）”，是一个音节，而“西安（xian）”发音时中间有短暂间隔，因而是两个音节。

分析音节，可以用音素分析法，因为音节是由音素构成的。普通话的一个音节，最少的由一个音素构成，如“阿 a”；最多的由四个音素构成，如“庄 zhuang”就包括 zh、u、a、ng 四个音素。在《汉语拼音方案》中，大多数情况是一个字母表示一个音素，如 a、o、e、p、d；有五个音素是用两个字母表示：zh、ch、sh、ng、er。

分析音节，也可以按照汉语传统的声韵调分析法来分析，就是把一个音节分为声母、韵母、声调三个部分。声母、韵母、声调是汉语特有的概念。

1. 声母

声母是汉语音节中开头的辅音。例如“普通话”三个音节的声母分别是：p、t、h。此外，有的音节开头的音素不是辅音，就是说音节的声母为零，可以称为“零声母”，这样的音节称为“零声母音节”，如“爱 ai”、“饿 e”等。有了零声母概念，可以说普通话里所有音节都有声母，都可以分出声母、韵母两部分。汉语拼音里的 w 和 y 两个字母，只出现在零声母音节的开头，如“衣 yi”、“汪 wang”等，但 w、y 不是声母，它们的作用主要是使音节界限清楚。

2. 韵母

韵母是指汉语音节中声母后面的部分。例如“中国”两个音节的韵母分别是：ong、uo。有的韵母是由一个元音构成的，如“阿 a”的韵母；有的韵母是由两个元音构成的，如“爱 ai”；有的韵母是由三个元音构成的，如“外 wai”的韵母；有的韵母是由元音加辅音构成的，如“南 nan”、“亮 liang”的韵母。

3. 声调

声调是汉语音节中具有区别意义作用的音高变化。由于一个音节就是一个汉字，所以也可称为“字调”。例如“老 lǎo”，读起来先降低然后又上升，这种先降后升的音高变化形式和升降幅度就是音节“老”的声调。

三、记音符号

（一）汉语拼音

汉语拼音是给汉字注音的一套注音符号及其拼写法。具体情况见本章附录 1《汉语拼音方案》。《汉语拼音方案》是以拼音字母和拼写方式为内容的一套中华人民共和国法定的拼音方案，1958 年 2 月 11 日由第一届全国人民代表大会第五次会议批准作为正式方案推行。它是世界各民族学习汉语的工具和拼写汉语的国际标准。

（二）国际音标

国际音标是欧洲各国语言学家共同商量制定的一套记音符号。1888 年由国际注音学会公布以来，已使用了一百多年。国际音标具有其他语音符号无可比拟的优点。

1. 音符对应，科学严密

国际音标符号和音值之间的关系是固定的，采用“一音一符，一符一音”的原则，不会发生标音含混的毛病。其数量远远超过任何一种语言的拼音字母，又有许多附加符号做补充，所以能够细致准确地记录世界上各种语言的语音。

2. 世界流通，宽严有度

国际音标符号是在国际通行的拉丁字母基础上制定的，易于掌握，使用方便，通行范围广，各国语言学家之间可以用它来对各种语言的语音进行讨论和交流。根据不同需要可以采用严式和宽式两种方式记音。在教学中，我们往往只列两张国内通行的元音简表和辅音简表（见本章附录4《国际音标简表》）。

四、现代汉语语音的特点

跟印欧系语言相比，现代汉语的语音具有以下特点。

1. 元音占优势

在汉语音节中，可以没有辅音，但是不能没有元音。一个音节可以只由元音构成，如阿（a）、爱（ai）和优（iou）等。汉语音节中，由复元音构成的音节比较多；从辅音和元音的构成比例看，元音占绝对优势。

2. 没有复辅音

辅音和辅音结合可以组成复辅音，复辅音在印欧系语言里很常见，例如英语 student、spring 等，两个或三个辅音连在一起用。现代汉语音节中则没有这样的现象，辅音或者在音节的开头，或者在音节的末尾，一个音节最多包含两个辅音，辅音和辅音不能连着使用。例如范（fan）、广（guang）等。

3. 有声调

汉语每个音节都有声调。声调是汉语音节不可缺少的成分。从功能上来讲，声调的主要作用在于辨别意义，声韵相同而声调不同的音节，代表的意义也不同，如“汤、糖、躺、烫”等。声调还可以使音节和音节之间界限分明，因为声调是附着在整个音节上的，不同音节有不同的音高变化，从听感上来看，汉语音节之间的界限就很容易分辨。

由于汉语音节元音占优势，而元音是乐音，所以汉语语音中乐音成分比例大，听起来响亮悦耳。加上音节界限分明，富于高低升降的变化和抑扬顿挫的起伏，总体形成了汉语音乐性强的特殊风格。

练习题

一、名词解释

①语音　②音素　③音节　④汉语拼音　⑤国际音标

二、分析

1. 读下面的汉字，指出每个汉字的读音包含多少个音素。

过　和　创　意　共　额　只　拍　雄

2. 读下面的成语，指出其中的零声母音节。

万象更新　杯弓蛇影　如鱼得水　耳闻目睹

察言观色　东倒西歪　阿谀奉承　呕心沥血

三、简答

1. 语音的性质表现在哪些方面？

2. 语音的社会属性表现在哪些方面？

3. 元音和辅音的区别表现在哪些方面？

4. 汉语拼音方案分几个部分？每个部分具体包含哪些内容？

5. 国际音标的优点体现在哪些方面？

6. 现代汉语语音有哪些特点？

四、讨论

1. 运用你所熟悉的语言来说明语音物理属性的表现或作用。

2. 谈谈辅音、元音与声母、韵母的关系。

第二节 声　母

一、什么是声母

声母指音节开头的辅音。例如“包（bāo）”这个音节，辅音“b”就是它的声母。普通话共有22个辅音，其中有21个可以在音节中充当声母，称为辅音声母，另一个辅音ng不能充当声母，只作为韵母的构成部分出现在音节末尾。

有些音节以元音开头，没有辅音声母，我们习惯上称这些音节的声母为“零声母”。如“安（ān）”、“恩（ēn）”、“欧（ōu）”。这种没有辅音开头的音节，称为“零声母音节”。汉语拼音中y、w两个字母只出现在零声母音节的开头，但它们不是真正的声母，而是起隔开音节作用的字母。如“羊（yáng）”、“玩（wán）”都是零声母音节。

二、声母的发音分析

辅音声母的主要发音特征是气流在通过咽头、口腔时会受到相关发音器官的阻碍。发音时气流受到阻碍的位置叫发音部位；发音时喉头、口腔和鼻腔节制气流的方式和状况叫发音方法。阻碍的部位不同或阻碍的方法不同都会影响辅音声母的性质。从这两方面可将声母进行如下分类。

（一）发音部位

按发音部位分，普通话声母可以分为七类。

（1）双唇音（b、p、m）由上唇与下唇构成阻碍而发出的音。

（2）唇齿音（f）是由上齿与下唇构成阻碍而发出的音。

（3）舌尖前音（z、c、s）又叫平舌音，是由舌尖与上齿背构成阻碍而发出的音。

（4）舌尖中音（d、t、n、l）由舌尖与上齿龈构成阻碍而发出的音。

（5）舌尖后音（zh、ch、sh、r）又叫翘舌音，是由舌尖与硬腭前部构成阻碍而发出的音。

（6）舌面音（j、q、x）由舌面前部与硬腭前部构成阻碍而发出的音。

（7）舌根音（g、k、h）由舌根与软腭构成阻碍而发出的音。

（二）发音方法

声母的发音方法包括构成阻碍与消除阻碍的方式、声带是否颤动、送气不送气等三个方面，由此可以将声母分为不同的类别。

1. 根据构成阻碍与消除阻碍方式的不同，可以把声母分为五类

（1）塞音（b、p、d、t、g、k）发音时，发音部位完全闭塞，构成阻碍，气流冲破阻碍，迸裂而出，爆发成声。塞音又叫“爆发音”或“破裂音”。

（2）擦音（f、h、x、sh、r、s）发音时，发音部位接近，留有一条窄缝，气流由窄缝中挤出，摩擦成声。

（3）塞擦音（j、q、zh、ch、z、c）发音时，发音部位先是完全闭塞，然后气流把阻塞部位冲开一条窄缝，再由窄缝中挤出，摩擦成声。可见这类声母兼有塞音与擦音的特点，前半部分像塞音，后半部分像擦音，前后发音过程紧密结合，形成一个完整的辅音。

（4）鼻音（m、n）发音时，口腔中的发音部位完全闭塞，软腭下降，气流振动声带，从鼻腔通过。

（5）边音（l）发音时，舌尖抵住上齿龈，但舌头的两边仍留有空隙，气流振动声带，从舌头的两边或一边通过。

2. 根据声带是否颤动，声母可以分为清音和浊音

浊音发音时声带颤动，又叫带音，一共四个：m、n、l、r。清音发音时声带不震动。汉语声母中除 m、n、l、r 外都是清音。

3. 根据送气不送气，声母可以分为送气音和不送气音

p、t、k、q、ch、c 这些声母发音时口腔中呼出较强的气流，是送气音。b、d、g、j、zh、z 这些声母发音时口腔中呼出较弱的气流，是不送气音。

综合上述分类，列普通话辅音声母总表如表 2 – 1 所示。

表 2 – 1 普通话辅音声母总表（方括号内的是国际音标）

发音部位	发音方法				擦音		鼻音	边音
	塞音		塞擦音					
	清音		清音		清音	浊音	浊音	浊音
	不送气	送气	不送气	送气				
双唇音	b [p]	p[pʻ]					m [m]	
唇齿音					f [f]			
舌尖前音			z[ts]	c[tsʻ]	s[s]			
舌尖中音	d[t]	t[tʻ]					n[n]	l[l]
舌尖后音			zh[tʂ]	ch[tʂʻ]	sh[ʂ]	r[ʐ]		
舌面音			j[tɕ]	q[tɕʻ]	x[ɕ]			
舌根音	g[k]	k[kʻ]			h[x]			

三、声母发音练习

以下以声母的发音部位为序，分别从声母的发音部位、送气不送气、声带是否颤动以及成阻与除阻的方式等方面逐一分析普通话中 21 个辅音声母的具体发音情况，并列出练习材料。

（一）双唇音

b [p]：双唇、不送气、清、塞音（是双唇音、不送气音、

清音、塞音的简称。以下类推)。发音时，双唇紧闭，形成阻碍，较弱的气流冲破双唇阻碍，爆发成声，声带不颤动。例词：

颁布 bānbù	辨别 biànbié
宝贝 bǎobèi	标本 biāoběn

p［p‘］：双唇、送气、清、塞音。发音情况与 b 基本相同，只是在除阻时口腔呼出的气流较强形成送气音。例词：

批判 pīpàn	品评 pǐnpíng
匹配 pǐpèi	偏旁 piānpáng

m［m］：双唇、浊、鼻音。发音时，双唇紧闭，形成阻碍，软腭下降，打开鼻腔通路，气流由鼻腔通过，声带颤动。例词：

美妙 měimiào	牧民 mùmín
磨灭 mómiè	密码 mìmǎ

(二) 唇齿音

f［f］：唇齿、清、擦音。发音时，下唇接近上齿，形成窄缝，气流从窄缝中挤出，摩擦成声，声带不颤动。例词：

方法 fāngfǎ	丰富 fēngfù
非凡 fēifán	奋发 fènfā

(三) 舌尖前音

z［ts］：舌尖前、不送气、清、塞擦音。发音时，舌尖抵住上齿背，形成阻碍，较弱的气流将阻碍冲开一条窄缝，由窄缝中挤出，摩擦成声，声带不颤动。例词：

在座 zàizuò	自尊 zìzūn
总则 zǒngzé	藏族 zàngzú

c［ts‘］：舌尖前、送气、清、塞擦音。发音情况与 z 基本相同，只是在除阻时口腔呼出的气流较强，形成送气音。例词：

猜测 cāicè	从此 cóngcǐ
粗糙 cūcāo	苍翠 cāngcuì

s［s］：舌尖前、清、擦音。发音时，舌尖接近上齿背，形成窄缝，气流从窄缝中挤出，摩擦成声，声带不颤动。例词：

思索 sīsuǒ　　诉讼 sùsòng

洒扫 sǎsǎo　　僧俗 sēngsú

（四）舌尖中音

d［t］：舌尖中、不送气、清、塞音。发音时，舌尖抵住上齿龈，形成阻碍，较弱的气流冲破阻碍，爆发成声，声带不颤动。例词：

到达 dàodá　　顶端 dǐngduān

电灯 diàndēng　　单独 dāndú

t［t‘］：舌尖中、送气、清、塞音。发音情况与 d 基本相同，只是在除阻时口腔呼出的气流较强，形成送气音。例词：

探讨 tàntǎo　　疼痛 téngtòng

梯田 tītián　　推脱 tuītuō

n［n］：舌尖中、浊、鼻音。发音时，舌尖抵住上齿龈，形成阻碍，软腭下降，打开鼻腔通路，气流由鼻腔通过，声带颤动。例词：

牛奶 niúnǎi　　泥泞 nínìng

农奴 nóngnú　　男女 nánnǚ

l［l］：舌尖中、浊、边音。发音时，舌尖抵住上齿龈，形成阻碍，气流从舌头两边或一边通过，声带颤动。例词：

理论 lǐlùn　　玲珑 línglóng

拉练 lāliàn　　劳累 láolèi

（五）舌尖后音

zh［tʂ］：舌尖后、不送气、清、塞擦音。发音时，舌尖上翘，抵住硬腭前部，形成阻碍，较弱的气流将阻碍冲开一条窄缝，由窄缝中挤出，摩擦成声，声带不颤动。例词：

珍珠 zhēnzhū　　政治 zhèngzhì

周转 zhōuzhuǎn　　茁壮 zhuózhuàng

ch [tʂʻ]：舌尖后、送气、清、塞擦音。发音情况与 zh 基本相同，只是在除阻时口腔呼出的气流较强，形成送气音。例词：

驰骋 chíchěng　　抽查 chōuchá

出差 chūchāi　　车床 chēchuáng

sh [ʂ]：舌尖后、清、擦音。发音时，舌尖上翘，接近硬腭前部，形成窄缝，气流从窄缝中挤出，摩擦成声，声带不颤动。例词：

山水 shānshuǐ　　少数 shǎoshù

神圣 shénshèng　　事实 shìshí

r [ʐ]：舌尖后、浊、擦音。发音情况与 sh 基本相同，只是声带颤动，形成浊音。例词：

仍然 réngrán　　柔软 róuruǎn

忍让 rěnràng　　如若 rúruò

（六）舌面音

j [tɕ]：舌面、不送气、清、塞擦音。发音时，舌面前部抵住硬腭前部，形成阻碍，较弱的气流将阻碍冲开一条窄缝，由窄缝中挤出，摩擦成声，声带不颤动。例词：

加剧 jiājù　　结晶 jiéjīng

坚决 jiānjué　　交际 jiāojì

q [tɕʻ]：舌面、送气、清、塞擦音。发音情况与 j 基本相同，只是在除阻时口腔呼出的气流较强，形成送气音。例词：

恰巧 qiàqiǎo　　亲切 qīnqiè

崎岖 qíqū　　全球 quánqiú

x [ɕ]：舌面、清、擦音。发音时，舌面前部接近硬腭前部，形成窄缝，气流从窄缝中挤出，摩擦成声，声带不颤动。例词：

喜讯 xǐxùn　　现象 xiànxiàng

选修 xuǎnxiū　　　　小学 xiǎoxué

（七）舌根音

g [k]：舌根、不送气、清、塞音。发音时，舌根抵住软腭，形成阻碍，较弱的气流冲破阻碍，爆发成声，声带不颤动。例词：

改革 gǎigé　　　　巩固 gǒnggù

广告 guǎnggào　　　　观光 guānguāng

k [k‘]：舌根、送气、清、塞音。发音情况与 g 基本相同，只是在除阻时口腔呼出的气流较强，形成送气音。例词：

开垦 kāikěn　　　　宽阔 kuānkuò

空旷 kōngkuàng　　　　可口 kěkǒu

h [x]：舌根、清、擦音。发音时，舌根接近软腭，形成窄缝，气流从窄缝中挤出，摩擦成声，声带不颤动。例词：

航海 hánghǎi　　　　辉煌 huīhuáng

缓和 huǎnhé　　　　呼喊 hūhǎn

四、声母发音辨正

方言区的人学习普通话声母时要注意以下几个问题。

（一）分辨 zh、ch、sh、z、c、s 和 j、q、x

普通话里 zh、ch、sh、z、c、s、j、q、x 能区别意义，而有的方言区没有舌尖后音，有的方言区没有舌面音，有的地区虽然有这三组声母，但是分合情况也和普通话不完全相同。例如把“支持”读成“机奇”，“师范”读成“稀饭”，“下午”读成“萨午”，“尝试”读成“强细”，“书本”读成“虚本”等。因此，这些方言区的人学习普通话时既要学会这几组声母的发音，还要知道普通话里哪些字是舌尖后音，哪些字是舌尖前音，哪些字是舌面音。

关于这几组声母的发音在声母一节已经介绍。这里介绍几种辨音的方法。

1. 利用代表字类推

汉语形声字数量很大，记住表声的偏旁可以类推出不少字。例如，用“争”可以类推出“睁、挣、峥、狰、铮、筝、诤”等。（详见本章附录3《声母代表字类推表》）

在利用代表字类推时，必须注意例外字。以下是平翘舌字，每组字中左边的字是标音字，右边的字是例外字。

z：则—铡　责—债　泽—释　宗—崇　足—捉、龊　祖—助、锄

c：才—豺　参—渗、碜、糁　仓—疮、创　此—柴　寸—衬、肘、纣　囱—窗

s：赛—寨　叟—瘦　嗽—漱

zh：乍—咋（～办）、怎、作、昨、柞　斩—暂、惭　占—钻　栈—残

ch：差—搓、磋、蹉、嵯　刍—邹、驺　斥—诉　呈—锃（～亮）　巢—缫　察—擦、嚓

sh：沙—挲　晒—洒　山—灿　删—册　诗—寺　师—蛳　束—速、悚　数—擞、薮　衰—蓑　朔—塑、溯

此外，还要注意 j　q　x 发音。

j：几—机、肌、饥　季—悸

q：妻—凄、萋　其—期、欺、旗　齐—脐、哜、蛴　奇—骑、崎、琦

x：西—牺、茜、硒　希—稀、烯、郗

2. 利用声旁

声旁的声母为 d、t 的字，是翘舌声母字。例如“终”的声旁“冬”单独念的时候声母是 d，由它作为声旁再组字，不会是平舌声母字。例：查、喳、蝉、阐、澄、橙、税、说、绽、治、笞、始、招、诏、召、照、沼、滞、终、昼、坠、纯、撞、

蛇、瞠。

3. 利用声韵拼合规律

ua、uai、uang 三个韵母只跟 zh、ch、sh 相拼，不跟 z、c、s 相拼。所以“爪、抓、刷、拽、揣、踹、帅、庄、状、双、床”等字的声母是翘舌音。

ong 韵母可以跟 s 相拼，而不能同 sh 相拼，所以“松、耸、送、诵、颂”等字的声母是平舌音 s。

i 开头的韵母只能跟 j、q、x 相拼，不跟 zh、ch、sh、z、c、s 相拼，所以“鸡、恰、些、交、秋、先、金、腔、星”等字的声母都是舌面音。

4. 记少不记多

普通话中 zh、ch、sh 声母字远远多于 z、c、s 声母字，我们记住了 z、c、s 声母字，zh、ch、sh 声母字也就记住了。例如，z、c、s 跟 en 相拼的字很少（怎、参、岑、森），而 zh、ch、sh 跟 en 相拼的字有 50 多个：“珍、振、陈、衬、身、审……”记住少数，多数不用记。这样做可以起到事半功倍的效果。

（二）n 和 l

在普通话中 n 和 l 能区别意义，所以分得很清楚；但在很多方言区，这两个声母的读音是相混的，如粤语区、官话区中的西南官话、江淮官话以及湘语、赣语、闽语的部分次方言区。加上二者发音部位相同，发音相似，所以这些方言区的普通话学习者会混淆这两个音。其实，这些地区的 n、l 不分现象往往有一些相同的规律，当 n 和 i、ü 构成音节时，n 较少和 l 相混，但 n 与其他韵母构成音节时和 l 分不清，没有一定的规律，学习者很难掌握。

n、l 相混的地区学习这两个声母主要有两难：第一，读不准音；第二，分不清字。要读准 n 和 l，关键在于控制软腭的升降。因为 n 和 l 都是舌尖抵住上齿龈发的音，不同之处主要在于有没有鼻音，是从鼻腔出气，还是从舌头两边出气，所以练习发音时，必须着重练习控制软腭的升降和舌头的收窄放宽。

另外，也可采用捏鼻孔的办法检验。捏住鼻孔，发音困难的是 n，发音没有困难的是 l。还可利用前一个字是 n 韵尾的词语，促使发准后面一个音节开头的鼻音声母 n。练 l 声母时则要注意避免用前一个字是 n 韵尾的词训练，而要在 l 声母的前面加上一个 ge、ke 音节，借 g、k 发音时舌根高抬，相对限制软腭下降，使它不便发鼻音而发边音。例如：

n：新年　按钮　仙女　愤怒　困难

l：阁楼　可乐　隔离　克拉　格律

要分清哪些字的声母是 n，哪些字的声母是 l，除了下工夫记忆之外，也可以利用下面的方法。

（1）利用代表字类推。（详见本章附录 2《声母代表字类推表》）

（2）利用声旁。声旁的声母为 g、j 的字是 l 声母。例如：烙、洛、路、络、酪、露、裸、蓝、滥、凉、晾、谅。

声旁的声母为 zh、ch 的字是 n 声母。例如：扭、钮、拈、粘、碾。

声旁的声母为 r 的字声母是 n。例如：诺、匿、溺。

（3）利用普通话声韵拼合规律。ou、ia、un 只拼 l 不拼 n，那么“搂、俩、抡”等字的声母是 l。en 只拼 n 不拼 l，那么“嫩”的声母一定是 n。

（三）f 和 h

在普通话中 f 和 h 的区别很明显，但是有些方言区没有 f，有的方言区二者是相混的。例如在闽方言区就没有 f 这个声母，普通话的 f 声母字在闽方言多数读成 b、p 或 h，闽方言区有的普通话学习者会把“吃饭”发成“吃换”、把“飞机”发成

"灰机"、把"反正"发成"缓正"。在粤方言区、客家方言区和湘方言区，虽然 f、h 两个声母都有，但二者的分合情况与普通话不同。粤方言区有的普通话学习者会把"结婚"发成"结分"、把"开花"发成"开发"；客家方言区有的普通话学习者会把"开会"发成"开肺"、把"饱和"发成"饱佛"，湘方言区有的普通话学习者会把"湖南"发成"扶栏"、"老虎"发成"老斧"。

要分清 f 和 h，主要应掌握这两个辅音的发音部位，当发 h 时下唇不能与上齿相接近，而发 f 时下唇必须上抬与上齿靠近。区分好发音之后，还应记住哪些字该读 h 声母，哪些字该读 f 声母。

（1）利用代表字类推。（详见本章附录 3《声母代表字类推表》）

（2）从声旁声母的联系上来推断。声母 g 与 h 都是舌根音，声旁是 g 声母的字一般念 h，不念 f。例如：

瓜（guā）	狐、弧（hú）
古（gǔ）	葫（hú），怙（hù）
骨（gǔ）	滑、猾（huá）
鬼（guǐ）	槐（huái），魂（hún）
工（gōng）	红、虹、鸿（hóng），讧（hòng）
共（gòng）	烘、哄（hōng），洪（hóng）

（3）利用声韵拼合规律。f 不拼 ai，方言中念 fai 的字，普通话都念 huai，如：怀、槐、淮、徊、坏。

（四）浊擦音 r

凡没有舌尖后音声母的方言，都没有声母 r。在各方言中，r 声母有的被读成 l 声母，有的被读成零声母，有的被读成 x 声母，还有的被读成舌根浊鼻音 ng。

r 和 sh 的区别仅仅在于清浊的不同，sh 是清音，r 是浊音，所以要想读准 r，只要在 sh 的基础上，加入声带颤动的发音动作就可以了。

（五）读准零声母

普通话一部分读零声母的字，在有些方言中读成了有声母的字。大致情况如以下几个方面。

（1）韵母不是i、u、ü，也不以i、u、ü起头的，有些方言加n声母，如天津话的“爱”；有些方言加ng声母，如广州话的“额”、客家话的“疑”。这只要把该零声母的字记熟，去掉前面的n或ng就成了。

（2）韵母是u，或以u起头的，有些方言读成了v（唇齿浊擦音）声母，或以v代u，如客家话的“武”。这只要在发音时注意把双唇拢圆，不要让下唇和上齿接触，就可以改正。此外有些方言把普通话这类零声母读成了m声母，如广州话的“文”，那就要记熟这类零声母字，不要读成m声母。

（六）尖音和团音

尖音指z、c、s声母拼i、ü或i、ü起头的韵母，团音指j、q、x声母拼i、ü或i、ü起头的韵母。有的方言分别“尖团”，如把“尖、千、先”读作ziān、ciān、siān，把“兼、牵、掀”读作jiān、qiān、xiān。但普通话语音中不分“尖团”，如“尖＝兼”jiān，“千＝牵”qiān，“先＝掀”xiān。这些方言区中声母是z、c、s的尖音，在普通话中声母却是j、q、x，如“小心xiǎoxīn”“前进qiánjìn”“精细jīngxì”等，所以这些方言区的普通话学习者由于发音习惯，对j、q、x不容易发准。要改变这种发音现象就要准确掌握舌面辅音j、q、x的发音部位，注意当舌面前部与硬腭接触或靠近时，舌尖一定是下垂在下齿背的部分，如果舌尖平伸就会接触上下齿之间而发出z、c、s了。另外，要知道普通话的声母z、c、s不可能和i或i开头的韵母拼合，上述三个词语“小心、前进、精细”的声母一定是舌面辅音 j、q、x。

练习题

一、名词解释

1. 声母 2. 浊音 3. 舌尖后音 4. 舌面音 5. 塞擦音

二、分析

1. 根据所提供的发音部位和发音方法，在下面的括号中填上相应的声母。

双唇、送气、清、塞音：(　　)

唇齿、清、擦音：(　　)

舌尖前、不送气、清、塞擦音：(　　)

舌尖中、浊、鼻音：(　　)

舌尖后、清、擦音：(　　)

舌面、不送气、清、塞擦音：(　　)

舌根、送气、清、塞音：(　　)

2. 根据所提供的声母，在下面的括号中写出相应的发音部位和发音方法。

g：(　　　　　　　　　　)

q：(　　　　　　　　　　)

b：(　　　　　　　　　　)

c：(　　　　　　　　　　)

d：(　　　　　　　　　　)

f：(　　　　　　　　　　)

zh：(　　　　　　　　　　)

3. 写出下列汉字的声母。

砸（　　）—闸（　　）　种（　　）—总（　　）

拆（　　）—猜（　　）　粗（　　）—出（　　）

散（　　）—善（　　）　枕（　　）—怎（　　）
字（　　）—记（　　）　掐（　　）—擦（　　）
小（　　）—少（　　）　那（　　）—辣（　　）
刘（　　）—牛（　　）　婚（　　）—分（　　）
华（　　）—罚（　　）　日（　　）—乐（　　）

4. 从发音部位和发音方法两方面分辨下面各组声母的异同。

b—p　f—h　c—ch　n－l　z－j　sh－r

三、操练

1. 读下面的音节。

zhuī	zhǔn	zhuó	zhí	chǐ	chā	chái	chǎo
追	准	浊	职	齿	插	柴	吵
shuā	shuò	shùn	shuāng	rì	rě	rào	róu
刷	硕	顺	双	日	惹	绕	柔
zǎo	céng	zuò	zǒng	cí	cè	còu	cuī
早	曾	坐	总	词	册	凑	催
sǎ	sōu	suǒ	sè	jiā	jié	jiào	jīng
洒	搜	所	色	加	节	叫	经
qǐ	qiáo	qiè	qiū	xī	xiě	xiǎo	xìn
起	侨	窃	秋	西	写	小	信

2. 对比读出下列各组词语。

师长 shīzhǎng——司长 sīzhǎng
主力 zhǔlì——阻力 zǔlì
木柴 mùchái——木材 mùcái
针线 zhēnxiàn——金线 jīnxiàn
诗词 shīcí——稀奇 xīqí
发生 fāshēng——花生 huāshēng
废话 fèihuà——会话 huìhuà

公费 gōngfèi——公会 gōnghuì

日常 rìcháng——异常 yìcháng

浓重 nóngzhòng——隆重 lóngzhòng

3. 读下面的绕口令。

(1) 四是四，十是十。十四是十四，四十是四十。十四不是四十，四十也不是十四。

(2) 七巷一个漆匠，西巷一个锡匠，七巷漆匠偷了西巷锡匠的锡，西巷锡匠偷了七巷漆匠的漆。

(3) 粉红墙上画凤凰，凤凰画在粉红墙。红凤凰、粉凤凰、红粉凤凰花凤凰。

(4) 河边有棵柳，柳下一头牛。牛要去顶柳，柳条缠住了老牛头。

(5) 游大嫂买肉，荣大妈买油，游大嫂买肉不买油，荣大妈买油不买肉。

四、简答

1. 按照发音部位，普通话声母可以分为哪七类？

2. 普通话声母的发音方法可以从哪三方面来进行分析？

3. 清音和浊音的区别表现在哪里？普通话声母中哪些是浊音？

4. 普通话声母中哪些是送气音？哪些是不送气音？

五、讨论

1. 有的方言区的人说普通话时分不清“发生”和“花生”，有的则把“赏赐”发成“想气”，你所在的方言区的人会不会出现这种情况？请分析这些发音错误，并指出纠正的方法。

2. 你在学习普通话声母时有哪些困难？你认为有哪些解决的方法。

第三节　韵　　母

一、韵母和韵母的结构

韵母是指一个音节中声母后面的部分。如“普通话 pǔtōnghuà”三个音节里，u、ong、ua 都是韵母。普通话中共有 39 个韵母。

普通话韵母的主要成分是元音。大部分韵母由元音组成，也有的韵母由元音加辅音组成。如“普通话 pǔtōnghuà”这三个音节的韵母，“pǔ”和“huà”的韵母是由元音组成的，“tōng”的韵母是由元音加辅音组成的。

韵母的结构可以分为韵头、韵腹、韵尾三个部分。

韵头：是主要元音前面的元音，又叫介音。由 i、u、ü 充当，发音总是轻而短，只表示韵母的起点。如 ia、ua、üe、iao、uan 中的 i、u、ü。

韵腹：是韵母中的主要元音。充当韵腹的主要元音口腔开度最大、声音最响亮。韵腹是韵母的主要构成部分，由 ɑ、o、e、ê、i、u、ü、-i［ɿ］、-i［ʅ］、er 充当。

韵尾：是韵腹后面的音素，又叫尾音。由 i、u（o）或鼻辅音 n、ng 充当。

韵母中只有一个元音时，这个元音就是韵腹；有 2 个或 3 个元音时，开口度最大、声音最响亮的元音是韵腹。韵腹前面的元音是韵头，后面的元音或辅音是韵尾。韵腹是韵母的主要成分，一个韵母可以没有韵头或韵尾，但是不可以没有韵腹。

二、韵母的分类

韵母可以从不同的角度来划分类型，例如根据内部结构特点、开头元音的发音口形以及有无韵尾等来分类。

（一）按照韵母的内部结构可以分成三类

（1）单韵母：由一个元音构成的韵母，又叫单元音韵母。普通话共有 10 个单韵母：a、o、e、ê、i、u、ü、-i [ɿ]、-i [ʅ]、er。普通话 10 个单韵母可以分为舌面元音、舌尖元音和卷舌元音三类。舌面元音是由舌面起主要作用的元音，有 a、o、e、ê、i、u、ü 七个；舌尖元音是由舌尖起主要作用的元音，有 -i（前）、-i（后）两个；er 是卷舌元音。

（2）复韵母：由两个或三个元音结合构成的韵母，又叫复元音韵母。普通话共有 13 个复韵母：ai、ei、ao、ou、ia、ie、ua、uo、üe、iao、iou、uai、uei。

（3）鼻韵母：元音后面带上鼻辅音构成的韵母，又叫鼻音尾韵母。普通话共有 16 个鼻韵母。根据鼻辅音韵尾的不同可分为两种：

带舌尖鼻音尾的叫“前鼻韵母”，共有 8 个：an、ian、uan、üan、en、in、uen、ün；

带舌根鼻音尾的叫“后鼻韵母”，也有 8 个：ang、iang、uang、eng、ing、ueng、ong、iong。

（二）按照韵母开头元音的发音口形的不同，可以分成四类

（1）开口呼韵母：不是 i、u、ü 或不以 i、u、ü 开头的韵母。

（2）齐齿呼韵母：i 或以 i 开头的韵母。

（3）合口呼韵母：u 或以 u 开头的韵母。

（4）撮口呼韵母：ü 或以 ü 开头的韵母。

以上四类可以简称“四呼”。四呼是我国传统音韵学对韵母的一种分类方法，是韵母根据开头元音的发音口形划分出来的类别。

（三）按照韵母结构中有无韵尾，以及韵尾的类型，可以分成三类

（1）无韵尾韵母：没有韵尾的韵母。普通话共有 15 个无韵尾韵母：a、o、e、ê、i、u、ü、－i［ɿ］、－i［ʅ］、er、ia、ie、ua、uo、üe。

（2）元音韵尾韵母：有韵尾并且韵尾是元音的韵母。普通话共有 8 个元音韵尾韵母：ai、ei、ao、ou、iao、iou、uai、uei。

（3）鼻音韵尾韵母：有韵尾并且韵尾是鼻辅音的韵母。普通话共有 16 个鼻音韵尾韵母：an、ian、uan、üan、en、in、uen、ün、ang、iang、uang、eng、ing、ueng、ong、iong。如表 2－2 所示。

表 2－2　普通话韵母表

结构	口形				韵尾
	开口呼	齐齿呼	合口呼	撮口呼	
单韵母	－i［ɿ］、－i［ʅ］	i	u	ü	无韵尾韵母
	a	ia	ua		
	o		uo		
	e				
	ê	ie		üe	
	er				
复韵母	ai		uai		元音韵尾韵母
	ei		uei		
	ao	iao			
	ou	iou			
鼻韵母	an	ian	uan	üan	鼻音韵尾韵母
	en	in	uen	ün	
	ang	iang	uang		
	eng	ing	ueng		
			ong	iong	

三、韵母发音分析

（一）单韵母的发音分析

单韵母是由一个元音音素构成的韵母。元音的不同主要是由口腔形状的不同造成的。口腔形状决定于舌位的前后、高低和唇形的圆展。如图 2 – 2 所示。

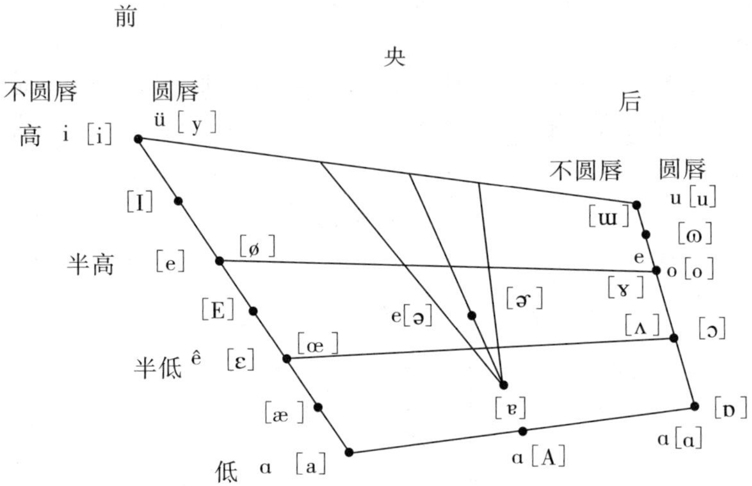

图 2 – 2

第一，舌位的前后。舌位指发音时舌面隆起部分的所在位置。舌尖前伸与后缩，可以改变元音的音色。根据舌位的前后可以把元音分为三类：前元音、央元音、后元音。发元音时舌头前伸，舌位在前，这样发出的元音叫前元音。普通话舌面元音里有两个前元音 i 和 ü。发元音时舌头后缩，舌位在后，这样发出的元音叫后元音。普通话舌面元音里有 3 个后元音，就是 o、e、u。发元音时舌头不前不后，舌位居中，这样发出的元音叫央元音。普通话里有 1 个舌面央元 ɑ ［A］。

第二，舌位的高低。舌位的抬高与降低，可以造成不同的音色。根据舌位的高低可以把元音分为高元音（如 i、u、ü）、半高元音（如 e、o）、半低元音（如 ê）、低元音（如 ɑ）。舌面抬高，和硬腭的距离达到最小的时候发出的元音叫高元音。舌面降低，和硬腭的距离达到最大的时候发出的元音叫低元音。由高元音到低元音的这段距离可以分为相等的四份，中间有三个点。舌位处在这三个点上时，发出的元音由上而下分别叫作半高元音、中元音和半低元音。普通话里有 3 个舌面高元音，就是 i、u、ü，有两个半高元音，就是 o、e，有一个半低元音，就是 ê，有 1 个低元音，就是 ɑ。

第三，唇形的圆展。唇形拢圆或展开，也可以造成不同的音色。嘴唇收圆，发出的元音叫圆唇元音；嘴唇展开，发出的元音叫不圆唇元音。普通话舌面元音里有 3 个圆唇元音 o、u、ü，有 4 个不圆唇元音，就是 ɑ、e、i、ê。

单韵母的发音特点是发音过程中舌位、唇形和开口度始终不变。如有一点变化，就不是纯正的单韵母了，所以，发音时要保持固定的口形。但有一个单韵母比较特别，就是 er，发这个音时要伴随卷舌动作。

根据舌位的前后、舌位的高低和唇形的圆展等方面，普通话中的单韵母可以分为三个小类：舌面单韵母、舌尖单韵母、卷舌单韵母，具体分析如以下几个方面。

1. 舌面单韵母

发音时舌面起主要作用的单元音韵母。

普通话中共有七个舌面单韵母：ɑ、o、e、ê、i、u、ü。

ɑ [A]：舌面、央、低、不圆唇元音。发音时，嘴张大，舌位居中央（不前不后）。舌位低，唇形不圆唇（自然状态）。例如：打发 dǎfā、麻辣 málà 中的 ɑ。

o [o]：舌面、后、半高、圆唇元音。发音时，嘴半闭，舌位半高，舌后缩，舌头后部隆起，唇形拢圆。例如：泼墨 pōmò、薄膜 bómó 中的 o。

e［ɤ］：舌面、后、半高、不圆唇元音。发音时，舌位与发 o 相同，只是唇形向两边自然展开。例如：色泽 sèzé、合格 hégé 中的 e。

ê［ɛ］：舌面、前、半低、不圆唇元音。发音时，嘴半张开，舌头向前伸，舌位半低，舌尖抵住下面的齿背，舌头前部隆起，嘴唇向两边展开。普通话中只有“欸”这个字的韵母是 ê（零声母音节）。

i［i］：舌面、前、高、不圆唇元音。发音时，舌头向前伸，舌尖抵住下齿背，舌头前部隆起，唇形展开成扁形。例如：笔记 bǐjì、地理 dìlǐ 中的 i。

u［u］：舌面、后、高、圆唇元音。发音时，舌头向后缩，舌后部隆起，嘴巴合拢，唇形收圆，形成一个小孔。例如：古朴 gǔpǔ、图书 túshū 中的 u。

ü［y］：舌面、前、高、圆唇元音。发音时，舌位与发 i 时相同，只是唇形要拢圆。例如：语句 yǔjù、序曲 xùqǔ 中的 ü。

2. 舌尖单韵母

发音时舌尖起主要作用的单韵母。普通话中的舌尖单韵母只有两个：一个是跟 z、c、s 相拼的 -i［ɿ］，一个是跟 zh、ch、sh、r 相拼的 -i［ʅ］。

-i［ɿ］：舌尖、前、高、不圆唇元音。发音时，舌尖前伸，接近上齿背，气流通路虽然狭窄，但气流经过时不发生摩擦，唇形向两边自然展开。这个韵母在普通话里只能和 z、s、c 相拼，不能自成音节。例如：字词 zìcí、自私 zìsī 中的 -i［i］。

-i［ʅ］：舌尖、后、高、不圆唇元音。发音时，舌头后缩，舌尖翘起靠近硬腭前部，气流通路虽然狭窄，气流通过时没有摩擦，唇形向两边自然展开。这个韵母在普通话里只能和 zh、ch、 sh、r 相拼，不能自成音节。例如：支持 zhīchí、值日 zhírì 中的 -i［ʅ］。

3. 卷舌单韵母

普通话中只有一个卷舌韵母 er，因为这个韵母发音时伴有卷舌动作，所以称为卷舌韵母。

er［ɚ］：卷舌、央、中、不圆唇元音。er 实际上是一个带有卷舌色彩的央元音 e［ə］，发音时嘴略开，舌位居于中央，唇形不圆，在发 e［ə］音时，舌尖向硬腭卷起，就成为 er，r 用在 er 中不代表音素，只表示卷舌动作，不看成是辅音韵尾。例如：儿 ér、耳 ěr 中的 er。

（二）复韵母的发音分析

复韵母是由两个或三个元音组成的韵母。复韵母的发音有两个特点：一是元音之间没有明显的界限，整个过程是从一个元音滑向另一个元音。在滑动过程中，舌位的前后、高低和唇形的圆展都是在逐渐变动，不是跳跃的，中间有一连串过渡音，同时气流不中断，形成一个发音整体。如发 ai 时，从 ɑ 到 i，舌位逐渐升高、前移，嘴唇逐渐展开，其间包括 ɑ 和 i 之间的许多过渡音。二是复韵母的几个元音的发音响度和清晰度不同。主要元音的发音口腔开口度最大，声音最响亮最清晰，持续时间最长，是韵母的中心成分；其他元音发音轻短或含混模糊。响度大的元音在前的，叫作前响复韵母；响度大的元音在后的，叫作后响复韵母；响度大的元音在中间的，叫作中响复韵母。

1. 前响复韵母

韵腹在前的复韵母。发音时，前面的元音清晰响亮，时间较长，后头的元音含混模糊，音值不太固定，只表示舌位滑动的方向。前响复韵母在结构上由韵腹加韵尾构成。

普通话韵母中共有 4 个前响复韵母 ɑi、ei、ɑo、ou。例如，拍卖 pāimài、海带 hǎidài 中的 ɑi，北美 běiměi、蓓蕾 bèilěi 中的

ei，报考 bàokǎo、跑道 pǎodào 中的 ao，守候 shǒuhòu、抖擞 dǒusǒu 中的 ou。

2. 后响复韵母

韵腹在后的复韵母。发音时，舌位由高向低滑动，前面的元音轻而短，只表示舌位从那里开始移动，收尾的元音清晰响亮，时间较长，在韵母中处在韵腹的位置。后响复韵母在结构上由韵头加韵腹构成。

普通话韵母中共有五个后响复韵母：ia、ie、ua、uo、üe。例如，假牙 jiǎyá、加价 jiājià 中的 ia，结业 jiéyè、贴切 tiēqiè 中的 ie，耍滑 shuǎhuá、挂画 guàhuà 中的 ua，硕果 shuòguǒ、过错 guòcuò 中的 uo，雀跃 quèyuè、约略 yuēlüè 中的 üe。

3. 中响复韵母

韵腹在中间的复韵母。发音时，前面的元音轻而短，中间的元音清晰响亮，后面的元音模糊，音值不太固定，只表示舌位滑动的方向。中响复韵母在结构上是由韵头、韵腹加韵尾构成。

普通话中的中响复韵母一共有四个：iao、iou（省写形式为 iu）、uai、uei（省写形式为 ui）。例如，巧妙 qiǎomiào、调料 tiáoliào 中的 iao，优秀 yōuxiù、求救 qiújiù 中的 iou，外快 wàikuài、摔坏 shuāihuài 中的 uai，追随 zhuīsuí、摧毁 cuīhuǐ 中的 uei。

在复韵母中，前响的和后响的都是由两个元音构成的，所以也称为二合复韵母，中响复韵母都是由三个元音构成的，所以也称为三合复韵母。

（三）鼻韵母的发音分析

鼻韵母由元音带鼻辅音韵尾构成，又叫作鼻音尾韵母。鼻韵母发音时有两个特点：一是元音同后面的鼻辅音不是生硬地结合在一起，而是有机的统一体，发音时由元音的发音状态向鼻辅音的发音状态过渡，鼻音色彩逐渐增加，最后完全成为鼻音。二是鼻音韵尾没有解除阻碍的阶段，这同鼻辅音作声母时的情况有所不同。鼻韵母的发音不是以鼻辅音为主，而是以元音为主，元音清晰响亮，鼻辅音重在做出发音状态，发音不太明显。

在普通话中，作韵尾的鼻辅音有两个：n 和 ng ［ŋ］。根据所带的鼻音韵尾的不同，鼻韵母可以分成两个小类：前鼻音韵母和后鼻音韵母。

1. 前鼻音韵母

韵尾为舌尖鼻辅音 n 的韵母。前鼻音韵母的发音中，韵尾 n 的发音情况和它作声母时基本相同，只是不需解除阻碍，只做出发音的状态。

普通话中的前鼻音韵母有 8 个：an、en、in、ün、ian、uan、üan、uen，其中 an、en、in、ün 开头的元音是韵腹，例如，展览 zhǎnlǎn、认真 rènzhēn、拼音 pīnyīn、军训 jūnxùn 中的韵母；ian、üan、uan、uen 中间的元音是韵腹，开头的元音是韵头，例如，检验 jiǎnyàn、贯穿 guànchuān、圆圈 yuánquān、春笋 chūnsǔn 中的韵母。

2. 后鼻音韵母

韵尾为舌根鼻辅音 ng ［ŋ］ 的韵母。ng ［ŋ］ 是舌根、浊、鼻音，发音时软腭下降，关闭口腔，打开鼻腔通道，舌根抵住软腭，气流从鼻腔通过，声带颤动。ng ［ŋ］ 在普通话中只作韵尾不作声母，和韵尾 n 一样，也没有解除阻碍的阶段。

普通话中的后鼻音韵母有 8 个：ang、eng、ing、ong、iang、uang、ueng、iong，其中 ang、eng、ong、ing 开头的元音是韵腹，例如，苍茫 cāngmáng、丰盛 fēngshèng、经营 jīngyíng、共同 gòngtóng 中的韵母；iang、iong、uang、ueng 中间的元音是韵腹，开头的元音是韵头，例如，强项 qiángxiàng、状况 zhuàngkuàng、嗡嗡 wēngwēng、汹涌 xiōngyǒng。

四、韵母发音练习

以下从内部结构的角度逐一分析普通话中 39 个韵母的具体发音情况，并列出练习材料。

（一）单元音韵母

ɑ［A］：舌面、央、低、不圆唇元音。发音时，嘴巴自然大开，舌头居中央，舌面中部略隆起，舌尖置下齿龈，声带振动。软腭上升，关闭鼻腔通路。例词：

打靶 dǎbǎ	大厦 dàshà	发达 fādá
马达 mǎdá	喇叭 lǎba	哪怕 nǎpà

o［o］：舌面、后、半高、圆唇元音。发音时，口半闭，圆唇，舌头后缩，舌面后部略隆起，声带振动。软腭上升，关闭鼻腔通路。例词：

伯伯 bóbo	婆婆 pópo	默默 mòmo
泼墨 pōmò	薄膜 bómó	馍馍 mómo

e［ɤ］：舌面、后、半高、不圆唇元音。发音时，口半闭，扁唇，舌头后缩，舌面后部略隆起，舌面两边微卷，舌面中部稍凹，嘴角向两边微展，声带振动。软腭上升，关闭鼻腔通路。例词：

隔阂 géhé	合格 hégé	客车 kèchē
特色 tèsè	折射 zhéshè	这个 zhègè

ê［ε］：舌面、前、半低、不圆唇元音。发音时，嘴巴自然打开，扁唇，舌头前伸，舌面前部略隆起，舌尖抵住下齿背，嘴角向两边微展，声带振动。软腭上升，关闭鼻腔通路。在普通话中，ê 只在语气词“欸”中单用。ê 不与任何辅音声母相拼，只构成复韵母 ie、üe，并在书写时省去上面的附加符号“ˆ”。例词：

学业 xuéyè	雀跃 quèyuè	血液 xuèyè

贴切 tiēqiè　　雪夜 xuěyè　　决绝 juéjué

i［i］：舌面、前、高、不圆唇元音。发音时，口微开，扁唇，上下齿相对，舌头前伸，舌面前部略隆起，舌尖抵住下齿背，嘴角向两边微展，声带振动。软腭上升，关闭鼻腔通路。例词：

笔记 bǐjì　　激励 jīlì　　基地 jīdì

记忆 jìyì　　霹雳 pīlì　　习题 xítí

u［u］：舌面、后、高、圆唇元音。发音时，口微开，圆唇，舌头后缩，舌面后部高度隆起和软腭相对，舌尖置下齿龈后，声带振动。软腭上升，关闭鼻腔通路。例词：

补助 bǔzhù　　读物 dúwù　　辜负 gūfù

瀑布 pùbù　　入伍 rùwǔ　　疏忽 shūhū

ü［y］：舌面、前、高、圆唇元音。发音时，口微开，圆唇（近椭圆）略向前突，舌头前伸，舌面前部略隆起，舌尖抵住下齿背，声带振动。软腭上升，关闭鼻腔通路。例词：

聚居 jùjū　　区域 qūyù　　屈居 qūjū

须臾 xūyú　　序曲 xùqǔ　　语序 yǔxù

er［ɚ］：卷舌、央、中、不圆唇元音。er［ɚ］是在［ə］的基础上加上卷舌动作而成。发音时，口腔自然打开（是 ɑ［A］的开口度的一半），扁唇，舌头居中央，舌尖向硬腭中部上卷（但不接触），声带振动。软腭上升，关闭鼻腔通路。例词：

而且 érqiě　　儿歌 érgē　　耳朵 ěrduō

二胡 èrhú　　二十 èrshí　　儿童 értóng

-i［ɿ］：舌尖、前、高、不圆唇元音。发音时，口微开，扁唇，嘴角向两边展开，舌头平伸，舌尖靠近齿背，声带振动。软腭上升，关闭鼻腔通路。z、c、s 的发音拉长，拉长的部分即是 -i（前）的读音。例词：

私自 sīzì　　此次 cǐcì　　次子 cìzǐ

字词 zìcí　　自私 zìsī　　孜孜 zīzī

-i［ʅ］：舌尖、后、高、不圆唇元音。发音时，口微开，扁唇，嘴角向两边展开，舌尖上翘，靠近硬腭前部，声带振动。软腭上升，关闭鼻腔通路。zh、ch、sh 的发音拉长，拉长的部分即是 -i（后）的读音。例词：

实施 shíshī　　支持 zhīchí　　知识 zhīshi

制止 zhìzhǐ　　值日 zhírì　　试制 shìzhì

（二）复元音韵母

1. 前响复韵母

ai［ai］

发音时，ɑ［a］是比单元音 ɑ［A］舌位靠前的前低不圆唇元音。发 ɑ［a］时，口大开，扁唇，舌面前部略隆起，舌尖抵住下齿背，声带振动。发 ɑi［ai］时，ɑ［a］清晰响亮，后头的元音 i［i］含混模糊，只表示舌位滑动的方向。例词：

爱戴 àidài　　采摘 cǎizhāi　　海带 hǎidài

开采 kāicǎi　　拍卖 pāimài　　灾害 zāihài

ao［ɑu］

发音时，ɑ［ɑ］是比单元音 ɑ［A］舌位靠后的后低不圆唇元音。发 ɑ［ɑ］时，口大开，扁唇，舌头后缩，舌面后部略隆起，声带振动。发 ɑo［ɑu］时，ɑ［ɑ］清晰响亮，后头的元音 o［u］舌位状态接近单元音 u［u］（拼写作 o，实际发音接近 u），但舌位略低，只表示舌位滑动的方向。例词：

懊恼 àonǎo　　操劳 cāoláo　　高潮 gāocháo

骚扰 sāorǎo　　逃跑 táopǎo　　早操 zǎocāo

ei［ei］

发音时，起点元音是前半高不圆唇元音 e［e］，实际发音舌位略靠后靠下，接近央元音［ə］。发 ei［ei］时，开头的元音 e［e］清晰响亮，舌尖抵住下齿背，使舌面前部隆起与硬腭中部相对。从 e［e］开始舌位升高，向 i［i］的方向往前高滑动，i［i］的发音含混模糊，只表示舌位滑动的方向。例词：

肥美 féiměi　　妹妹 mèimei　　配备 pèibèi
蓓蕾 bèilěi　　黑煤 hēiméi　　北美 běiměi

ou［ou］

发音时，起点元音 o 比单元音 o［o］的舌位略高、略前，唇形略圆。发音时，开头的元音 o［o］清晰响亮，舌位向 u 的方向滑动，u［u］的发音含混模糊，只表示舌位滑动的方向。ou 是普通话复韵母中动程最短的复合元音。例词：

丑陋 chǒulòu　　兜售 dōushòu　　口头 kǒutóu
漏斗 lòudǒu　　收购 shōugòu　　喉头 hóutóu

2. 后响复韵母

ia［iA］

发音时，从前高元音 i［i］开始，舌位滑向央低元音 a［A］结束。i［i］的发音较短，a［A］的发音响亮而且时间较长。例词：

假牙 jiǎyá　　恰恰 qiàqià　　压价 yājià
下家 xiàjiā　　家鸭 jiāyā　　掐下 qiāxià

ie［iε］

发音时，从前高元音 i［i］开始，舌位滑向前半低元音 ê［ε］结束。i［i］发音较短，ê［ε］发音响亮而且时间较长。例词：

结业 jiéyè　　贴切 tiēqiè　　铁屑 tiěxiè
谢谢 xièxie　　姐姐 jiějie　　趔趄 lièqie

ua［uA］

发音时，从后高圆唇元音 u［u］开始，舌位滑向央低元音 a［A］结束。唇形由最圆逐步展开到不圆。u［u］发音较短，a［A］的发音响亮而且时间较长。例词：

挂花 guàhuā 耍滑 shuǎhuá 娃娃 wáwa
画画 huàhuà 花袜 huāwà 夸娃 kuāwá

uo［uo］

由圆唇后元音复合而成。发音时，从后高元音 u［u］开始，舌位向下滑到后半高元音 o［o］结束。在发音过程中，唇形保持圆唇，开头最圆，结尾圆唇度略减。u［u］发音较短，o［o］的发音响亮而且时间较长。例词：

错落 cuòluò 硕果 shuòguǒ 脱落 tuōluò
阔绰 kuòchuò 骆驼 luòtuo 堕落 duòluò

üe［yε］

由前元音复合而成。发音时，从圆唇的前高元音 ü［y］开始，舌位下滑到前半低元音 ê［ε］，唇形由圆到不圆。ü［y］的发音时间较短，ê［ε］的发音响亮而且时间较长。例词：

雀跃 quèyuè 约略 yuēlüè 雪月 xuěyuè
绝学 juéxué 月缺 yuèquē 决绝 juéjué

3. 中响复韵母

iao［iau］

发音时，由前高不圆唇元音 i［i］开始，舌位降至后低元音 ɑ［ɑ］，然后再向后高圆唇元音 u［u］的方向滑升。在发音过程中，舌位先降后升，由前到后。唇形从中间的元音 ɑ［ɑ］开始由不圆唇变为圆唇。例词：

吊销 diàoxiāo 疗效 liáoxiào 巧妙 qiǎomiào
调料 tiáoliào 逍遥 xiāoyáo 苗条 miáotiao

iou［iou］

发音时，由前高不圆唇元音 i［i］开始，舌位后移且降至后半高元音［o］，然后再向后高圆唇元音 u［u］的方向滑升。在发音过程中，舌位先降后升，由前到后。唇形由不圆唇开始到后元音［o］时，逐渐圆唇。例词：

久留 jiǔliú　　求救 qiújiù　　绣球 xiùqiú

优秀 yōuxiù　　悠久 yōujiǔ　　牛油 niúyóu

uɑi [uai]

发音时，由圆唇的前高元音 u [u] 开始，舌位向前滑降到前低不圆唇元音 ɑ [a]（即“前 ɑ”），然后再向前高不圆唇元音 i [i] 的方向滑升。舌位动程先降后升，由后到前。唇形从最圆开始，逐渐减弱圆唇度，至发前元音 ɑ [a] 始渐变为不圆唇。例词：

外快 wàikuài　　怀揣 huáichuāi　　乖乖 guāiguai

摔坏 shuāihuài　　外踝 wàihuái　　拽歪 zhuàiwāi

uei [uei]

发音时，由后高圆唇元音 u [u] 开始，舌位向前向下滑到前半高不圆唇元音 e [e] 的位置，然后再向前高不圆唇元音 i [i] 的方向滑升。在发音过程中，舌位先降后升，由后到前。唇形从最圆开始，随着舌位的前移，渐变为不圆唇。例词：

垂危 chuíwēi　　归队 guīduì　　悔罪 huǐzuì

追悔 zhuīhuǐ　　荟萃 huìcuì　　推诿 tuīwěi

《汉语拼音方案》规定，iou、uei 两个韵母和辅音声母相拼时，受声母与声调的影响，中间的元音弱化，写作 iu、ui。例如“牛”写作 niú，不作 nióu；“归”写作 guī，不作 guēi。

（三）鼻韵母

1. 前鼻音韵母

ɑn [an]

发音时，起点元音是前低不圆唇元音 ɑ [a]，舌尖抵住下齿背，舌位降到最低，软腭上升，关闭鼻腔通路。从“前 ɑ”开始，舌面升高，舌面前部抵住硬腭前部，当两者将要接触时，软腭下降，打开鼻腔通路，紧接着舌面前部与硬腭前部闭合，使在口腔受到阻碍的气流从鼻腔里透出。口形由开到合，舌位移动较大。例词：

参战 cānzhàn　　反感 fǎngǎn　　烂漫 lànmàn

谈判 tánpàn　　坦然 tǎnrán　　赞叹 zàntàn

en ［ən］

发音时，起点元音是央元音 e ［ə］，舌位中性（不高不低不前不后），舌尖接触下齿背，舌面隆起部位受韵尾影响略靠前。从央元音 e ［ə］ 开始，舌面升高，舌面前部抵住硬腭前部，当两者将要接触时，软腭下降，打开鼻腔通路，紧接着舌面前部与硬腭前部闭合，使在口腔受到阻碍的气流从鼻腔里透出。口形由开到闭，舌位移动较小。例词：

根本 gēnběn　　门诊 ménzhěn　　人参 rénshēn

认真 rènzhēn　　深沉 shēnchén　　振奋 zhènfèn

in ［in］

发音时，起点元音是前高不圆唇元音 i ［i］，舌尖抵住下齿背，软腭上升，关闭鼻腔通路。从舌位最高的前元音 i ［i］ 开始，舌面升高，舌面前部抵住硬腭前部，当两者将要接触时，软腭下降，打开鼻腔通路，紧接着舌面前部与硬腭前部闭合，使在口腔受到阻碍的气流从鼻腔透出。开口度几乎没有变化，舌位动程很小。例词：

近邻 jìnlín　　拼音 pīnyīn　　信心 xìnxīn

辛勤 xīnqín　　引进 yǐnjìn　　濒临 bīnlín

ün ［yn］

发音时，起点元音是前高圆唇元音 ü ［y］。与 in 的发音过程基本相同，只是唇形变化不同。从圆唇的前元音 ü 开始，唇形从圆唇逐步展开，而 in 的唇形始终是展唇。例词：

军训 jūnxùn　　均匀 jūnyún　　芸芸 yúnyún

群众 qúnzhòng　　循环 xúnhuán　　允许 yǔnxǔ

ian ［iɛn］

发音时，从前高不圆唇元音 i［i］开始，舌位向前低元音 a［a］（前 a）的方向滑降，舌位只降到半低前元音 ê［ɛ］的位置就开始升高。发 ê［ɛ］后，软腭下降，逐渐增强鼻音色彩，舌尖迅速移到上齿龈，最后抵住上齿龈做出发鼻音 -n 的状态。例词：

艰险 jiānxiǎn　　简便 jiǎnbiàn　　连篇 liánpiān

前天 qiántiān　　浅显 qiǎnxiǎn　　田间 tiánjiān

uan［uan］

发音时，由圆唇的后高元音 u［u］开始，口形迅速由合口变为开口状，舌位向前迅速滑降到不圆唇的前低元音 a［a］（前 a）的位置就开始升高。发 a［a］后，软腭下降，逐渐增强鼻音色彩，舌尖迅速移到上齿龈，最后抵住上齿龈做出发鼻音 -n的状态。例词：

贯穿 guànchuān　　软缎 ruǎnduàn　　酸软 suānruǎn

婉转 wǎnzhuǎn　　专款 zhuānkuǎn

üan［yɛn］

发音时，由圆唇的前高元音 ü［y］开始，向前低元音 a［a］的方向滑降。舌位只降到前半低元音 ê［ɛ］略后的位置就开始升高。发［ɛ］后，软腭下降，逐渐增强鼻音色彩，舌尖迅速移到上齿龈，最后抵住上齿龈做出发鼻音 -n 的状态。例词：

源泉 yuánquán　　轩辕 xuānyuán　　涓涓 juānjuān

圆圈 yuánquān　　渊源 yuānyuán

uen［uən］

发音时，由圆唇的后高元音 u［u］开始，向央元音 e［ə］的位置滑降，然后舌位升高。发 e［ə］后，软腭下降，逐渐增强鼻音色彩，舌尖迅速移到上齿龈，最后抵住上齿龈做出发鼻音 -n 的状态。唇形由圆唇在向中间折点元音滑动的过程中渐变为展唇。例词：

昆仑 kūnlún　　温存 wēncún　　温顺 wēnshùn

论文 lùnwén　　馄饨 húntun　　谆谆 zhūnzhūn

《汉语拼音方案》规定，韵母 uen 和辅音声母相拼时，受声母和声调的影响，中间的元音（韵腹）产生弱化。写作 un。例如“论”写作 lùn，不作 luèn。

2. 后鼻音韵母

ang［ɑŋ］

发音时，起点元音是后低不圆唇元音 ɑ［ɑ］（后 ɑ），口大开，舌尖离开下齿背，舌头后缩。从“后 ɑ”开始，舌面后部抬起，当贴近软腭时，软腭下降，打开鼻腔通路，紧接着舌根与软腭接触，封闭了口腔通路，气流从鼻腔里透出。例词：

帮忙 bāngmáng　　苍茫 cāngmáng　　当场 dāngchǎng

刚刚 gānggāng　　商场 shāngchǎng

eng［əŋ］

发音时，起点元音是央元音 e［ə］。从 e［ə］开始，舌面后部抬起，贴向软腭。当两者将要接触时，软腭下降，打开鼻腔通路，紧接着舌面后部抵住软腭，使在口腔受到阻碍的气流从鼻腔里透出。例词：

承蒙 chéngméng　　丰盛 fēngshèng　　更正 gēngzhèng

萌生 méngshēng　　声称 shēngchēng

ing［iŋ］

发音时，起点元音是前高不圆唇元音 i［i］，舌尖接触下齿背，舌面前部隆起。从 i［i］开始，舌面隆起部位不降低，一直后移，舌尖离开下齿背，逐步使舌面后部隆起，贴向软腭。当两者将要接触时，软腭下降，打开鼻腔通路，紧接着舌面后部抵住软腭，封闭口腔通路，气流从鼻腔透出。口形没有明显变化。例词：

叮咛 dīngníng　　经营 jīngyíng　　命令 mìnglìng

评定 píngdìng　　清静 qīngjìng

ong [uŋ]

发音时，起点元音是后高圆唇元音 u [u]，但比 u 的舌位略低一点，舌尖离开下齿背，舌头后缩，舌面后部隆起，软腭上升，关闭鼻腔通路。从 u [u] 开始，舌面后部贴向软腭，当两者将要接触时，软腭下降，打开鼻腔通路，紧接着舌面后部抵住软腭，封闭口腔通路，气流从鼻腔里透出。唇形始终拢圆。《汉语拼音方案》规定，为避免字母相混，以 o 表示开头元音 [u]，写作 ong。例词：

共同 gòngtóng　　轰动 hōngdòng　　空洞 kōngdòng

隆重 lóngzhòng　　通融 tōngróng

iang [iaŋ]

发音时，由前高不圆唇元音 i [i] 开始，舌位向后滑降到后低元音 ɑ [ɑ]（后 ɑ），然后舌位升高。从后低元音 ɑ [ɑ] 开始，舌面后部贴向软腭。当两者将要接触时，软腭下降，打开鼻腔通路，紧接着舌面后部抵住软腭，封闭口腔通路，气流从鼻腔里透出。例词：

两样 liǎngyàng　　洋相 yángxiàng　　响亮 xiǎngliàng

长江 chángjiāng　　踉跄 liàngqiàng

uang [uaŋ]

发音时，由圆唇的后高元音 u [u] 开始，舌位滑降至后低元音 ɑ [ɑ]（后 ɑ），然后舌位升高。从后低元音 ɑ [ɑ] 开始，舌面后部贴向软腭。当两者将要接触时，软腭下降，打开鼻腔通路，紧接着舌面后部抵住软腭，封闭口腔通路，气流从鼻腔里透出。唇形由圆唇在向中间折点元音滑动的过程中渐变为展唇。例词：

狂妄 kuángwàng　　双簧 shuānghuáng

状况 zhuàngkuàng　　矿藏 kuàngcáng

ueng［uəŋ］

发音时，由圆唇的后高元音 u［u］开始，舌位滑降到央元音 e［ə］的位置，然后舌位升高。从央元音 e［ə］开始，舌面后部贴向软腭。当两者将要接触时，软腭下降，打开鼻腔通路，紧接着舌面后部抵住软腭，封闭口腔通路，气流从鼻腔里透出。唇形由圆唇在向中间折点元音滑动的过程中渐变为展唇。在普通话里，韵母 ueng 只有一种零声母的音节形式 weng。例词：

水瓮 shuǐwèng　　主人翁 zhǔrénwēng

嗡嗡 wēngwēng　　蓊郁 wěngyù

iong［yŋ］

发音时，起点元音是舌面前高圆唇元音 ü［y］，发 ü［y］后，软腭下降，打开鼻腔通路，紧接着舌面后部抵住软腭，封闭口腔通路，气流从鼻腔里透出。为避免字母相混，《汉语拼音方案》规定，用字母 io 表示起点元音 ü［y］，写作 iong。例词：

炯炯 jiǒngjiǒng　　汹涌 xiōngyǒng

穷困 qióngkùn　　窘境 jiǒngjìng

雄心 xióngxīn

五、韵母发音辨正

方言区的人学习普通话声母时还要注意以下几个问题。

1. 鼻韵尾 n 和 ng

普通话里，前鼻韵母和后鼻韵母 an—ang、en—eng、in—ing、ian—iang、uan—uang、uen—ueng 分得很清楚。但在有些方言中却存在着混读的现象，最多见的就是把两类混读为一类，尤其是 en 和 eng、in 和 ing 的混读。有些方言则只有前鼻韵母，没有后鼻韵母，这些方言区的普通话学习者容易把 ing 韵念成 in，eng 韵念成 en，造成了“静”“近”不分，“程”“陈”不分。

分辨前后鼻韵母，首先一定要发准 n 和 ng 两个鼻音。发 n 时，舌尖抵上齿龈，口形稍闭；发 ng 时，舌根顶住软腭，口形微开。训练带韵尾 n 的音节时，后面尽量不选声母是 g、k、h 的音节，而要选 n 声母音节。例如：安宁、信念、困难、忍耐、仙女、温暖、烂泥、沉溺、悬念。训练带韵尾 ng 的音节时，尽量不选用后面紧跟声母 d、t、n、l 的音节，而要选声母是 g、k、h 的音节。例如：风格、苹果、宁可、情况、浪花、香菇、轻快、公告、停课、生活。理解和掌握这些发音要领后，进行认真的对比练习，就容易将上述两类词语区分开来了。此外，还可以利用一些方法记住哪些字念前鼻音，哪些字念后鼻音。

（1）利用声韵拼合规律。d、t、n、l、z、c、s、r 拼 uan 不拼 uang，“短、断、团、暖、卵、乱、钻、窜、酸、算、软”等字的韵母是 uan。

d、t 拼 ing，不拼 in，“丁、盯、钉、订、定、厅、听、亭、蜓、挺”等字的韵母一定是 ing。

b、p、m、d、t 拼 ian，不拼 iang，“边、变、片、骗、棉、绵、免、面、典、点、电、殿、玷、惦、天、田、填、舔”等字的韵母肯定是 ian。

（2）利用方言与普通话的对应规律。有的方言中文白异读为 in、iang 两韵的字，普通话念 ing。例如：

丙、柄、病、平、坪、名、明、命、钉、顶、定、厅、听、挺、零、铃、岭、领、井、颈、净、青、清、轻、晴、星、腥、萤、赢、影。

有的方言中“朋”字的韵母与 b、p、m、f 相拼时，普通话念 eng 韵母。例如：

崩、蹦、烹、捧、碰、蒙、猛、梦、风、逢、讽、凤。

有的方言中“朋”字的韵母和其他的声母相拼时，普通话念 ong。例如：

冬、懂、冻、通、同、桶、贡、空、恐、控、轰、红、哄、牛、肿、众、冲、重（重复）、宗、总、匆、从、松、送。

有的方言中念 len、din、tin 的字，应分别改念成普通话音 leng、ding、ting。例如：

冷、棱、楞、丁、钉、鼎、订、厅、停、挺。

（3）利用辨音字表对照，记少不记多。例如：

gen：根 跟 亘	geng：庚 更 耕 埂 羹 颈 梗 耿 哽
zen：怎	zeng：曾 憎 增 赠 锃 甑
cen：岑	ceng：噌 层 曾 蹭
den：/	deng：灯 登 蹬 等 邓 凳 澄 瞪
ten：/	teng：疼 腾 藤 誊
nen：嫩	neng：能
len：/	leng：愣 棱 冷

2. 单韵母和复韵母

普通话的复韵母有 13 个，而有些方言却没有那么多复韵母。例如，粤方言中有些韵母如果与普通话对比则缺乏韵头，因此容易把带有韵头的复韵母读成没有韵头的韵母，如把“抓”读成“渣”，把“刷子”读成“沙子”。有的方言区的普通话学习者则会将单韵母念成复韵母，如讲湖北方言的普通话学习者有的会把“组”发成“走”，把“醋”发成“凑”。这些方言区的人学习普通话时要注意学习好单韵母和复韵母。分辨下列各组词语的发音：

juéjù	duòluò	xīguā	dàdì
绝句	堕落	西瓜	大地

3. i 和 ü

i 和 ü 都是舌面前高元音，差别只是发音时 i 不圆唇，ü 要圆唇。先发 i 的音，舌位保持不变，慢慢把嘴唇收圆就是 ü。闽方言、客家方言和西南一些地区的方言没有单元音 ü ，这些地方的人常常把普通话里的 ü 读成 i。例如把“全”读成“钱”。分辨下列各组词语的发音：

名义 míngyì——名誉 míngyù

前面 qiánmiàn——全面 quánmián

季节 jìjié——拒绝 jùjué

盐分 yánfèn——缘分 yuánfèn

练习题

一、名词解释

1. 韵母　2. 四呼　3. 韵腹　4. 韵尾　5. 鼻韵母

二、分析

1. 根据所提供的发音条件，在下面的括号中填上相应的单韵母。

舌面、前、高、圆唇元音：(　　)

舌面、后、半高、不圆唇元音：(　)

舌尖、前、高、不圆唇元音：(　　)

舌面、央、低、不圆唇元音：(　　)

舌面、前、半低、不圆唇元音：(　　)

卷舌、央、中、不圆唇元音：(　　)

2. 根据所提供的单韵母，在下面的括号中写出相应的发音条件。

u：(　　　　　　　　　　　　　　)

i：(　　　　　　　　　　　　　　)

o：(　　　　　　　　　　　　　　)

-i［后］：(　　　　　　　　　　　　　　)

ê：(　　　　　　　　　　　　　　)

er：(　　　　　　　　　　　　　　)

3. 写出下列汉字的韵母。

如（　　）——鱼（　　）居（　　）——鸡（　　）
拒（　　）——季（　　）去（　　）——处（　　）
活（　　）——河（　　）怪（　　）——盖（　　）
患（　　）——饭（　　）孩（　　）——怀（　　）
参（　　）——仓（　　）忘（　　）——万（　　）
翁（　　）——温（　　）先（　　）——乡（　　）
份（　　）——奉（　　）信（　　）——姓（　　）

4. 写出下列各字的韵母，并分析韵母的结构。

汉字	韵母	韵头	韵腹	韵尾
庄				
存				
掉				
决				
儿				
厚				

5. 下列各字的韵母分别属于四呼中的哪一类？请将答案填入括号中。

音（　　）　快（　　）　学（　　）　歌（　　）
事（　　）　越（　　）　铁（　　）　外（　　）

三、操练

1. 对比读出下列各组词语。

安然 ānrán——肮脏 āngzāng
温度 wēndù——老翁 lǎowēng
禁止 jìnzhǐ——静止 jìngzhǐ
羡慕 xiànmù——项目 xiàngmù
记忆 jìyì——区域 qūyù
补助 bǔzhù——笔记 bǐjì

主持 zhǔchí——举旗 jǔqí

二胡 èrhú——恶魔 èmó

懊恼 àonǎo——漏斗 lòudǒu

爱戴 àidài——配备 pèibèi

2. 读下面的绕口令。

(1) 东洞庭，西洞庭，洞庭山上一根藤，藤上挂铜铃。风吹藤动铜铃动，风停藤定铜铃静。

(2) 桌上放个盆，盆里有个瓶，砰砰啪啪，啪啪砰砰，不知是瓶碰盆，还是盆碰瓶。

(3) 会炖我的炖冻豆腐，才炖我的炖冻豆腐；不会炖我的炖冻豆腐，就别胡炖乱炖炖坏了我的炖冻豆腐。

(4) 哥哥弟弟坡前坐，坡上卧着一只鹅，坡下流着一条河，哥哥说宽宽的河，弟弟说白白的鹅。鹅要过河，河要渡鹅，不知是鹅过河，还是河渡鹅。

(5) 这天天下雨，体育局穿绿雨衣的女小吕，去找穿绿运动衣的女老李。穿绿雨衣的女小吕，没找到穿绿运动衣的女老李，穿绿运动衣的女老李，也没见着穿绿雨衣的女小吕。

四、简答

1. 从结构的角度，普通话韵母可以分为哪些类型?

2. 复韵母的发音特点是什么?

3. 鼻韵母可以分为哪些类型? 发音特点各是什么?

4. 如何分辨前后鼻音?

五、讨论

1. 有的方言区的人说普通话时分不清“拒绝”和“季节”，有的则把“青年”发成“亲娘”，你所在的方言区的人会不会出现这种情况? 请分析这些发音错误，并指出纠正的方法。

2. 你在学习普通话韵母时有哪些困难? 你认为有哪些解决的方法。

第四节 声 调

一、什么是声调

汉语的音节除了声母和韵母之外，还有一个重要的要素，这就是声调。声调是指音节中具有区别意义作用的音高变化。例如“chāng（昌）”、“cháng（长）”、“chǎng（厂）”、“chàng（唱）”四个音节的声母和韵母都相同，但意义不同，就是因为声调不同，具体来说就是音节高低升降曲直长短的变化形式不同。一般情况下，一个汉字就是一个音节，所以也称为“字调”。

普通话音节的音高变化形式主要有四种，一般称作阴平（第一声）、阳平（第二声）、上声（第三声）和去声（第四声）。

声调主要取决于音高，此外跟音长也有关。在汉语四声中，上声发音持续的时间最长，其次是阳平；去声的发音时间最短，再就是阴平。声调的高低、升降变化是逐渐滑动的，而不是跳跃式的。因此，它的过渡音是连续的、渐变的。结合音高、音长两个因素来看，声调发音的实际情况如图 2－3 所示。

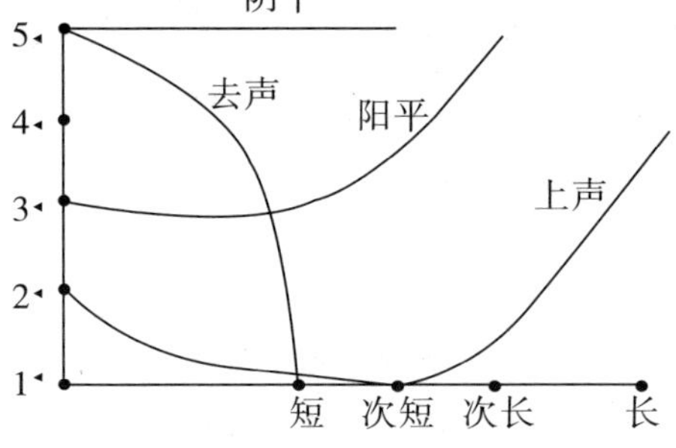

图 2－3

二、调值、调类和调型

（一）调值

调值是声调变化的实际音高值。普通话有四种不同的音高值。音高值通常用“五度标记法”表示。如图2－4所示。

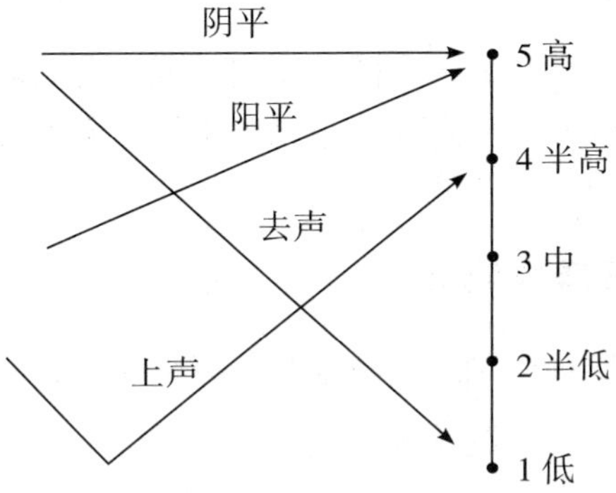

图2－4

普通话四个声调的调值分别为55（阴平）、35（阳平）、214（上声）、51（去声）。

调值发音变化的实际情况线条符号化，就形成了声调的标记符号——调号。汉语拼音四个声调的调号是：ˉ ˊ ˇ ˋ 。调号一般标在主要元音上。

（二）调类

调类就是声调的类别或种类，把调值相同的字归在一起，便为一个调类。普通话有四种基本调值，因此就归纳为四个调类。传统的名称是：阴平、阳平、上声、去声，通常也可简单地叫作一声、二声、三声、四声。北方方言的大部分地区都与普通话一致，调值有四种基本变化形式，也就有四个调类。

在一个方言里，调值决定调类，有几种调值的基本变化形式，就有几个调类。各方言区的调类数量不尽相同，最少的方言区只有三个，如河北滦县话、山东烟台话；最多的有十个调类，如广西玉林话；多数方言的调类为四到六个，如沈阳话、兰州话、成都话有四个调类，上海话有五个调类，客家话有六个调类，厦门话有七个调类，广州话有九个调类等。

（三）调型

调型就是声调高低、升降的变化模式。普通话四声的调型为高平、中升、降升和全降。阴平是高平调，阳平是中升调，上声是降升调，去声是高降调。

三、普通话的四声

普通话有四种声调，具体描写如以下几个方面。

（一）阴平——高平调

调值为55。发音的时候声音高而平，大体没有升降的变化。

（二）阳平——中升调

调值为35。发音时音从中高音升到高音，由3度到5度。起调略高，发音后逐渐上移，达到与阴平一样的音高高度。注意起调要保持较高，直接上升不拐弯。

（三）上声——降升调

调值为214。发音时由半低起，先降后升，由2度降1度，再升到4度。起音比阳平的音高低一度，注意气息在音调向下降时要稳定，升时要加强。上声的降升变化是平滑的曲线变化，不要有硬拐弯的感觉。

（四）去声——高降调

调值为51。发音时起音要高，音高与阴平一样，发音后直降到最低度。普通话声调的调类和调值可以综合为表2－3。

表 2－3　普通话声调的调类和调值

调　类	调　值	调　型	调　号	例　字
阴　平	55	高　平	ˉ	衣 yī　些 xiē
阳　平	35	中　升	ˊ	移 yí　斜 xié
上　声	214	降　升	ˇ	椅 yǐ　写 xiě
去　声	51	高　降	ˋ	易 yì　谢 xiè

练习题

一、名词解释

①声调　②调值　③调类　④调号

二、分析

1. 写出下列汉字字音的调值。

异（　　）口（　　）同（　　）声（　　）
马（　　）到（　　）成（　　）功（　　）
兵（　　）强（　　）马（　　）壮（　　）
智（　　）勇（　　）双（　　）全（　　）
生（　　）龙（　　）活（　　）虎（　　）

2. 写出下列汉字字音的调类。

中（　　）流（　　）砥（　　）柱（　　）
刻（　　）骨（　　）铭（　　）心（　　）
五（　　）光（　　）十（　　）色（　　）
同（　　）甘（　　）共（　　）苦（　　）
标（　　）新（　　）立（　　）异（　　）

3. 写出下列各字声调的具体情况。

汉字	调值	调类	调型	调号
来				
春				
绿				
巧				

三、操练

1. 读出下列词语。

今 jīn　生 shēng　开 kāi　光 guāng
招 zhāo　荒 huāng　别 bié　常 cháng
成 chéng　如 rú　年 nián　同 tóng
表 biǎo　鼓 gǔ　减 jiǎn　老 lǎo
美 měi　草 cǎo　证 zhèng　税 shuì
判 pàn　气 qì　热 rè　步 bù

2. 读下面的绕口令。

(1) 老师老是叫老史去捞石，老史老是没有去捞石。老史老是骗老师。老师老是说老史不老实。

(2) 大猫毛短，小猫毛长，大猫毛比小猫毛短，小猫毛比大猫毛长。

(3) “同姓”不能念成“通信”，“通信”不能念成“同姓”，“同姓”可以互相“通信”，“通信”不一定“同姓”。

(4) 小石与小史，俩人来争执。小石说“正直”应该读“政治”，小史说“整治”应该念“整枝”。俩人争得面红耳赤，谁也没读准“正直”“整治”“政治”和“整枝”。

四、简答

1. 声调跟语音的哪些物理要素有关？

2. 普通话有几种基本调值？分别是多少？

3. 调值和调类的关系是什么？

4. 调号怎么标？

五、讨论

1. 语言学家林焘先生曾经说道："赵元任先生创立的五度制标调法简便准确，不受调域变化的影响，是相当理想的标写调值的方法，已经在国际上被广泛采用。但是从声调教学的角度看，重要的是区分调类，对调值的要求并不很高，似乎就不一定拘泥于五度制，学习汉语普通话的四个调类，改为高、中、低三度，也完全可以把四个调类分别清楚。"对这个观点你怎么看？

2. 你在学习普通话的声调时有哪些困难？你认为有哪些解决方法？

第五节　音　　节

一、音节的结构

普通话的音节由声母、韵母和声调三个部分构成。普通话中一个完整的音节的构成情况如下：

声母＋韵母（韵头＋韵腹＋韵尾）＋声调（标注在韵腹上）

具体情况如表 2－4 所示。

表 2－4　普通话音节结构

组成 举例	声母	韵母				声调
		韵头 （介音）	韵腹 （主要元音）	韵尾		
				元音	辅音	
xiǎo 小	x	i	a	o		上声
kāi 开	k		a	i		阴平

续上表

组成举例	声母	韵母				声调
		韵头（介音）	韵腹（主要元音）	韵尾		
				元音	辅音	
guó 国	g	u	o			阳平
dù 度	d		u			去声
wěn 稳		u	e		n	上声
wā 挖		u	ɑ			阴平
áng 昂			ɑ		ng	阳平
yī 衣			i			阴平

二、普通话音节结构的特点

从普通话音节结构表可以看出，普通话音节结构有以下特点。

（1）普通话音节最多有四个音素，如：团（tuán）；最少只有一个音素，如：鹅（é）。

（2）每个音节一般要由三个成分组成，即声母、韵母、声调。它的声母可以是零声母，韵母中可以没有韵头、韵尾，但必须有韵腹，韵腹和声调是音节中必不可少的成分。

（3）音节中必须有元音音素，至少一个，充当韵腹；最多三个，分别充当韵母的韵头、韵腹和韵尾。

（4）每个元音都能充当韵腹，如果韵母中不止一个元音时，开口度最大的元音充当韵腹。韵头只能由 i、u、ü 充当，韵尾由元音 i、u（o）或鼻辅音 n、ng 充当。

（5）辅音音素只出现在音节的开头（作声母）或末尾（作韵尾），普通话没有复辅音。

三、普通话声韵配合规律

普通话音节由声母、韵母和声调构成，但不是任何声母和任何韵母都可以相拼。了解普通话声韵拼合的规律，对掌握普通话音节以及学习汉语拼音音节拼写法都是必不可少的。

普通话音节有完整的系统。构成普通话音节的21个辅音声母和39个韵母，有机地拼合成400多个基本音节，加上四个声调的配合，则可组成1 200多个音节。普通话声韵调的配合，有一定的规律性，其中声母和韵母的拼合规律最为明显，主要表现在声母的发音部位和韵母的四呼关系上。传统的汉语语音学把韵母按开头元音的唇形特点分为开口呼、齐齿呼、合口呼和撮口呼四类。声母的发音部位则分为双唇音、唇齿音、舌尖前音、舌尖中音、舌尖后音、舌面音和舌根音，其中舌尖中音又分为d、t和n、l两类。依据这一关系，可将普通话声母和韵母的配合规律列成表2－5。

表2－5 普通话声韵配合关系

声母		韵母			
		开口呼	齐齿呼	合口呼	撮口呼
双唇音	b p m	+	+	+（只限u）	
唇齿音	f	+		+（只限u）	
舌尖前音	z c s	+		+	
舌尖中音	d t	+	+	+	
	n l	+	+	+	+
舌尖后音	zh ch sh r	+		+	
舌面音	j q x		+		+
舌根音	g k h	+		+	
零声母		+	+	+	+

从表中可以归纳出普通话声韵配合的主要规律。

（1）双唇音 b、p、m 不与撮口呼韵母相拼，可以跟开口呼、齐齿呼、合口呼韵母相拼。

（2）唇齿音 f 只跟开口呼、合口呼（限于 u）韵母相拼，不拼齐齿呼、撮口呼。

（3）舌尖前音 z、c、s 只跟开口呼、合口呼韵母相拼，不拼齐齿呼、撮口呼。

（4）舌尖中音 d、t 不能跟撮口呼韵母相拼，但可以和开口呼、齐齿呼、合口呼韵母相拼。

（5）舌尖中音 n、l 可以跟开口呼、齐齿呼、合口呼、撮口呼四类韵母相拼。

（6）舌尖后音 zh、ch、sh、r 只跟开口呼、合口呼韵母相拼，不拼齐齿呼、撮口呼。

（7）舌面音 j、q、x 可以跟齐齿呼、撮口呼的韵母相拼，不拼开口呼、合口呼。

（8）舌根音 g、k、h 只跟开口呼、合口呼韵母相拼，不拼齐齿呼、撮口呼。

（9）零声母则能跟四呼中所有的韵母相拼。

在上述规律中，凡属某类声母与某类韵母不能相拼的，概无例外；而能相拼的，却并非指全部能相拼，还可以存在特殊情况。例如，开口呼韵母能与舌面音以外的声母相拼，但其中的 ê、er 这两个韵母就不与任何辅音相拼，还有舌尖韵母 -i（前）、-i（后）分别不与舌尖前、舌尖后以外的辅音声母相拼。

另外，还可以从韵母出发，得出普通话声韵配合的另一些规律。

（1）“o”韵母只拼唇音和唇齿音声母，而“uo”韵母却不能同唇音或唇齿音声母相拼。

(2)"ong"韵母没有零声母音节,"ueng"韵母只有零声母音节。

(3)"-i"[ɿ]韵母只拼"z、c、s"三个声母,"-i"[ʅ]韵母只拼"zh、ch、sh、r"四个声母,并且都没有零声母音节。

(4)"er"韵母不与任何声母相拼,只有零声母音节。

以上是普通话声韵配合的大略情况。要掌握声韵配合的具体规则,还要细看本章附录6《普通话声韵配合表》。

四、音节的拼写

(一) y与w的使用

1. 零声母音节中,如果韵头是i、u,则改i为y,改u为w。例如:

ia→ya(呀) ie→ye(也) iao→yao(要)
iou→you(有) ian→yan(言) iang→yang(阳)
iong→yong(用) ua→wa(瓦) uo→wo(我)
uai→wai(外) uei→wei(为) uan→wan(玩)
uen→wen(文) uang→wang(王) ueng→weng(瓮)

2. 零声母音节中,如果韵腹是i、u,则前加y和w。例如:

i→yi(以) in→yin(音) ing→ying(应)
u→wu(吴)

3. 零声母音节中,撮口呼一律在ü前加y,同时省掉ü上的两点。例如:

ü→yu(与) üe→yue(约) üan→yuan(圆)
ün→yun(韵)

(二) 隔音符号的用法

以"a、o、e"开头的零声母音节,由于前面没有"y、w"

等字母，容易产生混淆，必要时可加隔音符号“’”隔开。例如：

gu’ai（骨癌）——guai（怪）
ji’e（饥饿）——jie（节）
xi’an（西安）——xian（现）
jin’an（金安）——jinan（济南）

（三）省写

1. 韵母 iou、uei、uen 的省写

iou、uei、uen 在前面有辅音声母的时候写成 iu、ui、un，例如：

d + iōu→diū（丢）　　q + iōu→qiū（丘）
z + uěi→zuǐ（嘴）　　k + uèi→kuì（愧）
h + uèn→hùn（混）　　c + uēn→cūn（村）

这样省写是因为 iou、uei、uen 前面加辅音声母的时候，韵腹会出现弱化或丢失的现象，省写之后读音不会有太大变化，不会与其他韵母混淆，而且可以使拼式简短。其他韵母则不能随便省写，如 ian、uai 等就不能省去中间的 a，否则就变成 in、ui 了，读音不同了，而且与其他韵母混淆。

如果 iou、uei、uen 前面是零声母，就要按照 y 和 w 的使用规则，分别写为 you、wei、wen。可见 iou、uei、uen 是理论的写法，在实际拼写时并不出现。但在分析韵母的结构时，应使用 iou、uei、uen，不用省写式。

2. ü 上两点的省略

ü 或者 ü 开头的韵母在和辅音声母相拼时，只能拼 n、l、j、q、x 等 5 个辅音声母。其中 n、l 两个声母既能拼 u 又能拼 ü，形成对立，所以，它们拼 ü 时不能省略上面的两点，而 j、q、x 拼 ü 时，可以省略 ü 上面的两点。例如：

nú（奴）——nǚ（女）

lŭ（鲁）——lǚ（吕）

q + ǘan→quán（全）

x + ün→xùn（讯）

j + ǜ→jù（句）

j、q、x 拼 ü 时，可以省略 ü 上面的两点，这是因为 j、q、x 不能和合口呼韵母相拼，省略了 ü 上面的两点也不会同 u 相混淆，这样，可以减少书写时的麻烦。

（四）标调法

（1）声调符号要标在一个音节的韵腹上。例如：

pān（攀）　xié（斜）　lǚ（旅）　tì（替）

（2）在韵腹符号省略的 iu、ui 中，调号标在后一个元音符号上。例如：

liú（留）　zuǐ（嘴）

（3）调号位于 i 上时，省略上面的点。例如：

jī（机）　lì（力）　qí（奇）

（4）轻声不标调。例如：

de（的）　ma（吗）　zhe（着）

（5）文章标题中经常不标调。例如：

SHILUN JINGJI GAIGE DE JIEDUANXING

（五）音节连写

（1）拼写普通话基本上以词为书写单位。例如：

rén（人）　pǎo（跑）　péngyou（朋友）　yuèdú（阅读）
dànshì（但是）　fēicháng（非常）　diànshìjī（电视机）

（2）表示一个整体概念的双音节和三音节结构，连写。例如：

gāngtiě（钢铁）　hóngqí（红旗）　duìbuqǐ（对不起）
chīdexiāo（吃得消）

（3）四音节及以上表示一个整体概念的名称，按词或语节（词语内部由语音停顿而划分成的片段）分写，不能按词或语节划分的，全都连写。例如：

wúfèng gāngguǎn（无缝钢管）

ZhōnghuáRénmínGònghéguó（中华人民共和国）

yánjiūshēngyuàn（研究生院） hóngshízìhuì（红十字会）

（4）单音节词重叠，连写；双音节词重叠，分写。例如：

niánnián（年年）

kànkan（看看） hónghóng de（红红的）

yánjiū yánjiū（研究研究） tōnghóng tōnghóng（通红通红）

重叠并列即 AABB 式结构，连写。例如：

láilaiwǎngwǎng（来来往往） qīngqīngchǔchǔ（清清楚楚）

fāngfāngmiànmiàn（方方面面）

（5）单音节前附成分（副、总、非、反、超、老、阿、可、无、半等）或单音节后附成分（子、儿、头、性、者、员、家、手、化、们等）与其他词语，连写。例如：

fùbùzhǎng（副部长） zǒnggōngchéngshī（总工程师） zhuōzi（桌子） kēxuéxìng（科学性）

（6）为了便于阅读和理解，某些并列的词、语素之间或某些缩略语当中可用连接号。例如：

bā-jiǔ tiān（八九天） zhōng-xiǎoxué（中小学） lù-hǎi-kōngjūn（陆海空军） Jīng-Zàng Gāosù Gōnglù（京藏高速公路）

（六）大写规则

（1）句子开头的字母大写。例如：

Chūntiān lái le.（春天来了。）

（2）专用名词或专用短语中的每个词的开头字母要大写。例如：

Běijīng（北京） Fēilǜbīn（菲律宾） Guójiā Yǔyán

Wénzì Gōngzuò Wěiyuánhuì（国家语言文字工作委员会）

在某些场合，专有名词的所有字母可全部大写。例如：

XIANDAI HANYU CIDIAN（现代汉语词典）

BEIJING（北京）　LI HUA（李华）

DONGFANG SHUO（东方朔）

（3）文章标题可以全部大写，也可以每词开头字母大写，其他字母小写。例如：

JIAQIANG LIFA CUJIN JINGJI FAZHAN

Jiaqiang　Lifa　Cujin　Jingji　Fazhan

加强　立法　促进　经济　发展

练习题

一、分析

1. 分析下列音节的结构：

例字	结构成分				
	声母	韵母			声调（调类）
		韵头	韵腹	韵尾	
有 yǒu					
学 xué					
五 wǔ					
网 wǎng					
装 zhuāng					
知 zhī					
远 yuǎn					
六 liù					
卫 wèi					
困 kùn					

2. 下列音节的拼写是错误的，请根据声韵配合规律加以说明并改正。

buō（波） ciǎo（巧） zhǖn（军） jě（姐）

ōng（翁） zīng（精） kiǎng（抢） dō（多）

póng（朋） buèng（蹦）

3. 下列音节的拼写是错误的，请根据拼写规则加以说明并改正。

īnwuèi（因为） yiǒuyiòng（有用） xüéxiaò（学校）

luènuén（论文） uàn’ù（万物） kùài（酷爱）

qíanjìn（前进） hùolún（货轮） weǐ shēng（尾声）

二、操练

1. 给下列词语注上拼音。

威武（ ） 规律（ ）

提案（ ） 演绎（ ）

欲望（ ） 水准（ ）

优秀（ ） 褴褛（ ）

2. 给下列语段注上拼音。

（1）我爱月夜，但我也爱星天。从前在家乡七八月的夜晚在庭院里纳凉的时候，我最爱看天上密密麻麻的繁星。望着星天，我就会忘记一切，仿佛回到了母亲的怀里似的。

（2）生命在海洋里诞生绝不是偶然的，海洋的物理和化学性质，使它成为孕育原始生命的摇篮。

（3）梅雨潭闪闪的绿色招引着我们，我们开始追捉她那离合的神光了。揪着草，攀着乱石，小心探身下去，又鞠躬过了一个石穹门，便到了汪汪一碧的潭边了。

（4）父亲说：“你们爱吃花生吗？”

我们争着答应：“爱！”

“谁能把花生的好处说出来？”

姐姐说："花生的味美。"

哥哥说："花生可以榨油。"

我说："花生的价钱便宜，谁都可以买来吃，都喜欢吃。这就是它的好处。"

三、简答

1. 普通话的音节由哪些部分组成？

2. 普通话的音节有什么特点？

3. 普通话声韵配合有哪些主要规律？

4. 举例说明为什么要使用"隔音符号"？

四、讨论

1. 在《汉语拼音方案》中，字母 i 实际上代表了三个韵母。为什么要这样处理？

2. 在给汉字标注拼音时，你碰到的最大困难是什么？你认为应该怎么解决？

第六节　音　　位

一、音位和音位变体

音位是某一种语言中能够区别意义的最小语音单位。音位是按照语音的社会属性划分出来的。

在有的方言中，辅音音素［n］、［l］可以出现在同一个语音位置上，表示相同的意义。例如有的方言中"来"可以说成［nái］，也可以说成［lái］。像［n］、［l］这样可以出现在同一个语音位置上，但却没有区别意义作用的音素，我们可以把它们合并为一个单位，这就是音位/n/。而音素［n］、［l］则是音位/n/的两个变体。

音位的另一种情况是：同一个音素，当它处在不同的语音位置上时，也会产生一些细微的变化。例如，元音音素 [i] 处在韵腹时发舌位高的 [i] （弟 dì），处在韵尾时发成次高的 [I]（带 dài），处在韵头时则发成半辅音 [j]（烟 yān）。像 [i] 这样的音素及其在不同的语音位置上的变化，我们也把它们合并为一个音位/i/，而把 [i]、[I]、[j] 作为/i/音位的三个变体。

一个音位中包含的不同的音素叫作这个音位的音位变体。音位变体是音位的具体表现形式。音位变体可分成条件变体和自由变体。在一定条件下出现的变体即为条件变体。例如，普通话的/ɑ/音位在语境中表现为以下形式 [a]（an、ai）、[ε]（ian、üan）、[ɑ]（ang、ao）和 [A]（ɑ、iɑ、uɑ）。/ɑ/的各种变体是条件变体，[ɑ] 出现在韵尾 [-i] [-n] 之前，[ε] 出现在 [i] [y] 和 [n] 的中间，[ɑ] 出现在韵尾 [-u] [-ŋ] 之前，[A] 出现在零韵尾。没有条件限制，可以自由替换而不影响意义的音位变体则为自由变体，如不少方言中的 [n] 和 [l] 是没有限制的，可任意读。

二、音位的分类

元音和辅音是从音色（音质）的角度划分出来的，所以能区别意义的元音音位和辅音音位也叫音质音位。此外音高、音强、音长等因素也可能有区别意义的功能，也可形成不同的音位，这种音位统称为非音质音位，也叫“超音质音位”“超音段音位”。具体来说，由音高构成的音位往往是以声调的不同来区别意义，也叫调位，如普通话的四个声调都能区别意义，是四个不同的调位；由音强构成的音位也叫重位或势位，如普通话的 běnshì（本事）和 běnshi（本事），主要是音强减弱，意义不同，是两个重位；由音长构成的音位叫时位，如英语中的[siːt]（seat）和 [sit]（sit）。

三、音位归纳法

有的音素可以在相同的语境中出现，经过替换，就代表不同的意义，这样的几个音素它们之间的关系是对立的，是不同的音位。如：我们想知道普通话辅音［n］和［l］是不是两个音位，可把它们分别放入［－án］这样一个环境里去进行对比：［nán］和［lán］。这两个辅音的语音环境是相同的，但是［n］和［l］的不同导致产生了不同的意义："南"和"蓝"。这说明［n］和［l］是对立的，有区别意义的作用。凡是彼此对立的语音就必然存在有两个不同的音位。

有的音素永远不在相同的语音环境里出现，它们有各自的出现环境，形成互相补充的局面，它们的关系是互补的，即使互换也不区别意义，这些音素就可以合并起来归成一类，成为一个音位的几个不同变体，用一个音位符号去标写。如 lán（蓝）里的 ɑ 代表元音［a］，diān（颠）里的 ɑ 代表元音［ε］，yǎ（哑）里的 ɑ 代表元音［A］，yáng（阳）里的 ɑ 代表元音［ɑ］，［a］、［ε］、［A］、［ɑ］四个元音出现在不同语音环境中，它们是互补的关系，是同一个音位里的几个变体。

有些音素虽然也处于互补分布中，但是听起来差异过大，就不适宜归纳为同一音位。如普通话的［m］只出现在音节的开头，作声母，［ŋ］只出现在音节的结尾，作韵尾。这两个音处于互补分布中，但是在普通话的发音中，它们的差别过大，因此还是应该归纳为/m/、/ŋ/两个音位。这是在归纳音位时应注意的问题。

四、普通话音位

（一）元音音位

汉语普通话有/ɑ/、/o/、/ə/、/e/、/i/、/ʅ/、/ʅ/、

/u/、/y/、/ɚ/等 10 个元音音位。具体情况如下所示。

1. /ɑ/有四个音位变体，即 [a]、[A]、[ɑ]、[ɛ]

音位变体	出现条件	例字
[a]	韵尾 [I]、[n] 之前	甘 [kan]、海 [xaI]
[A]	无韵尾时	瓜 [kuA]、巴 [pA]
[ɑ]	韵尾 [u]、[ŋ] 之前	好 [xɑu]、广 [kuɑŋ]
[ɛ]	韵头 [i]、[y] 和韵尾 [n] 之间	健 [tɕiɛn]、劝 [tɕ'yɛn]

2. /o/有两个音位变体，即 [o]、[o^{c}]

音位变体	出现条件	例字
[o]	单韵母中	伯 [po]、末 [mo]
[o^{c}]	作复韵母韵腹	作 [tsuo^{c}]、够 [ko^{c}u]

3. /ə/有两个音位变体，即 [ɤ]、[ə]

音位变体	出现条件	例字
[ɤ]	单韵母中	德 [tɤ]、客 [kɤ]
[ə]	作鼻韵母韵腹 作轻声音节韵腹	门 [mən]、跟 [kən]、的 [tə]

4. /e/有两个音位变体，即 [e]、[ɛ]

音位变体	出现条件	例字
[e]	在韵尾 [i] 之前	给 [keɪ]、对 [tueɪ]
[ɛ]	作韵腹、无韵尾时	鞋 [ɕiɛ]、街 [tɕiɛ]、欸 [ɛ]

5. /i/有三个音位变体，即［i］、［ɪ］、［j］

音位变体	出现条件	例字
［i］	作韵腹及非零声母韵头	比［Pi］、定［tiŋ］
［ɪ］	作韵尾	盖［kaɪ］、回［xueɪ］
［j］	作零声母音节韵头	言［jan］、杨［jaŋ］

6. /u/有四个音位变体，即［u］、［ɷ］、［w］、［ʋ］

音位变体	出现条件	例字
［u］	作韵腹及非零声母韵头	呼［xu］、滚［kun］
［ɷ］	作韵尾	高［kaɷ］、叫［tɕiaɷ］
［w］	作零声母音节韵头	王［waŋ］、文［wən］
［ʋ］	在［f］声母后	腹［fʋ］、富［fʋ］

7. /y/有两个音位变体，即［y］、［ɥ］

音位变体	出现条件	例字
［y］	作韵腹	举［tɕy］、均［tɕyn］
［ɥ］	作零声母音节韵头	约［ɥɛ］、元［ɥɛn］

8. /ʅ/只有一个音位变体［ʅ］

音位变体	出现条件	例字
［ʅ］	在［ts、ts‘、s］后作韵母	字［tsʅ］、四［sʅ］

9. /ʅ/只有一个音位变体［ʅ］

音位变体	出现条件	例字
［ʅ］	在［tʂ、tʂ‘、ʂ、ʐ］后作韵母	志［tʂʅ］、日［ʐʅ］

10. /ɚ/有两个音位变体，即［ɚ］、［ɐr］

音位变体	出现条件	例字
［ɚ］	阳平、上声音节	儿［ɚ］、尔［ɚ］
［ɐr］	去声音节	二［ɐr］、贰［ɐr］

（二）辅音音位

普通话有22个辅音音位，即：

/p/、/p‘/、/m/、/f/、/t/、/t‘/、/n/、/l/、/k/、/k‘/、/ŋ/、/x/、/tɕ/、/tɕ‘/、/ɕ/、/tʂ/、/tʂ‘/、/ʂ/、/ʐ/、/ts/、/ts‘/、/s/

其变体情况大体如下：

（1）不送气的清塞音、塞擦音有一个相应的浊辅音变体，出现条件为轻声音节。如：

音位变体	出现条件	例字
/p/	［b］	喇叭［bA］
/t/	［d］	你的［də］
/k/	［g］	哥哥［gɤ］
/tʂ/	［dʐ］	拿着［dʐə］
/ts/	［dz］	儿子［dzə］
/tɕ/	［dʑ］	姐姐［dʑε］

（2）大多数辅音各有一个带圆唇色彩的变体，出现条件为与［u］、［y］开头的韵母相拼。例如：吐［t‘u］、绿［ly］、书［ʂu］。

（3）舌尖中音/t/、/t‘/、/n/、/l/各有一个相应的腭化音变体，出现条件为与［i］开头的韵母相拼。

(4) 舌根音/k/、/kʻ/、/x/各有一个相应的舌面中音变体，出现条件为与［ei］相拼。例如“黑”、“给”的实际发音。

(5) 鼻音/n/除圆唇辅音和腭化辅音变体以外，另有变体［n－］和［－n］。前者作声母，后者作韵尾。后者是唯闭音，没有除阻阶段。

(6) 鼻音/ŋ/有两个音位变体［ŋ－］和［－ŋ］。［－ŋ］作声母，只出现语气词“啊”［A］的开头，［A］同前面含有［ŋ］的音节连读时，因同化作用产生［ŋ－］，例如“听啊”［tiŋŋA］。［－ŋ］后者作韵尾，是唯闭音，持阻阶段发音，除阻阶段不发音。

影响汉语普通话辅音音位变体形成的因素主要有：

(1) 前后音影响。如合口呼中，辅音一般有一个唇化音的变体，舌尖中音在齐齿呼中具有腭化音变体。

(2) 在音节中的位置。n 位于音节前作声母和位于音节后作韵尾，形成不同的变体。

(3) 轻重音的影响。轻声音节不送气塞音和塞擦音容易产生相应部位的浊音变体。

(三) 声调音位及其变体

声调音位是非音质音位。普通话的四个声调可以分别写成/1/、/2/、/3/、/4/四个调位。阴平、阳平都只有一个音位变体，分别为［55］、［35］。

(1) 上声/3/有三个音位变体：［214］单念或者出现在语流末尾时，如“你”“没有”；［21］出现在调位/1/、/2/、/4/之前，如“土地”；［35］出现在调位/3/之前，如“美好”。

(2) 去声/4/有两个变体［51］出现在非去声或停顿之前，如“巩固”；［53］出现在去声前，如“变化”。

轻音失去原有的声调，是无调音节，用符号/0/来表示，如“棉花”。

练习题

一、名词解释

①音位 ②音位变体 ③非音质音位 ④调位

二、分析

1. 用汉语拼音和国际音标标注下列加点字，列出/b/的音位变体。

词语	汉语拼音	国际音标	/ɑ/的音位变体
阿爸			
爸爸			

2. 用汉语拼音和国际音标标注下列加点字，列出/ɑ/的音位变体。

词语	汉语拼音	国际音标	/ɑ/的音位变体
干净			
鸭子			
好人			
建设			

3. 用汉语拼音和国际音标标注下列加点字，列出/ə/的音位变体。

词语	汉语拼音	国际音标	/ə/的音位变体
得到			
脸盆			

三、简答

1. 条件变体和自由变体的区别是什么？请举例说明。

2. 如何归纳音位？请举例说明。

3. b、l、u 三个音位各有哪些音位变体？举例说明它们出现的条件。

四、讨论

1. 举例说明音质音位、调位、重位和时位的不同，以及它们和普通话的关系。

2. 有的西方语言学家认为虽然声调一类的语音成分能区分语义，也是一种音位，但与元音和辅音相比，声调的音位负担很轻，所以只能叫作次音位。针对这一观点谈谈你的看法。

第七节　音　变

一、什么是音变

人们说话时，把一个个的音节组成一连串的语流，在语流中，由于相邻音节的相互影响或表情达意的需要，有些音节的读音会发生一定的变化，这就是语流音变，也简称音变。简单地说，音变就是音节在语流中产生的变化。普通话的音变主要包括变调、轻声、儿化、语气词“啊”的音变等。下面分别来说明它们的音变规律。

二、变调

在单读一个个音节的时候，普通话有四种基本声调，即阴平、阳平、上声、去声。一般来讲，汉语一个音节就对应一个汉字，因此声调又称为字调。在使用中，每个音节会和其他音节连在一起并且互相影响，有的音节的声调就会产生变化，这种音变现象叫作变调。普通话的主要变调情况有：上声变调，去声变调，“一”、“不”的变调，叠字形容词的变调。

（一）上声变调

上声在普通话四个声调中音长最长，发音时先降后升，调值为214。上声在阴平、阳平、上声、去声前都会产生变调，只有在单念或处在词语、句子末尾时才有可能读原调。其变调规律是：

（1）上声音节在阴平、阳平、去声（非上声音节）前，丢掉后半段上升的尾巴，调值由214变为半上声21。例如：

上声 + 阴平：

许多 xǔduō　　保温 bǎowēn　　打通 dǎtōng

纺织 fǎngzhī　　海关 hǎiguān

上声 + 阳平：

祖国 zǔguó　　旅行 lǚxíng　　导游 dǎoyóu

改革 gǎigé　　朗读 lǎngdú

上声 + 去声：

广大 guǎngdà　　讨论 tǎolùn　　挑战 tiǎozhàn

土地 tǔdì　　感谢 gǎnxiè

（2）上声音节在上声音节的前面，即两个上声相连，则前一个上声的调值由214变为35，与普通话阳平的调值相同，而后一个上声保持原来的调值不变。例如：

上声 + 上声：

懒散 lǎnsǎn　　手指 shǒuzhǐ　　母语 mǔyǔ

鬼脸 guǐliǎn　　海岛 hǎidǎo　　可口 kěkǒu

领导 lǐngdǎo　　野草 yěcǎo　　水果 shuǐguǒ

理解 lǐjiě

（3）三个上声音节相连，如果后面没有紧跟着其他音节，也不带什么语气，末尾音节一般不变调。开头和当中的上声音节有两种变调情况：

A. 当词语的结构是“双单格”时，即“2 + 1”结构，开头和当中的上声音节调值变为35，跟阳平的调值一样。例如：

水彩笔 shuǐcǎibǐ　　　　选举法 xuǎnjǔfǎ

展览馆 zhǎnlǎnguǎn　　　　考古所 kǎogǔsuǒ

B. 当词语的结构是“单双格”时，即“1+2”结构，开头音节处在被强调的逻辑重音时，读作“半上”，调值变为21，当中音节则按两上变调规律变为35。例如：

冷处理 lěngchǔlǐ　　　　小两口 xiǎoliǎngkǒu

好导演 hǎodǎoyǎn　　　　海产品 hǎichǎnpǐn

C. 多个上声相连，先要按语音停顿自然分节，然后按双音节、三音节的变调规律变读，停顿前的上声读“半上”，最后一个上声读原调。例如：

你把/美好/理想/给领导/讲讲。

请你/整理好/演讲稿。

请你/给我/打点儿/洗脸水。

（二）“一”、“不”的变调

普通话“一”的单字调是阴平55调值，“不”的单字调是去声51调值，在单念、表序数或处在词句末尾的时候，不变调。这两个字的变调取决于后一个连读音节的声调。

1. “一”字有三种变调情况

（1）在去声音节前调值由55变为35，跟阳平的调值一样。例如：

一半　一共　一向　一度　一概

（2）在阴平、阳平、上声（非去声）前，调值由55变为51，跟去声的调值一样。例如：

一+阴平：一般　一边　一端　一天　一声

一+阳平：一连　一时　一同　一头　一群

一+上声：一举　一口　一起　一手　一体

（3）夹在词语中间的时候读轻声。例如：

×+一+×：学一学 xuéyixué　　看一看 kànyikàn

谈一谈 tányitán

2. “不”字有两种变调情况

（1）“不”字在去声音节前调值由 51 变为 35，跟阳平的调值一样。例如：

不必　不变　不测　不错　不但

（2）夹在词语中间的时候读轻声。例如：

× + 不 + ×：买不买 mǎibumǎi　来不来 láibulái　会不会 huìbuhuì

（三）去声变调

当两个去声相连，前面的去声音节不读重音的时候，调值没有降到最低，调值变为高降调 53，称作“半去”。例如：

去声 + 去声：

饭店 fàndiàn　贵重 guìzhòng　介绍 jièshào

密切 mìqiè　戏剧 xìjù

（四）形容词重叠式的变调

形容词重叠一般有 AA 式、ABB 式或 AABB 式三种。

（1）AA 儿式的变调。单音节形容词重叠后儿化时，第二个音节不论本调是什么，往往念成 55 调值。例如：

慢慢儿　大大儿　快快儿　好好儿

（2）ABB 式的变调。单音节形容词叠音后缀，可以念原调，也可以念成 55 调值。例如：

白生生　亮堂堂　软绵绵　沉甸甸

（3）AABB 式的变调。双音节形容词重叠后，既可以念原调，也可以变调，变调时第二个音节变为轻声，第三、四个音节多半读成 55 调值。例如：

认认真真　老老实实　慢慢腾腾

清清楚楚　干干净净　漂漂亮亮

三、轻声

（一）轻声的性质和特点

有些音节在词语或句子里，常常失去原有的声调，读成一种又轻又短的调子。这种又轻又短的调子，叫作轻声。轻声不是第五种声调，不是一个调类，而是一种声调的弱化形式，是四声的一种特殊音变。轻声离不开特定的语言环境，只出现于语言组合之中（如词、短语等）。

轻声字音长短、音强弱。轻声无统一而固定的音高。一般情形是：阴平和阳平后面的轻声字的音高偏低（2 和 3）、上声字后面的轻声字的音高较高（4）、去声字后面的轻声字的音高最低（1）。具体分析如下：

阴平＋轻声 2：妈妈　黑的　吃吧　跟头

阳平＋轻声 3：爷爷　白的　来吧　棉花

上声＋轻声 4：姐姐　紫的　走吧　点心

去声＋轻声 1：弟弟　绿的　去吧　木头

轻声有时还引起音色的变化，如“爸爸”的后一个“爸”、“哥哥”的后一个“哥”的声母都有浊化倾向。轻声字的韵母含混，甚至还会脱落。

（二）哪些音节要读轻声

下面列出的词一般读作轻声：

（1）助词“的、地、得、着、了、过”和语气词“吧、嘛、呢、啊”等。

（2）叠音词、重叠词和动词重叠式后头的字：猩猩、娃娃、弟弟、看看、玩玩。

（3）词的后缀“子、头”和表复数的“们”。

（4）趋向动词“来、去、起来、下来”等作补语时。

(5) 方位短语中的方位词。例如：马路边、桌子上、城市里。

(6) 一些常用的双音节词的第二个音节习惯上读轻声。例如：事情、消息、西瓜、力量、关系。

(三) 轻声的作用

轻声有区别词义和区分词性的作用。

(1) 区别词义。例如：

东西：dōngxī（方向）　dōngxi（物体）

地方：dìfāng（对“中央”而言）　dìfang（处所）

(2) 区分词性。例如：

大意：dàyì（名词，主要内容）

　　　dàyi（形容词，不小心）

人家：rénjiā（名词，住户）

　　　rénjia（代词，指别人，也可指自己）

四、儿化

(一) 儿化的性质

儿化是指词的后缀“儿”与其前面音节的韵母结合为一体，并使该韵母带上卷舌音色的一种音变现象。儿化后的韵母称作“儿化韵”。儿化时后缀“儿”不能成音节，只代表一个卷舌动作。

(二) 儿化的发音规则

儿化韵的发音规则，如表 2-6 所示。

表 2-6　儿化韵的发音规则

“儿”前韵母	儿化时变化规律	举例
无韵尾或有 u 韵尾	加卷舌动作	哪儿、坡儿、车儿、包儿

续上表

“儿”前韵母	儿化时变化规律	举例
有 -i、-n 韵尾的	韵尾丢失	一块儿、小孩儿
有高元音 i、ü 韵腹的	加央元音 ə	小鸡儿、鱼儿
有舌尖元音 -i [ɿ]、-i [ʅ] 的	变成 ə	树枝儿、瓜子儿
有 -ng 尾的	韵尾丢失且元音鼻化	瓶儿、药方儿

（三）儿化的作用

（1）区别意义。例如：

信（信件）—信儿（消息）　眼（眼睛）—眼儿（窟窿）

头（脑袋）—头儿（领头的）

（2）区别词性。例如：

盖（动词）—盖儿（名词）　画（动词）—画儿（名词）

尖（形容词）—尖儿（名词）

（3）表示微小的形状或者带有亲切、喜爱、轻视等感情色彩。例如：

小孩儿　猫儿　钉儿　有趣儿　小曲儿

五、“啊”的音变

语气词“啊”经常位于其他词的后面，发音受前面音节影响，产生音变。其音变的类型主要是增音，具体情况如表 2-7 所示。

表 2-7

前面的音素	加“啊”	读作	写做	举例
a、o、e、i、ü、ê	+a	→ya	呀	他呀、说呀、哥呀、鸡呀、鱼呀、泼呀、鞋呀
u	+a	→ wa	哇	路哇、流哇、好哇

续上表

前面的音素	加“啊”	读作	写做	举例
n	+ɑ	→nɑ	哪	天哪、看哪、办哪
ng	+ɑ	→ngɑ	啊	行啊、听啊、想啊
-i［ʅ］、er	+ɑ	→rɑ［ʐA］	啊	是啊、儿啊、治啊
-i［ɿ］	+ɑ	→zɑ［ZA］	啊	字啊、词啊、撕啊

练习题

一、名词解释

①音变　②变调　③轻声　④儿化

二、分析

1. 把发生变调的字圈出来，并说明其变调的情况。

五十一　主观　粉笔　一定　不好看　不断　一起　好不好

老师　保持　永久　警惕　椅子　巩固　语言　许多

一天　一旦　一杯　一笔　一般　一度　一路　一共

2. 把下列词语中的轻声词圈出来，并说明轻声音节的音高情况。

朋友　告诉　打赌　窗户　劳动　玻璃　萝卜　大夫

编写　闺女　扫除　阔气　扎实　凉快　规范　清楚

3. 把下列词语中的儿化词圈出来，并说明儿化的发音情况。

男儿　鸟儿　瓶儿　活儿　头儿　豆儿　哪儿　婴儿

尖儿　信儿　健儿　女儿　瓶儿　今儿　错儿　亮儿

4. 根据“啊”的音变规律，将“啊”音变后的汉字写在相应的括号中。

（1）时间已经很晚了（　　）！快跑（　　）！

（2）好大的烟（　　）！

（3）你为什么不早说（　　　）?
（4）这事儿让我怎么办（　　）?
（5）这样做没什么用（　　）!
（6）怎么回事（　　）?
（7）瓜子壳儿不要乱吐（　　）!
（8）原来他不识字（　　）!

三、操练

1. 读下面的词语，注意声调的变化。

普通　始终　许多　奖杯　好多　简洁　取材　口型
演员　彩虹　稿件　讨论　美术　买卖　美丽　野草
水果　友好　演讲　首长　彼此　水桶　洗澡　冷水
橄榄　简短　勇敢　永久　处理　广场　一天　一箱
一般　一年　一条　一头　一本　一尺　一碗　一架
一样　一个　一面　一套　一块　不对　不愿　不去
不怕　不错

2. 读下面的轻声词。

云彩　蘑菇　护士　事情　脑袋　胳膊　窗户　算盘
笑话　相声　西瓜　委屈　体面　应付　招呼　清楚
稀罕　机灵　吩咐　便宜　客气　扫帚　精神　亮堂
丈夫　先生　关系　行李　包袱　打听　东西　钥匙
风筝　葡萄　胡涂　马虎　衣服　结实　称呼　和尚
老实　麻烦　糊涂　嘱咐　宽敞　篱笆　稳当　吓唬
故事　快活

3. 读下面的儿化词。

小孩儿　旦角儿　锅贴儿　号码儿　老头儿　土豆儿
抓阄儿　玩意儿　爆肚儿　大伙儿　打杂儿　刀把儿
豆芽儿　脸蛋儿　差点儿　找茬儿　干活儿　被窝儿
挨个儿　饱嗝儿　火星儿　起名儿　门牌儿　雪球儿

打滚儿　娘儿俩　模特儿　心窝儿　衣兜儿　没错儿
羊羔儿　窍门儿　拐弯儿　酒窝儿　走味儿　压根儿
对门儿　门缝儿　纽扣儿　胖墩儿　面条儿　手绢儿

4. 读下面的句子，注意“啊”的音变。

(1) 好大的雨呀！我好想出去呀，可我没有合适的雨鞋呀！

(2) 这首诗写得多好哇！

(3) 你说这算什么事儿啊？

(4) 这孩子好可怜哪！

(5) 这是第几次啊？

(6) 这豆子真硬啊！

5. 读下面的绕口令，注意各类音变现象。

(1) 五班的老师姓麻，九班的老师姓马。
五班的麻老师比九班的马老师小，
九班的马老师比五班的麻老师老。
麻老师和马老师，到底谁小谁老？

(2) 一个老僧一本经，一句一行念得清，不是老僧爱念经，不会念经当不了僧。

(3) 一个大嫂子，一个大小子，坐在一起包饺子。不知是大嫂子包的饺子不如大小子，还是大小子包的饺子不如大嫂子。

(4) 进了门儿，倒杯水儿，喝了两口运运气儿。顺手拿起小唱本儿，唱了一曲儿又一曲儿。练完嗓子练嘴皮儿。绕口令练字音儿，还有快板儿对口词儿，越说越唱越带劲儿。

(5) 鸡呀，鸭呀，猫哇，狗哇，一块儿水里游哇！牛哇，羊啊，马呀，骡呀，一块儿进鸡窝呀！狼啊，虫啊，虎哇，豹哇，一块儿街上跑哇！兔哇，鹿哇，鼠哇，孩儿啊，一块儿上窗台儿啊！

四、简答

1. 上声变调有什么规律？请举例说明。

2. “一”“不”变调有什么规律？请举例说明。

3. 轻声有什么作用？请举例说明。

4. 儿化有什么作用？请举例说明。

五、讨论

1. 为什么说轻声不是一种独立的声调？请举例说明。

2. 有人认为轻声和儿化在社会交往当中的作用不是很明显，在普通话教学中建议不一定要教。对这种观点谈谈你的看法。

附录 1

汉语拼音方案

(1957 年 11 月 1 日国务院全体会议第 60 次会议通过)
(1958 年 2 月 11 日第一届全国人民代表大会第五次会议批准)

一、字母表

字母	A a	B b	C c	D d	E e	F f	G g
名称	ㄚ	ㄅㄝ	ㄘㄝ	ㄉㄝ	ㄜ	ㄝㄈ	ㄍㄝ
	H h	I i	J j	K k	L l	M m	N n
	ㄏㄚ	ㄧ	ㄐㄧㄝ	ㄎㄝ	ㄝㄌ	ㄝㄇ	ㄋㄝ
	O o	P p	Q q	R r	S s	T t	U u
	ㄛ	ㄆㄝ	ㄑㄧㄡ	ㄚㄦ	ㄝㄙ	ㄊㄝ	ㄨ
	V v	W w	X x	Y y	Z z		
	ㄪㄝ	ㄨㄚ	ㄒㄧ	ㄧㄚ	ㄗㄝ		

v 只用来拼写外来语、少数民族语言和方言。

字母的手写来依照拉丁字母的一般书写习惯。

二、声母表

b	p	m	f	d	t	n	l
ㄅ玻	ㄆ坡	ㄇ摸	ㄈ佛	ㄉ得	ㄊ特	ㄋ讷	ㄌ勒
g	k	h		j	q	x	
ㄍ哥	ㄎ科	ㄏ喝		ㄐ基	ㄑ欺	ㄒ希	
zh	ch	sh	r	z	c	s	
ㄓ知	ㄔ蚩	ㄕ诗	ㄖ日	ㄗ资	ㄘ雌	ㄙ思	

在给汉字注意的时候，为了使拼式简短，zh ch sh 可以省作 ẑ ĉ ŝ。

三、韵母表

	i ㄧ　衣	u ㄨ　乌	ü ㄩ　迂
a ㄚ　啊	ia ㄧㄚ　呀	ua ㄨㄚ　蛙	
o ㄛ　喔		uo ㄨㄛ　窝	
e ㄜ　鹅	ie ㄧㄝ　耶		üe ㄩㄝ　约
ai ㄞ　哀		uai ㄨㄞ　歪	
ei ㄟ　欸		uei ㄨㄟ　威	
ao ㄠ　熬	iao ㄧㄠ　腰		
ou ㄡ　欧	iou ㄧㄡ　忧		
an ㄢ　安	ian ㄧㄢ　烟	uan ㄨㄢ　弯	üan ㄩㄢ　冤
en ㄣ　恩	in ㄧㄣ　因	uen ㄨㄣ　温	ün ㄩㄣ　晕
ang ㄤ　昂	iang ㄧㄤ　央	uang ㄨㄤ　汪	
eng ㄥ　亨的韵母	ing ㄧㄥ　英	ueng ㄨㄥ　翁	
ong （ㄨㄥ）　轰的韵母	iong ㄩㄥ　雍		

（1）“知、蚩、诗、日、资、雌、思”等七个音节的韵母用i，即：知、蚩、诗、日、资、雌、思等字拼作zhi，chi，shi，ri，zi，ci，si。

（2）韵母儿定成er，用作韵尾的时候写成r。例如：“儿童”

拼作 ertong，“花儿”拼作 huar。

（3）韵母ㄝ单用的时候写成 ê。

（4）i 行的韵母，前面没有声母的时候，写成 yi（衣），ya（呀），ye（耶），yao（腰），you（忧），yan（烟），yin（因），yang（央），ying（英），yong（雍）。

u 行的韵母，前面没有声母的时候，写成 wu（乌），wa（蛙），wo（窝），wai（歪），wei（威），wan（弯），wen（温），wang（汪），weng（翁）。

ü 行的韵母，前面没有声母的时候，写成 yu（迂），yue（约），yuan（冤），yun（晕）；ü 上两点省略。

ü 行的韵母声母 j，q，x 拼的时候，写成 ju（居），qu（区），xu（虚），ü 上两点也省略；但是跟声母 n，l 拼的时候，仍然写成 nü（女），lü（吕）。

（5）iou，uei，uen 前面加声母的时候，写成 iu，ui，un，例如 niu（牛），gui（归），lun（论）。

（6）在给汉字注音的时候，为了使拼式简短，ng 可以省作 ŋ。

四、声调符号

阴平	阳平	上声	去声
ˉ	ˊ	ˇ	ˋ

五、隔音符号

a，o，e 开头的音节连接在其他音节后面的时候，如果音节的界限发生混淆，用隔音符号（’）隔开，例如：pi’ao（皮袄）。

附录 2

声母代表字类推表

f 和 h 代表字类推表

f 声母

凡——fān 帆，fán 凡、矾、钒。

反——fǎn 反、返，fàn 饭、贩、畈。

番——fān 番、藩、幡、翻。

方——fāng 方、芳、坊（牌坊）、钫，fáng 妨（不妨）、防、妨（妨害）、房、肪，fǎng 访、仿、纺、舫，fàng 放。

夫——fū 夫、肤、麸，fú 芙、扶、蚨。

父——fǔ 斧、釜，fù 父。

付——fú 符，fǔ 府、俯、腑、腐，fù 付、附、驸、咐。

弗——fú 弗、拂、氟，fó 佛，fèi 沸、狒、费、镄。

伏——fú 伏、茯、袱。

甫——fū 敷，fǔ 甫、辅，fù 傅、缚。

孚——fū 孵，fú 孚、俘、浮。

复——fù 复、腹、蝮、馥、覆。

福——fú 幅、福、辐，fù 副、富。

分——fēn 分、芬、吩、纷，fěn 粉，fèn 份、忿。

愤——fén 坟（墳），fèn 愤。

乏——fá 乏，fàn 泛。

发——fā 发，fèi 废。

伐——fá 伐、阀、筏、垡。

风——fēng 风、枫、讽，fěng 讽。

非——fēi 非、菲、啡、绯、扉、霏，fěi 诽、匪、榧、斐、蜚、翡，fèi 痱。

蜂——fēng 峰、烽、锋、蜂。

h 声母

火——huǒ 火、伙、钬。

禾——hé 禾、和。

或——huò 或、惑。

户——hù 户、沪、护、戽、扈。

乎——hū 乎、呼、滹。

虎——hǔ 虎、唬、琥。

忽——hū 忽、惚、唿。

胡——hú 胡、湖、葫、猢、瑚、糊（糊涂）、蝴。

狐——hú 弧、狐。

化——huā 花、哗（哗啦），huá 华、哗、铧，huà 化、华（姓）、桦，huò 货。

话——huà 话，huó 活。

灰——huī 灰、恢、诙。

回——huí 回、茴、蛔，huái 徊。

会——huì 会、绘、烩。

挥——huī 挥、辉、珲（瑷珲），hūn 荤，hún 浑、珲（珲春）。

悔——huǐ 悔，huì 诲、晦。

惠——huì 惠、蕙。

红——hóng 红、虹、鸿。

洪——hōng 哄（哄动）、烘，hóng 洪，hǒng 哄（哄骗），hòng 哄（起哄）。

怀——huái 怀，huài 坏。

还——huán 还、环。

奂——huàn 奂、涣、换、唤、焕、痪。
昏——hūn 昏、阍、婚。
混——hún 馄，hùn 混。
荒——huāng 荒、慌，huǎng 谎。
皇——huáng 皇、凰、湟、惶、徨、煌、蝗、隍。
晃——huǎng 恍、晃（晃眼）、幌，huàng 晃（摇晃）。
黄——huáng 黄、璜、磺、蟥、簧。
n 和 l 代表字类推表
n 声母
乃——nǎi 乃、奶、艿、氖。
奈——nài 奈、萘，nà 捺。
内——nèi 内，nè 讷，nà 呐、纳、衲、钠。
宁——níng 宁、拧、咛、狞、柠，nìng 宁（宁可）、泞。
尼——ní 尼、泥、呢（呢绒）、伲，nì 泥（拘泥）。
倪——ní 倪、霓、猊。
奴——nú 奴、孥、驽，nǔ 努、弩，nù 怒。
农——nóng 农、浓、脓、侬。
那——nǎ 哪，nà 那，nuó 挪、娜（婀娜）。
纽——niū 妞，niǔ 扭、忸、纽、钮。
念——niǎn 捻，niàn 念、埝。
南——nán 南、喃、楠。
虐——nuè 虐、疟。
诺——nuò 诺、喏、锘，nì 匿。
懦——nuò 懦、糯。
捏—— niē 捏，niè 涅 。
聂——niè 聂、蹑、镊、嗫。
脑——nǎo 恼、瑙、脑。

l 声母

力——lì 力、荔，liè 劣，lèi 肋，lè 勒。

历——lì 历、沥、雳、呖、枥。

立——lì 立、粒、笠，lā 拉、垃、啦。

厉——lì 厉、励、疠、蛎。

里——lí 厘、狸，lǐ 里、理、鲤，liàng 量。

利——lí 梨、犁、蜊，lì 利、俐、痢、莉、猁。

离——lí 离、漓、篱，li 璃（玻璃）。

仑——lūn 抡，lún 仑、伦、沦、轮，lùn 论。

兰——lán 兰、拦、栏，làn 烂。

览——lǎn 览、揽、缆、榄。

蓝——lán 蓝、篮，làn 滥。

龙——lóng 龙、咙、聋、笼、胧、珑，lǒng 陇、垄、拢。

隆——lóng 隆、癃、窿。

卢——lú 卢、泸、栌、颅、鸬、胪、鲈、舻、轳。

录——lù 录、禄，lǜ 菉（菉豆）、绿、氯。

鹿——lù 鹿、漉、麓、辘。

鲁——lǔ 鲁、橹。

路——lù 路、鹭、露、潞、璐。

戮——lù 戮。

令——líng 伶、玲、铃、羚、聆、蛉、零、龄，lǐng 岭、领、令（一令纸），lìng 令，lěng 冷。

菱——líng 凌、陵、菱，léng 棱。

乐——lè 乐，lì 砾、栎（栎树）。

老——lǎo 老、佬、姥。

劳——lāo 捞，láo 劳、痨、崂、唠（唠叨），lào 涝。

列——liě 咧，liè 列、烈、裂，lì 例。

吕——lǚ 吕、侣、铝。

虑——lǜ 虑、滤。

良——liáng 良、粮，láng 郎、廊、狼、琅、榔、螂，lǎng 朗，làng 浪。

两——liǎng 两、俩（伎俩）、魉，liàng 辆，liǎ 俩。

凉——liáng 凉，liàng 谅、晾，lüè 掠。

梁——liáng 梁、粱。

连——lián 连、莲、涟、鲢，liǎn 琏，liàn 链。

炼——liàn 练、炼。

恋——liàn 恋，luán 峦、孪、娈、鸾、滦。

脸——liǎn 脸、裣、敛，liàn 殓、潋。

廉——lián 廉、濂、镰。

林——lín 林、淋、琳、霖，lán 婪。

鳞——lín 磷、辚、鳞、鳞。

罗——luó 罗、逻、萝、锣、箩。

洛——luò 洛、落 络、骆，lào 烙、酪，luè 略。

娄——lóu 娄、喽、楼，lǒu 搂、篓，lǚ 缕、屡。

剌——lǎ 喇，là 剌、辣、瘌，lài 赖、癞、籁。

腊——là 腊、蜡，liè 猎。

柳——liǔ 柳，liáo 聊。

流——liú 流、琉、硫。

留——liū 溜，liú 留、馏、榴、瘤。

垒——lěi 垒。

累——lèi 累，luó 骡、螺，luǒ 瘰，luò 漯、摞。

雷——léi 雷、擂、镭，lěi 蕾。

z 和 zh 代表字类推表

z 声母

子——zī 孜，zǐ 子、仔（仔细）、籽。

匝——zā 匝，zá 砸。

宗——zōng 宗、综（综合）、棕、踪、鬃，zòng 粽。（淙、琮念 cóng，崇念 chóng）

卒——zú 卒（小卒），zuì 醉。

责——zé 责、啧、帻、箦。（债念 zhài）

则——zé 则，cè 侧、厕、测、恻。（铡念 zhá）

兹——zī 兹（兹定于）、滋、孳。

祖——zū 租，zǔ 诅、阻、组、祖、俎。

资——zī 咨、姿、资、赼，zì 恣。

造——zào 造、慥。（糙念 cāo）

尊——zūn 尊、遵、樽、鳟。

曾——zēng 曾（姓）、憎、增、缯，zèng 赠。（曾又念 céng［曾经］）

赞——zǎn 攒（积攒）、趱，zàn 赞。

澡——zǎo 澡、藻，zào 噪、燥、躁。

zh 声母

丈——zhàng 丈、仗、杖。

专——zhuān 专、砖，zhuǎn 转（转身、转达），zhuàn 转（轮子转动）、传（传记）、啭。（传又念 chuán［宣传］）

支——zhī 支、枝、肢，chì 翅。

止——zhǐ 止、芷、址、趾。（耻念 chǐ）

中——zhōng 中（中央）、忠、钟、盅、衷，zhǒng 种（种子）、肿，zhòng 中（打中，中暑）、种（种植）、

仲。(冲念 chōng [冲锋],又念 chòng [冲床、冲劲儿])

长——zhāng 张,zhǎng 长(生长、班长)、涨(涨潮),zhàng 胀(热胀冷缩)、帐、涨(豆子泡涨了)。(长又念 cháng [长短、特长])

主——zhǔ 主、拄,zhù 住、注、炷、柱、驻、蛀。

正——zhēng 正(正月)、怔、征、症(症结),zhěng 整,zhèng 正、证、政、症。(惩念 chéng)

占——zhān 沾、毡、粘(粘贴标语),zhàn 占(占据)、战、站。(砧念 zhēn,钻念 zuān [钻研],又念 zuàn [钻石])

只——zhī 只(两只手、只身),zhí 职,zhǐ 只(只有),zhì 帜。(识念 shí [识别],炽念 chì。)

召——zhāo 招、昭,zhǎo 沼,zhào 召(号召)、诏、照。(召又念 shào [姓])

执——zhí 执,zhì 贽、挚、鸷,zhé 蛰。

至——zhí 侄,zhì 至、郅、致、窒、蛭。(室念 shì)

贞——zhēn 贞、侦、祯、桢、帧。

朱——zhū 朱、诛、侏、洙、茱、珠、株、铢、蛛。(姝、殊念 shū)

争——zhēng 争、挣(挣扎)、峥、狰、铮、睁、筝,zhèng 诤、挣(挣脱)。

志——zhì 志、痣。

折——zhē 折(折跟头)、蜇(被蝎子蜇了),zhé 折(折磨)、哲、蜇(海蜇),zhè 浙。(折又念 shé [棍子折了],誓念 shì)

者——zhě 者、赭、锗,zhū 诸、猪、潴,zhǔ 渚、煮,zhù

著、箸。(楮、储、褚念 chǔ)

直——zhí 直、值、植、殖（繁殖），zhì 置。

知——zhī 知、蜘，zhì 智。(痴念 chī)

珍——zhēn 珍，zhěn 诊、疹。(趁念 chèn)

真——zhēn 真，zhěn 缜，zhèn 镇。(慎念 shèn)

振——zhèn 振、赈、震。(辰、宸、晨念 chén)

章——zhāng 章、漳、彰、獐、嫜、璋、樟、蟑（蟑螂），zhàng 障、嶂、幛、瘴。

啄——zhuō 涿、诼、啄、琢、椓。

c 和 ch 代表字类推表

c 声母

才——cái 才、财。(豺念 chái)

寸——cūn 村，cǔn 忖，cùn 寸。

仓——cāng 仓、伧（伧俗）、沧、苍、鸧、舱。（伧又念 chen［寒伧］，它与创、怆、疮的声母为 ch）

从——cōng 苁、枞（枞树），cóng 从（服从、从事、从容）、丛。

此——cī 疵，cǐ 此。(柴念 chái)

采——cǎi（采茶、采访）、彩、睬、踩，cài 采（采地）、菜。

参——cān 参（参观），cǎn 惨，cēn 参（参差）。(参又念 shēn［人参］，渗念 shèn)

挫——cuò 挫、锉。

曹——cáo 曹、漕、嘈、槽、螬。

崔——cuī 崔、催、摧，cuǐ 璀。

窜——cuān 撺、蹿，cuàn 窜。

搓——cī 差（参差）、cuō 搓、磋。（差又念 chā［差别］、chà［差不多］、chāi［出差］）

慈——cí 慈、磁、鹚、糍。

粹——cù 卒（仓卒）、猝，cuì 淬、悴、萃、啐、瘁。

蔡——cā 擦、嚓（象声词），cài 蔡。（察念 chá。）

醋——cù 醋，cuò 措、错。

ch 声母

叉——chā 叉（渔叉）、杈，chá 叉（叉住），chǎ 叉（叉开）、衩（裤衩），chà 杈（树杈）、衩（衣衩），chāi 钗。

斥——chì 斥，坼，chāi 拆（拆信）。

出——chū 出，chǔ 础，chù 绌，黜。（拙念 zhuō）

池——chí 池、驰、弛。

产——chǎn 产、浐、铲。

场——cháng 场（场院）、肠，chǎng 场（会场），chàng 畅。

成——chéng 成、诚、城、盛（盛东西）。（盛又念 shèng［茂盛，姓］）

抄——chāo 抄、吵（吵吵）、钞，chǎo 吵（吵架）、炒。

辰——chén 辰、宸、晨，chún 唇。

呈——chéng 呈、程、酲，chěng 逞。

昌——chāng 昌、阊、菖、猖、鲳，chàng 倡、唱。

垂——chuí 垂、陲、捶、棰、锤。

辍——chuò 辍

春——chūn 春、椿，chǔn 蠢。

除——chú 除、滁、蜍。

惆——chóu 惆（惆怅）、绸、稠。

谗——chān 搀，chán 谗、馋。

朝——cháo 朝（朝前、朝鲜）、潮、嘲（嘲笑）。

喘——chuāi 揣（揣在怀里），chuǎi 揣（揣测），chuǎn 喘。
筹——chóu 俦、畴、筹、踌（踌躇）。
厨——chú 厨、橱、蹰（踟蹰）。
s 和 sh 代表字类推表
s 声母
四——sì 四、泗、驷。
司——sī 司，sì 伺（伺敌）、饲、嗣。
孙——sūn 孙、荪、狲（猢狲）。
松——song 松、忪（惺忪）、淞，sòng 颂。（忪又念 zhōng［怔忪］。）
思——sāi 腮、鳃，sī 思、锶。
搜——sǎo 嫂，sōu 溲、搜、嗖、馊、飕、螋、艘，sǒu 叟。（瘦念 shòu）
素——sù 素、愫、嗉。
唆——suān 狻、酸，suō 唆、梭。
桑——sāng 桑，sǎng 搡、嗓、颡。
遂——suí 遂（半身不遂），suì 遂（遂心）、隧、燧、邃。
散——sā 撒（撒手），sǎ 撒（撒种），san 散（散漫）、馓，sàn 散（散会）。
斯——sī 斯、厮、澌、撕、嘶。
锁——suǒ 唢（唢呐）、琐、锁。
sh 声母
山——shān 山、舢，shàn 讪、汕、疝。
少——shā 沙（沙土）、莎、纱、痧、砂、裟、鲨，shà 沙（沙一沙，动词），shǎo 少（少数），shào 少（少年）。（娑念 suō）
市——shì 市、柿、铈。

申——shēn 申、伸、呻、绅、砷，shén 神，shěn 审、渖、婶。
生——shēng 生、牲、笙、甥，shèng 胜（胜利、胜任）。
召——sháo（红苕）、韶，shào 召（姓）、邵（姓）、劭、绍。（诏念 zhào）
式——shì 式、试、拭、轼、弑。
师——shī 师、浉、狮，shāi 筛。（蛳念 sī）
抒——shū 抒、纾、舒。
诗——shī 诗，shí 时、埘、鲥，shì 侍、恃。（寺念 sì）
叔——shū 叔、淑、菽。
尚——shǎng 赏，shàng 尚，shang 裳（衣裳）。（徜念 cháng［徜徉］）
受——shòu 受、授、绶。
舍——shá 啥，shē 猞（猞猁），shě 舍（舍己救人），shè 舍（宿舍）。
刷——shuā 刷，shuà 刷（刷白），shuàn 涮。
珊——shān 删、姗、珊、栅（栅极）、跚（蹒跚）。（册念 cè，栅又念 zhà［栅栏］）
扇——shān 扇（动词）、煽，shàn 扇（扇子）、两扇窗。
捎——shāo 捎、梢、稍（稍微）、筲、艄、鞘，shào 哨、稍（稍息）。（鞘又念 qiào［刀鞘］）
孰——shú 孰、塾、熟。
率——shuāi 摔，shuài 率（率领）、蟀（蟋蟀）。（率又念 lǜ［效率］）
善——shàn 善、鄯、缮、膳、蟮（曲蟮）、鳝。

附录 3

国际音标简表

	发音部位 发音方法			双唇（上唇下唇）	唇齿（上齿下唇）	舌尖前（舌尖齿背）	舌尖中（舌尖上齿龈）	舌尖后（舌尖硬腭前）	舌叶	舌面前（舌面前硬腭前）	舌面中（舌面中硬腭）	舌面后（舌根软腭）	喉
辅音	塞音	清	不送气	p			t				c	k	?
			送气	p‘			t‘				c‘	k‘	
		浊		b			d					g	
	塞擦音	清	不送气		pf	ts		tʂ	tʃ	tɕ			
			送气		pf‘	ts‘		tʂ‘	tʃ‘	tɕ‘			
		浊				dz		dʐ	dʒ	dʑ			
	鼻音	浊		m	ɱ		n	ɳ		ȵ		ŋ	
	闪音	浊						ɽ					
	边音	浊					l						
	擦音	清		ɸ	f	s		ʂ	ʃ	ɕ	ç	x	h
		浊		ʙ	v	z		ʐ	ʒ	ʑ	j	ɣ	ɦ
	半元音	浊		wɥ	ʋ						j(ɥ)	(w)	

	类别 / 舌位 / 唇形 / 舌位 / 口腔			舌尖元音				舌面元音						
				前		后		前		央			后	
				不圆	圆	不圆	圆	不圆	圆	不圆	自然	圆	不圆	圆
元音	高	最高	闭	ɿ	ʮ	ʅ	ʯ	i	y				ɯ	u
		次高						ɪ						ʊ
	中	高中	闭			ɚ		e	ø		ə		ɤ	
		正中						ɛ	œ		(ɚ)			ɔ
	低	次底						æ			ɐ		ɑ	
		最低	开					a			A			

附录 4

汉语拼音与国际音标对应表

拼音字母	国际音标	拼音字母	国际音标	拼音字母	国际音标
b	[p]	g	[k]	s	[s]
p	[p‘]	k	[k‘]	zh	[tʂ]
m	[m]	h	[x]	ch	[tʂ‘]
f	[f]	j	[tɕ]	sh	[ʂ]
d	[t]	q	[tɕ‘]	r	[ʐ]
t	[t‘]	x	[ɕ]		
n	[n]	z	[ts]		
l	[l]	c	[ts‘]		

拼音字母	国际音标	拼音字母	国际音标	拼音字母	国际音标
a	[A]	e	[ɤ]	u	[u]
o	[o]	i	[i]	ü	[y]

拼音字母	国际音标	拼音字母	国际音标	拼音字母	国际音标
ai	[ai]	ing	[iŋ]	uai	[uai]
ei	[ei]	ia	[iA]	ui（uei）	[uei]
ao	[au]	iao	[iau]	uan	[uan]
ou	[ou]	ian	[iæn]	uang	[uaŋ]
an	[an]	iang	[iaŋ]	un（uen）	[uən]
en	[ən]	ie	[iɛ]	ueng	[uəŋ]
in	[in]	iong	[yŋ]	üe	[yɛ]
ang	[aŋ]	iou	[iou]	üan	[yæn]
eng	[əŋ]	ua	[ua]	ün	[yn]
ong	[uŋ]	uo	[uo]	ng	[ŋ]

附录 6

普通话声韵配合表

普 通 话 声 韵 配 合 表

	开口呼													齐齿呼									合口呼										撮口呼				
	a	o	e	i	er	ai	ei	ao	ou	an	en	ang	eng	i	ia	ie	iao	iu	ian	in	iang	ing	u	ua	uo	uai	ui	uan	un	uang	ueng	ong	ü	üe	üan	ün	iong
b	ba	bo				bai	bei	bao		ban	ben	bang	beng	bi		bie	biao		bian	bin		bing	bu														
	吧	玻				掰	倍	抱		搬	本	邦	绷	比		鳖	标		编	宾		兵	布														
p	pa	po				pai	pei	pao	pou	pan	pen	pang	peng	pi		pie	piao		pian	pin		ping	pu														
	爬	坡				牌	陪	跑	剖	攀	喷	乓	抨	皮		瞥	票		偏	贫		评	扑														
m	ma	mo	me			mai	mei	mao	mou	man	men	mang	meng	mi		mie	miao	miu	mian	min		ming	mu														
	妈	摸	么			卖	媚	毛	某	曼	门	芒	萌	米		咩	秒	谬	面	泯		明	牧														
f	fa	fo					fei		fou	fan	fen	fang	feng										fu														
	伐	佛					菲		否	番	芬	访	峰										府														
d	da		de			dai	dei	dao	dou	dan	den	dang	deng	di		die	diao	diu	dian			ding	du		duo		dui	duan	dun			dong					
	答		得			待	得	导	豆	丹		挡	灯	地		爹	貂	丢	电			叮	堵		朵		对	段	顿			冬					
t	ta		te			tai		tao	tou	tan		tang	teng	ti		tie	tiao		tian			ting	tu		tuo		tui	tuan	tun			tong					
	塔		特			态		涛	透	探		唐	滕	体		帖	条		天			厅	图		拖		退	湍	屯			同					
n	na		ne			nai	nei	nao	nou	nan	nen	nang	neng	ni		nie	niao	niu	nian	nin	niang	ning	nu		nuo			nuan				nong	nü	nüe			
	那		讷			奈	内	闹	耨	难	嫩	囊	能	你		聂	鸟	扭	念	您	娘	拧	努		诺			暖				浓	女	疟			
l	la		le			lai	lei	lao	lou	lan		lang	leng	li	lia	lie	liao	liu	lian	lin	liang	ling	lu		luo			luan	lun			long	lü	lüe			
	啦		勒			赖	蕾	涝	搂	烂		浪	冷	立	俩	咧	撩	溜	练	凛	良	零	撸		罗			峦	抡			拢	吕	掠			
g	ga		ge			gai	gei	gao	gou	gan	gen	gang	geng										gu	gua	guo	guai	gui	guan	gun	guang		gong					
	旮		哥			概	给	搞	狗	肝	跟	钢	梗										沽	挂	郭	乖	归	官	棍	广		功					
k	ka		ke			kai	kei	kao	kou	kan	ken	kang	keng										ku	kua	kuo	kuai	kui	kuan	kun	kuang		kong					
	卡		科			慨	剋	拷	抠	侃	恳	杭	吭										苦	胯	扩	块	馈	款	坤	匡		孔					
h	ha		he			hai	hei	hao	hou	han	hen	hang	heng										hu	hua	huo	huai	hui	huan	hun	huang		hong					
	蛤		喝			亥	嘿	好	后	酣	很	夯	亨										乎	画	豁	坏	会	环	昏	慌		红					

	a	o	e	-i	er	ai	ei	ao	ou	an	en	ang	eng
j													
q													
x													
zh	zha 扎		zhe 着	zhi 知		zhai 斋	zhei 这	zhao 召	zhou 轴	zhan 占	zhen 珍	zhang 章	zheng 峥
ch	cha 查		che 彻	chi 吃		chai 柴		chao 抄	chou 仇	chan 搀	chen 抻	chang 唱	cheng 秤
sh	sha 莎		she 社	shi 诗		shai 晒	shei 谁	shao 捎	shou 受	shan 讪	shen 申	shang 商	sheng 声
r			re 热	ri 日				rao 扰	rou 柔	ran 染	ren 任	rang 嚷	reng 仍
z	za 咂		ze 仄	zi 资		zai 在	zei 贼	zao 早	zou 走	zan 簪	zen 怎	zang 臧	zeng 曾
c	ca 擦		ce 册	ci 此		cai 采		cao 操	cou 凑	can 灿	cen 岑	cang 苍	ceng 蹭
s	sa 飒		se 色	si 思		sai 赛		sao 扫	sou 叟	san 散	sen 森	sang 搡	seng 僧
ø	a 阿	o 喔	e 俄		er 儿	ai 爱	ei 欸	ao 傲	ou 欧	an 按	en 恩	ang 昂	eng 鞥

	i	ia	ie	iao	iu	ian	in	iang	ing
j	ji 鸡	jia 加	jie 接	jiao 娇	jiu 纠	jian 兼	jin 金	jiang 姜	jing 晶
q	qi 七	qia 洽	qie 且	qiao 悄	qiu 丘	qian 谦	qin 亲	qiang 枪	qing 青
x	xi 稀	xia 虾	xie 歇	xiao 萧	xiu 羞	xian 鲜	xin 欣	xiang 乡	xing 星
zh									
ch									
sh									
r									
z									
c									
s									
ø	yi 依	ya 芽	ye 椰	yao 邀	you 优	yan 燕	yin 茵	yang 样	ying 应

	u	ua	uo	uai	ui	uan	un	uang	ueng	ong
j										
q										
x										
zh	zhu 朱	zhua 爪	zhuo 卓	zhuai 拽	zhui 锥	zhuan 砖	zhun 谆	zhuang 壮		zhong 忠
ch	chu 出	chua 欻	chuo 绰	chuai 踹	chui 锤	chuan 串	chun 纯	chuang 闯		chong 冲
sh	shu 叔	shua 刷	shuo 硕	shuai 率	shui 睡	shuan 拴	shun 吮	shuang 霜		
r	ru 儒		ruo 若		rui 锐	ruan 软	run 闰			rong 冗
z	zu 祖		zuo 左		zui 嘴	zuan 纂	zun 遵			zong 总
c	cu 促		cuo 搓		cui 脆	cuan 撺	cun 寸			cong 匆
s	su 俗		suo 梭		sui 随	suan 算	sun 损			song 松
ø	wu 屋	wa 娃	wo 我	wai 外	wei 伟	wan 湾	wen 文	wang 网	weng 瓮	

	ü	üe	üan	ün	iong
j	ju 拘	jue 觉	juan 娟	jun 君	jiong 炯
q	qu 驱	que 阙	quan 券	qun 囷	qiong 汹
x	xu 徐	xue 薛	xuan 宣	xun 熏	xiong 汹
zh					
ch					
sh					
r					
z					
c					
s					
ø	yu 于	yue 月	yuan 渊	yun 云	yong 拥

第三章　词　　汇

第一节　词汇概述

一、什么是词汇

词汇也叫语汇，是一种语言里所有的词和固定短语的集合体。

词汇作为语言学术语指的是一个特定的集合概念，不能指一个个具体的词或词语。如不能说“这个词汇”、“几个词汇”。

词汇也可以指一个人或一部作品所使用的词，或是某一方面的词的汇集，例如“老舍的词汇”、“《红楼梦》的词汇”、“粤方言词汇”。

二、语素和词

（一）语素

1. 什么是语素

语素是最小的语言符号，即语言中最小的声音和意义的结合体，是构词单位，如：书、丽、戏、初、啊。很多语素可以与别的语素一起构成合成词，如：书本、美丽、游戏、初一。有些语素还可以独立构成单纯词，如：书、戏。也有的语素只能独立构成单纯词，不跟其他语素组合，如：吧、呢、啊。

2. 语素的特点

语素的特点可从意义、结构、功能三个方面来看。

(1) 从意义上看，语素是最小的有意义的语言单位，它不能分解为更小的意义单位，即具有意义上的不可分解性。如“有几个工人在收垃圾”，这里有八个语素，其中“垃圾”是两个字，但分开之后“垃”和“圾”没有意义。

(2) 从结构上看，语素是最低一级的结构单位，不能再分解为更低一级的结构单位。如上例的“垃圾”虽然是两个字，但这两个字之间没有任何结构关系。

(3) 语素不具备使用上的独立性，其功能是构词，不是造句，即不能自由运用。如上例不能说成“有几个工在收垃圾”。

3. 语素的分类

(1) 根据音节数量，语素可以分为单音节语素、双音节语素和多音节语素。

单音节语素是由一个音节表示的语素。例如：

山、跑、天、地、牛、马、观、看、红、工、子、们、头、嘛……

双音节语素是由两个音节构成的语素。例如：

吩咐、蟑螂、拷贝、扑哧、哗啦、冉冉

多音节语素是由三个或三个以上音节构成的语素。基本上都是外来语素，例如：

巧克力、法西斯、罗曼蒂克、布尔什维克、英特纳雄耐尔、布宜诺斯艾利斯

(2) 根据能否成词，语素可以分为成词语素、不成词语素。

成词语素是本身可以单独成词的语素。例如：

远、我、走、分、灯、话、谁、芙蓉、沙龙、不

不成词语素是指不能单独成词，只能跟其他语素组合成词的语素。例如：

民、语、伟、境、型、荣、固、涉、视

语素的识别和鉴定要注意以下几点：首先要从共时角度来考察。因为现代汉语的语素都是从古代汉语的单音词变化来的。古代汉语中的“朋”是词，例如：“有朋自远方来，不亦乐乎？”但是今天不能说“我有一个朋”。其次要分清一般与特殊的情况。例如，“我每个星期都洗澡。”这个句子中的“洗澡”是一个两个语素构成的词。但在“我每个星期洗一次澡”这个句子中，“洗”和“澡”则是两个词，而不是两个语素（见 P126“离合词”）。

（3）按位置固定与否，可以分为定位语素、不定位语素。

定位语素在跟别的语素结合的时候位置总是固定的。如：

-子、-儿、-头、老-

不定位语素在跟别的语素结合的时候位置是不固定的。如：

土、木、结、构、建、筑、美

（4）按地位和作用，可以分为词根语素、词缀语素。

词根语素的特点是：意义实在，体现词的基本意义，位置是不固定的。如：

工、民、伟、语、境、型、荣、固

词缀语素的特点是：意义不实在，附加在词根之上，表示某种附加意义，位置是固定的。如：

-子、-儿、-头、老-、阿-

（5）从意义上分，可以分为实语素、虚语素。

实语素是意义实在的语素。如：

我、走、分、灯、谁、民、众

虚语素：意义虚化的语素。可以成词，或在词中表附加意义或起语法作用。如：

-子、-儿、-头、老-、阿-、呢、吗、的、初、了

（二）词

词是语言中能够独立运用的最小的音义结合单位。例如：

他｜穿｜了｜一｜件｜新｜衣服。

上例中的7个单位都有其语音形式，都是能够自由运用的最小意义单位。它们都是词。

关于词的定义，我们可以从以下几个方面来理解。

（1）从语音上看，词的内部不允许有停顿。如“学习”这个词不可以说成“学/习”的语音形式。

（2）从意义上看，词具有意义的专指性，即词的意义往往不是语素意义的简单相加，而是有其特定的、专指的意义。例如：

白菜/骨肉/铁路/老虎

（3）从结构上看，词具有结构的整体性，即构成词的几个语素比较牢固地组合在一起，构成一个整体，中间不能插入其他成分进行扩展，或互换位置。如“口红”不能说成“口很红”，“男女”也不能说成“女男”。

（4）从使用上看，词具有使用上的复呈性和现成性，即词经常作为一个整体，普遍地、重复地在言语中呈现，任何一个词都以语言的建筑材料的性质备存于语言的词汇库中，是现成存在的语言单位，而不是临时生造出来的。

（5）从功能上看，词具有独立的、自由运用的功能。词可以根据表达的需要，独立地用来造句；或跟其他词语组合成句，充当一定的句法成分；或独立地起语法作用。

（三）语素、词、字之间的关系

语素、词、字是分属于不同范畴的单位。词是造句单位，语素是构词单位，字是记录语言的符号，是书写单位，一个汉字代表一个音节。如果一个汉字有意义，那它就是一个语素，如“汉”、“语”以及词缀“－子”、“－头”，在这种情况下，语素和字是一致的。如果语素是多音节的，就必须用几个汉字来表示，如“巧克力”、“咖啡”等，在这种情况下，语素和字是不一致的。

词和字的关系。由单音节语素所构成的词，就用一个汉字来代表，如“书”、“说”，这时词和字是一致的；但是由多音节语素构成的词，就要用几个汉字来表示，如“夹克”，这时词和字就不一致了，所以我们必须把字与词区分开来。

三、词汇的基本属性

1. 词汇的历史性

词汇跟社会发展的历史进程有相当密切的关系，20 世纪中国社会发展的各个历史阶段都在词汇上留下了明显的痕迹。如：五四时期的“反封建、自由、德先生（德谟克拉西，民主）、赛先生（赛因斯，科学）”；50 年代的“抗美援朝、保家卫国”；六七十年代的“文化大革命、斗私批修、红卫兵、大字报”；70 年代末到今天的“改革开放、脱贫、专业户、万元户、希望工程、一国两制”等。

2. 词汇的民族性与地域性

词语往往反映某个民族或某个地域的人对事物的独特认识，在这方面不同的语言或方言就可能有一定的差异。例如，各民族都有某种虚幻的神灵概念，反映在词汇上，英语就有“the God”（上帝），阿拉伯语就有“Allah”（真主），而汉语则有“玉皇大帝”、“观音菩萨”等词语。又如英语有“参议院”、“众议院”、“上院”、“下院”，汉语有“人代会”、“政协”等。

3. 词汇的活跃性与稳定性

词汇与语音、语法相比，与社会生活的联系更加直接。社会生活的发展变化，都会很快反映到词汇中，这也就使得一些旧词语逐渐从人们口中消失，而很多新词语又不断在交际场合和传播媒体中出现，有时变化更替的速度甚至是惊人的。这就是词汇的活跃性。例如 1949 年中华人民共和国成立前后，很多称呼语一下子都改变了，人人称“同志”，“妻子”改称“爱人”，“老爷、太太、少爷、少奶奶”等几年之内就完全消失了。又如，曾经使用频率很高的词语像“人民公社、工宣队、斗私批修、插队、知青”等，现在的青年一代几乎不知道是什么意思了。国内最权威的《现代汉语词典》1978 年正式出版后仅几年工夫就因为新出现的词语太多而不得不推出“补编本”；近十几年来也不断修订，增收新词语。其中，2002 版增收新词语 1 200 多条，如“大牌、低迷、多媒体、花心、啤酒肚、钟点工、卖点、煽情、炒作、网吧、网虫、艾滋病、上浮、下浮”等。2005 版增收新词语4 000 多条，如“套牢、丁克家庭、‘非典’、短信息、蒸发、缩水、菜单、三通、三个代表、双规、酷、克隆、黑客、料理、猎头、按揭、楼盘、楼宇、物业、写字楼、烂尾(楼)、生猛、包养、二奶、面膜、U 盘、闪盘、打拼、打理、到位、缺位、体认、愿景”。2012 版增收新词语 3 000 多条，如“给力、雷人、宅男、宅女、地沟油、房奴、限行、摇号、情人节、北漂、潜规则、山寨、寿司、粉丝、医疗保险、医改、民调、调节税、产权证、房贷、二手房、廉租房、动车、屏蔽门、高铁、车贷、车险、代驾、酒驾、醉驾、首付、拼车、拼购、团购、网购、网聊、瘦身、塑身、自驾游、自助游、背包客、播客、微博、博客、博文、跟帖、网评、网瘾、云计算、晒、嘉年华、脱口秀、太空人、劈腿、八卦、搞定、力挺、忽悠、嘚瑟、糗、出糗、CPI、PPI”等。从这个角度来说，词汇是语言结构系统各要素中最易变和最活跃的要素。

但是，词汇的变化又不是随心所欲的，它要受到社会约定和词汇系统的严格制约，也有很强的稳定性。例如，从科学意义上说，“熊猫”不是“猫”，“鲸鱼”也不是“鱼”，但大家约定俗成都这么说就不能随便改变。犹如“半斤八两”，不能因为现在没有了十六两制而改说“半斤五两”，或者“马路”现在不走马而改说“车路”。同样也不能因为“妻子”只指妻不指子，“窗户”只指窗不指户，就非用别的词来取代不可。

四、词汇在语言中的地位

词汇是语言的建筑材料，是词汇体系确立的基础，没有词汇就没有语言。

词汇是语言的基本材料，及时而准确地为语言提供造句材料，是词汇的主要功能，没有词汇就没有语言，好比没有建筑材料就没有房子。语音要实现语言的交际功能，必须结合成词汇，才是有价值的。语法是抽象的，是从词汇的运用中概括出来的，词汇是语法的载体。可见，词汇中既有语音信息，也有语法信息，而语法本身又是用以承载语义的，所以说，在整个语言结构中，词汇是语音、语义和语法三者的结合体。胡明扬先生指出：“语言的直接存在形式是按一定的语法规则组织起来的语汇。语言作为信息的载体，绝大部分信息也是语汇负载的。可以说，离开了语汇就无所谓语言，更无所谓语法。”一种语言如果没有词汇，语音就只能是一般的声音，同猿啼鹿鸣没有什么差别。语法也就成了无源之水，无本之木。

词汇反映着语言的发展状况，也标志着人们对客观世界认识的广度和深度。就一种语言来讲，它的词汇越丰富发达，语言本身就越丰富发达，表现力也就越强。就一个人来讲，他掌握的词越多，他的词汇就越丰富，也就越能准确地表达思想。

五、现代汉语词汇的特点

1. 汉语语素以单音节为基本形式

邢福义主编的《现代汉语》指出：“《新华字典》收字11 000个左右，据粗略统计，其中97.8%都是单音节语素，都可跟别的语素组合成许多别的新词语。多音节语素数量少，有的根本没有构词能力，有的构词能力有限，一般只能跟一些表示类属意义上的语素组合。”

2. 双音节词占优势

汉语词形简短，古汉语中单音节词占优势，发展到现代汉语，逐渐趋向双音节化，如“朋”、“友”、“道”、“理”等原来都是单音节词，现在变成了构词语素，构成“朋友”“道理”等双音节词。也有一些单音节词直接被双音节词所取代，如“目”、“颈”，口语中已被“眼睛”、“脖子”取代。现在汉语中双音节词占了主导地位。据《现代汉语频率词典》统计，使用频率最高的前9 000词中，单音节词2 400个，多音节词为6 600个，其中，双音词为6 285个，占了将近70%。

3. 以语素复合为主要构词方式

汉语词的构造主要采用语素复合的方式。汉语语素的复合有如下5种基本类型：

（1）主谓式：国营、人造

（2）述宾式：管家、司机

（3）述补式：说明、打倒

（4）偏正式：美人、雪白

（5）联合式：兄弟、道路

汉语构词还采用词根和词缀组合的附加方式，其中“词根+后缀”的方式占明显的优势，尤其是近20年来汉语中出现了大量的类词缀，强化了这一优势。

练习题

1. 什么是词汇？词汇和词有什么关系？
2. 什么是语素？什么是词？二者有什么区别与联系？
3. 如何鉴别语素？举例说明。
4. 语素可分为哪些类别？举例说明。

5. 什么叫词根？什么叫词缀？举例说明。

6. 语素和音节、汉字的关系如何？能否根据音节和汉字来确定语素？为什么？

7. 词汇有哪些属性？举例说明。

8. 现代汉语词汇有什么特点？

9. 根据不同的语素类别按组归纳下面这些语素形式。

笔　与　－子　好　机　吗　也　第－　体

民　走　老－　呢　蜻蜓　坚　－头

第二节　词的结构

词是由语素构成的，由一个语素构成的词叫单纯词，由两个或两个以上语素构成的词叫合成词。

一、单纯词

单纯词是由一个语素构成的词。多数单纯词是由一个音节构成的，也有一部分单纯词是多音节形式。

1. 单音节单纯词

单音节单纯词是由一个单音节语素构成的词，例如：

书 笔 我 走 吃 坐 男 女 一 个 啊 很 把 和 着 吗

2. 多音节单纯词

多音节单纯词是由一个多音节语素构成的词，常见的主要有以下几种。

（1）联绵词。指由两个音节连缀成义，单个音节没有意义的双音节词。主要有以下三类：

A. 双声：两个音节声母相同的联绵词。例如：

参差　吩咐　伶俐　坎坷　踟蹰　玲珑　尴尬　恍惚　崎岖　秋千　辗转

B. 叠韵：两个音节的韵母或韵尾相同的联绵词。例如：

彷徨　徘徊　哆嗦　从容　蹉跎　窈窕　蟑螂　螳螂　葫芦　蜻蜓

C. 其他：指两个音节声母韵母不相同或不相近的联绵词。例如：

蝙蝠　蝴蝶　芙蓉　蜈蚣　滂沱　蝌蚪　蝼蛄　囫囵

（2）叠音词。例如：

猩猩　狒狒　饽饽　冉冉　彬彬　瑟瑟

（3）拟声词。例如：

咕噜　哗啦　扑通　乒乓　布谷　轰隆

（4）音译外来词。例如：

咖啡　克隆　马达　夹克　的确良　巧克力　奥林匹克

（5）字母词。例如：

CD　OK　DVD　VCD　WTO　CPI　MTV　UFO

二、合成词

合成词是由两个或两个以上语素构成的词。合成词一定是双音节词或多音节词，其构成方式主要有复合式、重叠式、附加式三类。由复合式构成的词叫复合词，由重叠式构成的词叫重叠词，由附加式构成的词叫派生词。

1. 复合词

复合词是指由词根跟词根组合而成的词。从词根之间的关系看，其结构类型主要有以下几种：

（1）联合式。由两个意义相同、相近、相关或相反的语素并列组合而成的词。根据两个词根之间的关系，可分为以下五类。

A. 同义联合：两个语素意义相同或相近。例如：

途径　制造　价值　离别　收获　巧妙　孤独　海洋　报刊

朋友　记录

B. 反义联合：两个语素意义相反，组合后构成新义。例如：

开关　始终　反正　美丑　横竖　呼吸　多少　纵横　矛盾

C. 相关联合：两个语素意义相关，组合后构成新义。例如：

骨肉　眉目　手足　笔墨　线索　领袖　皮毛　山水　岁月

D. 偏义联合：两个语素意义相同、相近、相关或相反，但其中一个语素意义消失，因此也叫“偏义复词”。例如：

忘记　好歹　质量　窗户　睡觉　干净　国家　动静

E. 名量联合：由一个名词性语素和一个量词性语素并列构成，既表示物也表示量，共同表示多数集合事物。例如：

车辆　花朵　花束　纸张　船只　羊群　人口　书本　枪支　马匹

（2）偏正式。前一词根修饰、限制后一词根。根据中心语素的性质又可分成两类。

A. 定中型：中心语素是名词性语素，例如：

冰箱　电灯　绿豆　雄鸡　农业　黄酒

白糖　快餐　皮箱　朝阳　夕阳

B. 状中型：中心语素是动词或形容词性语素，例如：

筛选　腾飞　密植　轻视　合奏　函授

飞快　火热　雪白　笔直　漆黑　贼亮

（3）补充式：后一词根补充说明前一词根。例如：

提高　说服　推翻　扩大　纠正　变成　形成　轰动

介入　纳入　超出　撤回　促进　提起　落下　登上

（4）动宾式：前一词根表示动词行为，后一词根表示该动作行为支配关涉的对象。例如：

司机　管家　理事　知音　站岗　动员　注意

起草　出席　悦耳　报名　破产　关心

（5）主谓式：前一词根表示被陈述的对象，后一词根对前一词根进行陈述。例如：

地震 海啸 心酸 眼馋 口吃 肉麻

耳鸣 自杀 日食 月食 霜降 人造

（6）连动式：前后两个词根分别代表两个动作行为，它们有时间上的先后关系，例如：

贩卖 报考 剪贴 提审 查封 接管 收看 查办

2. 重叠词

重叠词指由相同的词根相叠而成的词。例如：

爷爷 妈妈 姑姑 舅舅 姐姐 哥哥 星星 娃娃 常常

暗暗 悄悄 偏偏 仅仅 匆匆 刚刚 处处 花花绿绿

形形色色 骂骂咧咧 大大咧咧 密密麻麻 轰轰烈烈

3. 派生词

派生词指由词根和词缀构成的词。主要有两类：

A. 前加型（前缀+词根）。例如：

阿-：阿姨 阿婆 阿哥 阿妹 阿飞

老-：老师 老虎 老鼠 老鹰 老公 老婆 老乡 老大 老二

第-：第一 第二 第三……

初-：初一 初二……初十

B. 后加型（词根+后缀）：

-子：桌子 刀子 绳子 帽子 胖子 矮子 乱子 傻子 刷子 盖子 夹子 拍子 探子

-头：石头 木头 舌头 上头 下头 想头 盼头 念头 来头 吃头 甜头 苦头

-儿：花儿 鸟儿 根儿 门儿 伴儿 劲儿 盖儿 玩儿 卷儿 尖儿 活儿 错儿 弯儿

-者：作者 读者 学者 笔者 编者 使者 记者 患者 长者 劳动者

另外，还有词根和叠音后缀构成的派生词。例如：

硬邦邦　羞答答　暖洋洋　酸溜溜　甜丝丝　喜洋洋　慢腾腾　黄澄澄　凉飕飕

汉语很少严格意义上的词缀，更多的是类词缀。随着新词语的不断产生，新的类词缀也不断出现。

类词缀或叫“准词缀”，处在由词根语素向词缀语素转化的过程中，已经类化，但意义还比较实在。这些语素有类化和虚化的倾向。例如：

-性：弹性　刚性　惰性　党性　硬性　急性　原则性　建设性　可读性　可视性

-化：美化　恶化　净化　绿化　淡化　量化　大众化　自动化　脸谱化　数字化　格式化

-手：歌手　鼓手　能手　旗手　敌手　对手　好手　射手　选手　新手　凶手　吹鼓手

-族：拼族　追星族　上班族　单身族　打工族　拇指族　工薪族　啃老族　北漂族

-家：作家　画家　专家　冤家　名家　科学家　思想家　艺术家　企业家

需要注意的问题：

现代汉语中词缀多由词根意义虚化而来，要注意把词缀和同形的词根区别开来。例如：在“老虎”、“老师”中，“老”已经不表示具体的、实在的意义，但在“老人”、“老干部”中，“老”表示年纪大或资历深；在“石头”、“苗头”中，“头”的意义比较虚，但在“山头”、“笔头”中，“头”表示物体的顶端或末梢，仍有实在的意义；“帘子”、“呆子”的“子”不同于“莲子”、“棋子”中的“子”，后者指种子果实或粒状物；“花儿”、“尖儿”中的“儿”也不同于“幼儿”、“健儿”中的“儿”，后者指的是小孩子或青壮年男子。

三、缩略词

缩略词是语言中通过压缩和省略，由短语减缩为简称，进而凝固为词，与全称相对而言，这也是一种重要的构词方法。例如：军人家属→军属、土地改革→土改、初级中学→初中、社会科学院→社科院。缩略词主要通过以下方法减缩而成。

1. 选取法

选取全称中有代表性的语素构成。例如：

中华人民共和国——中国　　中国语言文学系——中文系

扫除文盲——扫盲　　高等学校——高校

土地改革——土改　　环境保护——环保

2. 截取法

截取全称中有区别性的部分。例如：

中国人民解放军——解放军　　新疆维吾尔自治区——新疆

清华大学——清华　　复旦大学——复旦

3. 省同存异

省略相同的成分，保留不同的成分。例如：

工业农业——工农业　　理科工科——理工科

中学小学——中小学　　寒假暑假——寒暑假

4. 标数概括

用数字概括不相同的成分，保留相同的成分。例如：

初伏、中伏、末伏——三伏

品德好、学习好、身体好——三好

包修、包换、包退——三包

开口呼、齐齿呼、合口呼、撮口呼——四呼

缩略词不能与原有词同形，不能与原有词同音，否则要回避。例如：

外交部长→＊外部（外长）　外语学校→＊外校（无缩略词）

四、离合词

离合词指中间可以插入某些成分的词，即这类词既可以以合的形式出现，又可以拆开来使用。

离合词主要是动宾式复合词，例如：

理发→理了发→一个月理一次发

结婚→结了婚→结了几次婚

生气→生了气→生他的气

签名→签了名→签了我的名

发言→发了言→发了一次精彩的言

上当→上了当→上了骗子的当

帮忙→帮了忙→帮了我的忙

伤心→伤了心→伤透了我的心

也有一些非动宾式的复合词，拆开来使用时仿动宾式，例如：

联合式：

洗澡→洗了澡→洗了两次澡

睡觉→睡了觉→睡了个好觉

鞠躬→鞠了躬→鞠了三次躬

考试→考了试→考了两场试

述补式：

提醒→提个醒

达到→达得/不到

打倒→打得/不倒

推翻→推得/不翻

看见→看得/不见

偏正式：

同学→同过学→同过三年学

迟到→迟过到→迟过一回到

连动词：

退休→退了休

出诊→出了一次诊

甚至有些联绵词、外来词也被当作动宾式拆开，例如：

慷慨→慷国家之慨

滑稽→滑天下之大稽

幽默→幽你一默

由于可以插入或扩展，这类组合具有短语的性质，但在没有插入或扩展的情况下又跟一般双音节词差不多，应该看作是词。

练习题

1. 什么是单纯词？什么是合成词？单纯词与单音节词、合成词与多音节词之间的关系如何？试举例说明。

2. 重叠词和叠音词有何不同？试举例说明。

3. 什么是双声词？什么是叠韵词？下列词语中哪些是双声词？哪些是叠韵词？

从容、秋千、玲珑、恍惚、哆嗦、参差、烂漫、蜻蜓、吩咐、逍遥、坎坷、彷徨

4. 指出下列复合词的类型。

冰箱、月食、离别、退休、自从、接轨、扩大、司令、知己、冷清、崇高、招手、汽车、摧毁、鲸吞、距离、图解、函授、朋友、信件、及时、神往、超群、失去

5. 试比较下列词语，指出它们的构成方式。

融化——美化　　旗子——棋子

娘家——作家　　信儿——宠儿

磁性——雌性　　帮手——歌手

木头——船头　　老师——老手

第三节 词 义

词是声音和意义的结合体，声音是词的形式，意义是词的内容。词义是词的声音形式所负载的信息内容。

一、词义的性质

（一）词义的概括性

所谓“概括”，就是经过人脑的思维活动，对同类事物抽象出它们之间共同的、区别于另一类事物的本质特征，同时舍弃同类事物之间的各种差别。这样，人们就可以把一类事物归并在一起，用一个词语去指称它们，使其与其他事物区别开来。如“笔”的意义是“写字绘画的工具”，它不是指一支支具体的笔，而是从铅笔、钢笔、水彩笔、自来水笔、圆珠笔、油性笔、中性笔等各种具体的笔中抽象概括出来，反映了各种笔所共同具有而他类事物所没有的本质特征，而各种笔形状、颜色、用途等方面的具体差别则被舍弃了。

正是因为词义具有概括性，它才能涵盖其外延范围内的每一个个体事物。

（二）词义的模糊性

所谓模糊性是指词义所反映的对象只有一个大致的范围，而没有明确的界限。例如“青年”，词典的解释是“指人十五六岁到三十岁左右的阶段：～人｜～时代”，但具体时间则无法精确表述，例如：

青年团员/青年大学生/青年教师/青年干部/青年语言学家/青年中央干部

一些表性质的形容词也具有模糊性。例如“快、慢、深、浅、重、轻、好、坏”等。

一些表时间的名词也具有模糊性。例如“早晨、上午、下午、黄昏、傍晚、晚上、夜里、黎明”等。

表示不确定的量的词也具有模糊性。例如“一些、一点儿、大量、许多、部分、少许”等。

模糊现象的一个重要特点在于它往往出现在词义所指范围的边缘区域，而词义所指范围的中心区域则是清楚的。

（三）词义的民族性

由于不同的民族对客观事物的认识有所不同，对客观事物的概括和分类也会存在差异，因而不同语言的词义也会有所不同，这就是词义的民族特点。不同语言词义完全对应的词语不是很多，有的是概括对象不同，如英语的“brother”与汉语的“哥哥”或“弟弟”并不对等，“sister”与汉语的“姐姐”或“妹妹”亦不对等，因为英语的“brother”与“sister”是不分长幼的。又如英语的“uncle”相当于汉语的“伯父、叔父、舅父、姑父、姨父”，英语“aunt”相当于汉语的“伯母、叔母、舅母、姑母、阿姨”。有的是搭配对象不同，如英语的“eat（吃）”后面只能跟食物等，而汉语则可以说“吃败仗、吃官司、吃劳保、吃了亏、吃惊”等。

词义的民族性也可以反映在词的附加色彩方面，如汉语和英语的“狗”，理性意义相同，但附加色彩很不一样，汉语的“狗”常用于贬抑方面，如“走狗、疯狗、狗东西、狗杂种、狗奴才、狗腿子、狗汉奸、狗崽子、狗咬狗、狐朋狗友、狼心狗肺、狗仗人势、猪狗不如、狗眼看人低”等。而在英语中dog经常用于褒扬方面，如love me，love my dog（爱屋及乌）、a gay dog（快活的人）、a lucky dog（幸运儿）、a clever dog（聪明人）、a big dog（大亨、要人）、sea dog（老练的水手）、be top dog（居于高位、处于支配地位）等。

二、词义的构成

（一）词的概念义

词的概念义是人们对客观现实现象的概括反映，不涉及人们的主观态度，也叫词的理性意义。这是词义基本的和核心的部分。例如：

【比如】举例时的发端语。

【彼此】那个和这个；双方。

【关于】介词，引进某种行为的关系者，组成介词结构作状语。

【铺位】设有床铺的位置（多指轮船、火车、旅馆等为旅客安排的）。

人们对客观现实现象的概括反映在揭示事物本质的程度上有深有浅。对同一种事物和现象，普通人和有专门知识的人认识可能大不相同。比如，一般人可能只知道“水”是一种无色无味的液体，而知道它是“氢和氧的最普遍的化合物，化学式 H_2O。在标准大气压下，冰点0℃，沸点100℃，4℃时密度最大，为1克/毫升”的人恐怕不多。前者是对事物所具有的非本质特征的反映，可以称为通俗意义；后者是对事物本质特征的反映，可以称为科学意义。

理性义对客观事物的反映也取决于当时人们对该事物的认识。人们对“奖券”一词的认识，就随着时代的发展而改变。例如：

【奖券】旧时金融机关为了骗钱而发售的一种带有赌博性质的证券，上面编着号码。奖券按票面价格出售，发售者从售款中提出一小部分为奖金，分作若干等，中奖的按等级领奖，不中的完全作废。（《现代汉语词典》1983 年版）

【奖券】一种证券，上面编着号码，按票面价格出售。开奖

后，持有中奖号码奖券的，可按规定领奖。（《现代汉语词典》1996 年版）

【奖券】一种证券，上面有图案、编号等，多在游艺、销售等活动中抽得。开奖后，持有符合中奖规定奖券的可以领奖。（《现代汉语词典》2005 年版）

【奖券】名 商家作为奖励赠送给消费者的优待票券。（《现代汉语词典》2012 年版）

（二）词的色彩义

词的色彩义指人们对现实现象的主观评价，以及词在特定使用范围中所产生的意义，也叫非理性意义。由于它附着在词的概念义之上，所以通常又叫附加色彩，也是构成词义的重要成分。有以下三个方面。

1. 感情色彩

感情色彩指人们对现实现象的主观评价，即爱憎好恶的褒贬情感，最主要的是褒义色彩和贬义色彩。褒义色彩表现的是对词义反映对象的肯定、赞许、喜爱的态度，贬义色彩表现的是对词义反映对象的否定、贬斥、厌恶的态度。例如：

【战鹰】指作战的飞机（含喜爱意）。

【功败垂成】快要成功的时候遭到失败（含惋惜意）。

【毛子】旧时称西洋人（含贬义）。

【鬼哭狼嚎】形容大声哭叫声音凄厉（含贬义）。

【市井之徒】街市上的人（含轻视意）。

【硬橛橛】形容很硬（含厌恶意）。

词的感情色彩是词义的构成成分，但感情意义并不是每个词都有的，如“桌子、教室、构成、调查”等大多数词就都不带感情色彩。不过带不带感情色彩决定于词语是否可用来表示说话人的主观评价，例如，“猪”本身不带感情色彩，但说“他蠢得像一头猪”中的“猪”就含有贬义。

2. 语体色彩

语体色彩指词在特定使用范围中所产生的意义，有些词语由于经常在特定的语体中使用，便带上了某种语体所特有的色彩。语体色彩分为口语色彩和书面语色彩两种基本类型。通常书面语色彩比较典雅庄重，口语色彩则比较通俗易懂。例如：

书面语	口语
抚养	拉扯
吝啬	小气
进餐/用餐	吃饭
休憩	休息
头颅	脑袋
普通话	方言
太阳	日头
脑袋	脑壳
小孩儿	细伢儿

3. 形象色彩

形象色彩是指词的理性义之外的对事物的生动感觉，包括色彩、形象、声音、味道等方面的生动表现。例如：

汗颜、梯田、蘑菇云、吊楼、蜗居、斗室、人蛇、垂柳、刀鱼——形象

彩霞、银白、雪白、红扑扑、黄莺、白杨——色彩

啊呀、知了、蛐蛐儿、乒乓球、布谷鸟——声音

酸溜溜、甜滋滋、苦溜溜、香喷喷、臭烘烘——嗅觉、味觉

三、义项及其分类

（一）义项

义项是词典释义的最基本的单位，是对词的概念义进行的分项说明。

义项是从词语的各种用例中概括出来的共同的、一般的、稳定的意义，不包括词语在特定语境里所显现的个别的、具体的、临时的意义。例如：

一位沉浸在爱河中的数学家和女友在花间散步。女友说："我满脸雀斑，你真的不介意吗？"数学家说："我一生最爱跟小数点打交道。"

例句中"小数点"在特定的语境下有了"雀斑"的意思，但离开特定的语境，这个意义就没有了。

附加色彩不能独立运用，因而不能单独构成义项。

（二）单义词与多义词

一个词的意义可以概括反映某一类现实现象，也就是只有一个义项，这类词叫"单义词"。一个词的意义也可以概括反映相互有联系的多类现实现象，也就是包含几个互相联系的义项，这类词叫"多义词"。

一般说来，事物的名称如人名、地名等是单义的；草木、鸟兽、器物的名称也多是单义的。例如：牡丹、朱鹮、熊猫、洗衣机。特别是科学术语，要求意义精确固定，不容含混。例如：粒子、光缆、程控、转基因。

一个词刚出现的时候往往是单义的，而后在使用过程中，其他有关联的意义也逐渐由它来表达，单义词就逐渐转变为多义词。多义词在语言中是大量存在的。例如："步"，原来表示行走、步行。在现代汉语中，"步"的意义有：①行走时两脚之间的距离，脚步；②阶段；③地步，境地；④旧制长度单位，一步等于五尺；⑤用脚走；⑥踩、踏；⑦用脚步等量地。

（三）本义、基本义、引申义

词的本义一般指有文献记载的词的最初意义。例如："年"的本义是"谷熟也"。

词的基本义是在现代汉语这个共时平面上，词的多项意义中最常用最主要的那个意义，也叫"中心义"。例如"传（chuán）"的基本义是由一方交给另一方，其他意义多与此有关，如把学问、技艺教给别人（传授），遗留下来传给后代（留传），广泛散布（传播），把热或电从物体的一部分传到另一部分（传导），以及表示某种思想、感情（传达），发出命令叫人来（传唤、传讯）等。

有些词的本义和基本义是一致的，如"刃"的本义和基本义都是指"刀剑等的锋利部分"，"长"的本义和基本义都是"距离大"。有些则不一致，如"兵"的本义是"兵器"，而基本义是"士兵"；"汤"的本义是"沸水"，基本义是"带汁儿的羹"。

引申义是在某一个义项的基础上派生发展而来的意义。一个多义词，除了本义之外，其他后起派生的义项都可称为引申义。派生义可以由本义派生出来，也可以由其他的派生义再派生出来。例如"年"，由本义"谷熟"引申出基本义"地球绕太阳一周的时间"，再由基本义"地球绕太阳一周的时间"引申出"年节""时期""年纪"等派生意义。

派生义产生的途径就是一般所说的引申。引申一般都是沿着客观对象间的相关性联系（借代）或相似性联系（比喻）这两个方向进行的。

甲、乙两类对象之间存在着某种比较稳定的联系，因而可以用指称甲类现象的词语去指称乙类现象，这种情况叫借代。借代可以使词产生新的意义。例如：

桃：一种木本植物→这种植物的果实

便衣：平常人的衣服→警察

丝竹：丝弦和竹子→琴、瑟、箫、笛等乐器的总称

甲、乙两类对象之间有某种相似性，因而可以用指称甲类现象的词语去指称乙类现象，这种情况的比喻可以使词产生新的意义。例如：

包袱：用布包起来的包儿→影响思想或行动的负担

老古董：陈旧过时的东西→思想陈腐或生活习惯陈旧的人

眼：人或动物的视觉器官→小洞、窟窿

四、义素和义素分析

（一）什么是义素

由分析义项得到的词义的语义特征叫“义素”，又叫“语义成分”“语义原子”。义素是理论分析的结果，是一种不与语音形式相联系的抽象的语义单位。

（二）义素分析的方法

义素分析的基本方法是对比法，就是把有某种关联的一组词放在一起，进行意义上的比较，提取可以使词义相互区别的语义成分。例如，要知道“鞋子”的语义成分，就要把它与“袜子、靴子”进行比较才能得到。

（三）义素分析的步骤

（1）确定对比的范围。义素分析的第一步是找出相关的词语，确定对比分析的范围。一般来说，用来对比的应该是指称同一种类对象的词语。如要分析“鞋子”的义素，应该把它与“靴子、袜子”进行比较，而不能拿“天”进行对比，因为它们指称的对象不属于同一类。

（2）比较词义的异同。义素分析的第二步比较词义的异同。对比的范围确定后，接下来就是运用对比分析的方法，找出不同词义在语义成分上的共同点和不同点，也即提取它们的共同义素和区别义素。如要分析“男人、女人、男孩、女孩”这组词的义素，可以比较这四个词的意义，从中提取出共同义素［人］，然后将“男人”和“男孩”进行比较，提取出区别义素［年长］和［年幼］，再将“男人”“男孩”与“女人”“女孩”相比较，提取出区别义素［男性］和［女性］。列出这些共同义素和区别义素，不仅可以使这四个词的意义区别开来，也可以使它们同其他的词语相区别。

（3）整理和描写。义素的整理和描写一般采用矩阵图的方式。用“+、-”表示义素的有无。如对“父亲”、“母亲”这两个词的义素分析结果可用矩阵图来表示：

词	义素		
	男性	直系	长辈
父亲	+	+	+
母亲	-	+	+

以上分析结果也可用横排列式来表示：

父亲：［+男性、+直系、+长辈］

母亲：［—男性、+直系、+长辈］

（四）义素分析的作用

（1）可以清楚、简洁地说明词义的结构，便于比较词义之间的异同，揭示近义词、反义词等词义关系。例如：

灌木：矮小丛生的木本植物。

乔木：树干高大，主干和分枝有明显的区别的木本植物。

灌木：［+矮小］［+丛生］［+木本］［+植物］

乔木：[—矮小][—丛生][+木本][+植物]

（2）分析一个义项的内部成分，帮助认识多义词义项间的发展脉络。例如：

【母】a. 母亲。义素：人，女性，有生育能力，哺育子女，长辈。

b. 泛指女性长辈。义素：人，女性，长辈。

c. 老妇。义素：人，女性，年老的。

d. 乳母。义素：人，女性，成年人，哺育，受雇佣的。

（3）突出每个词组合搭配关系的不同。例如：

词	义素		
	固体	液体	气体
吃	+	—	—
喝	—	+	—
吸	—	+	+

练习题

1. 什么是词义？它包括哪些内容？

2. 怎样理解词义的概括性和模糊性？

3. 举例说明词义的民族特点。

4. 从母语里找出几个有形象色彩的词语，与普通话词语做比较，看看有何不同。

5. 说说下列词语带了什么色彩义。

黄毛丫头：年幼的女孩子（含________意）

独眼龙：瞎了一只眼的人（含________意）

老娘：已婚妇女自称（含________意）

长眠：指死亡（含________意）

洗手间：指厕所（含________意）

狗腿子：给有势力的坏人奔走的帮凶（含________意）

狗吃屎：身体向前跌倒的姿势（含________意）

光顾：称客人来到，商家多用来欢迎顾客（含________意）

老朽：老年人自称（含________意）

滚：离开（含________意）

6. 举例说明本义、基本义、引申义之间的关系。

7. 分析下列词的意义派生方式。

结晶　堡垒　编辑　帽子　近视　巾帼　皮毛　摇篮

8. 试就下面一组词进行义素分析。

挥　舞　晃　摇　摆　抡

第四节　词义的聚合——语义场

一、语义场

（一）语义场的性质

一组在语义上相互联系、相互制约、相互区别、相互依存的词构成的聚合体叫作语义场，也叫义场、词汇场、词场。

一个语义场至少要具备三个条件：

（1）要有自己的构成要素。语义场的构成要素就是词。

（2）要素之间必须存在着相互联系、相互区别的语义关系；语义关系一般都有一定的逻辑基础。

（3）一个语义场的外部必须同其他语义场相互联系，即是说，语义场之间是相互联系的。

例如，大家最熟悉的“颜色”语义场由“白、红、橙、黄、绿、青、蓝、紫、黑”这些词构成，这些词既相互联系（同属于“颜色”语义范畴），又相互区别（它们各自表达不同的颜色意义）；它们以逻辑上的同位关系为基础，相互间形成同类关系。在外部联系上，“颜色”语义场一方面同“声音”、“味道”、“温度”等语义场形成同类关系（同属于“感觉”语义场，并同“感觉”语义场形成上下义关系）；另一方面，构成“颜色”这个语义场的诸要素又同更低一级的语义场相联系，形成上下义关系，例如要素“红”就同“大红、枣红、桃红、粉红、橘红、血红、紫红、火红、淡红、深红”等这个次一级的语义场相联系。

（二）语义场的特点

语义场有如下几个特点。

（1）层次性。由于词的语义概括能力不同，所以概括能力大的词处于较高的层次，而概括能力小的词处于较低的层次，这样就形成了语义场的层次性。例如，上面举出的“颜色”语义场就具有层次性：“感觉”语义场→“颜色”语义场→“红”语义场。

（2）民族性。不同的民族对世界的认识是不同的。不同的民族用他们各自的语言把认识的结果记录下来时，就带上了民族的特色。例如“颜色”语义场就具有鲜明的民族特色。

（3）多样性。事物之间的联系是复杂多样的，因而反映事物的概念之间的关系也是复杂多样的；同样，标记概念的词之间的语义关系也是复杂多样的。词之间语义关系的复杂多样性决定了语义场类型的多样性。

（三）语义场的类型

在思维的体系中，概念之间存在着各种逻辑关系，如上下位关系、同类关系、交叉关系、对立关系、矛盾关系等。与此相对应，词汇语义系统中也存在着各种语义关系。词项以概念间的各种关系为基础，根据各自的语义特点形成了不同类型的语义场，这些不同类型的语义场形成不同的类别和层级，形成“类别—层级”的基本结构。我们以这个“类别—层级”系统结构为背景，来描述汉语词汇体系中的语义场。

1. 类义关系和同类语义场

反映同一类事物、表示同一类概念的词叫作类义词，其间的语义关系叫作类义关系。例如，“生物、动物、昆虫、螳螂”等就是一类属于“事物”语义范畴的类义词，其间是类义关系。如图 3－1 所示。

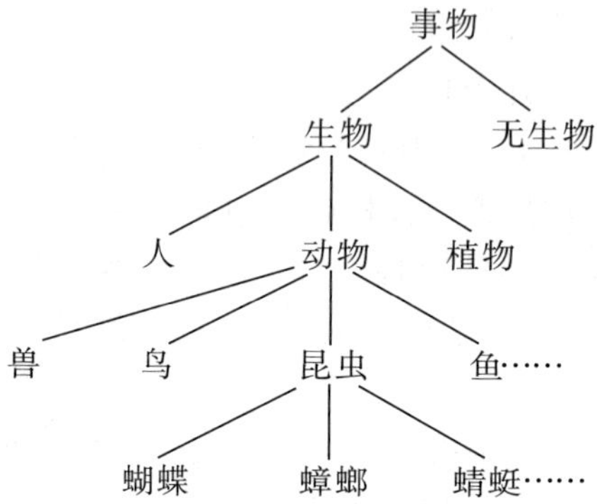

图 3－1 类义语义场

从图中我们可以看到：类义词之间不仅具有类义关系，而且还有层级性。在表示同一类概念的类义词之中，标示上位概念的词是上义词，标示下位概念的词是下义词，其间是上下义关系。在词汇的语义系统中，上义词处于较高的层级，下义词处于较低的层级。

上义词和下义词在语义概括范围上是包含和被包含的关系。下义词的语义概括范围包含在上义词的语义概括范围之内，如图 3－2 所示。

纵向的上下义词系列和横向的类义词序列结合起来，就形成了类—层结构。

同类语义场的逻辑基础是概念间的并列关系。如图 3－3 所示。

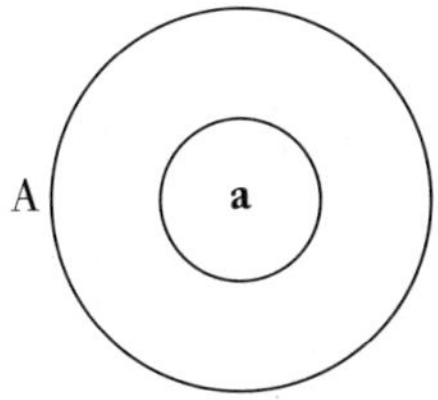

图3－2　词的语义概括范围

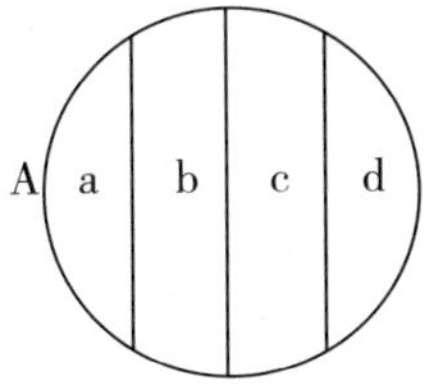

图3－3　并列关系

2. 同体关系和同体语义场

表示人或事物的整体概念的词叫作整体词，表示部分概念的词叫作部分词，二者之间是整体—部分语义关系。例如：

人体—头、躯干、上肢、下肢

上肢—上臂、前臂、腕、手

部分是对整体进行分解所得到的，所以整体词同部分词之间的关系是整合—分解。部分词之间的语义关系叫作同体关系。例如，“人体”这个词所反映的事物是一个整体，它由各个组成部分构成；构成人体的各个组成部分又由更小的部分组成，因而整体词和部分词也具有层级性。具有层级性的整体词和部分词形成的词聚合，我们称为同体语义场。同体语义场也是类—层结构。如图3－4所示。

同体语义场的逻辑基础是平解关系或分解关系。如图3－5所示。

3. 同集语义关系和同集语义场

表示集合概念的词叫作集合词，表示元素概念的词叫作元素词，其间是集合—元素语义关系。例如：

书籍—书/马匹—马/枪支—枪/部队—士兵/党—党员

处于同一个集合词语义范围之内的元素词构成同集语义场，其间是同集语义关系。如图3－6所示。

同集语义场的逻辑基础是同素集合，即具有相同性质的元素

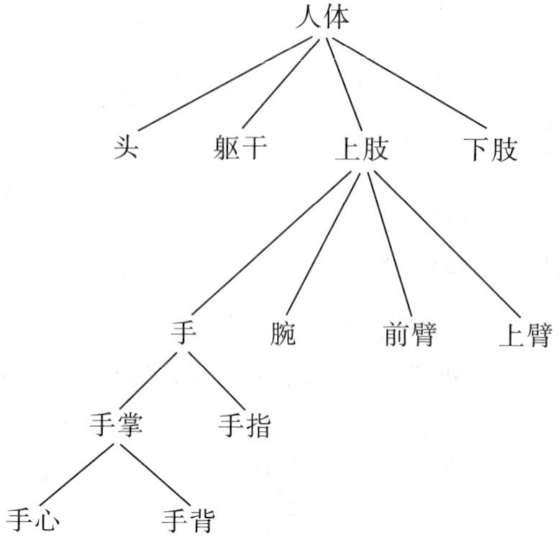

图 3－4　同体语义场

构成的集合；处于同一集合之内的元素，其间是同集关系。如图 3－7 所示。

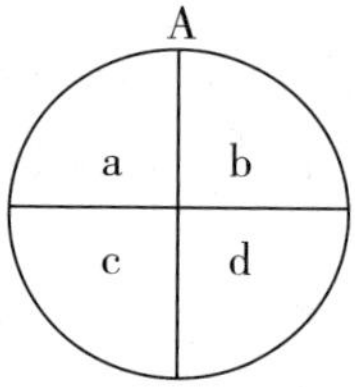

图 3－5　平解（分解）关系

图 3－6　同集语义场

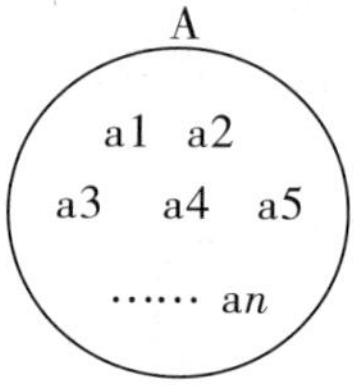

图 3－7　同素集合和同集关系

上下义语义关系、整体—部分语义关系、集合—元素语义关系是三种不同的语义关系。当我们用它们构成判断句时，这三种不同的语义关系就显示出来了。例如：

蟑螂是昆虫。（上下义语义关系）

上肢是人体的一部分。（整体—部分语义关系）

党员是政党的基本成员。（集合—元素语义关系）

同类语义场、同体语义场和同集语义场是词汇在语义上的体系性的表现，它们反映了词在语义上的系统性的联系和制约。

4. 层序语义关系和层序语义场

一组类义词，相互之间存在着层序语义关系，据此可以形成一个层序结构，这样的类义词聚合我们称为层序语义场。层序语义关系和类属语义关系有一定的区别。类属语义关系指的是上下两个平面之间的语义关系，层序语义关系指的是同一平面上的语义关系。常见的层序语义场有表示军阶、编制、行政机构、职称职务、年龄、数量等方面的词构成的词聚合。例如：

军—师—团—营—连—排—班

军长—师长—团长—营长—连长—排长—班长

老年—中年—壮年—青年—青少年—少年—儿童

爷爷—伯伯—爸爸—叔叔—哥哥—弟弟—儿子—侄子—孙子

个—十—百—千—万—亿

秒—分—刻—小时—天—周—旬—月—季—年

省—市—县—区—乡—村

股长—科长—处长—厅长—市长—省长

助教—讲师—副教授—教授

寒—冷—凉—温—暖—热—烫

优秀—优良—良好—中等—及格

走—小跑—奔跑—飞跑

稍微—有点儿—比较—相当—很—十分—特别—非常—极其—最

一根——一把——一抱——一捆——一车

一滴——一杯——一碗——一瓶——一桶——一缸

大型—中型—小型—微型

……

层序词聚合是有序双向序列，它们各自形成层级语义关系的因素是多种多样的。例如级别的高低、年龄的大小等。总的来说可以概括为数量的多少。

层序词序列在词汇体系中比较普遍。这是因为客观世界本身就是一个具有层序因素的系统，并且存在着量的差别。词汇体系中的层序语义场正是客观世界层序性的反映和表现。

5. 循环语义关系和循环语义场

一组类义词，相互之间存在着循环语义关系，据此可以形成一个循环序列，这样的词聚合叫作循环语义场。比较常见的循环语义场是表示“时间”的词聚合。例如：

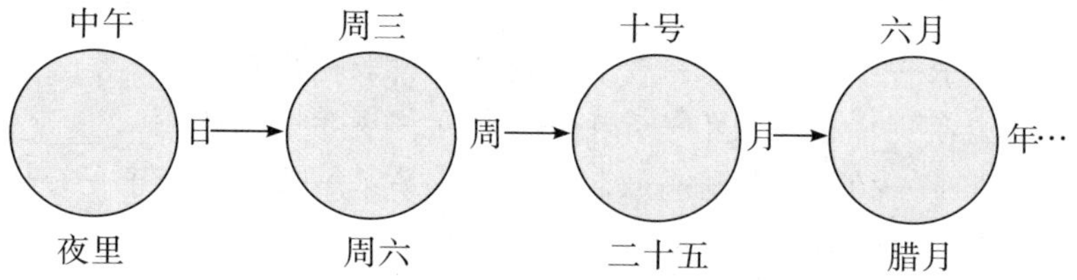

图 3－8 循环语义场

其他表示季节、节气、节日等时间概念的词也同样可以形成循环语义场。

表示“时间”的语义场以其循环性和层级性，表达了时间的无始无终的特点。

6. 同心语义场和同心语义关系

一组类义词，它们以某一或某些词为中心，形成一个同心结构的词聚合，这样的词聚合我们称为同心语义场，其间的语义关系是同心语义关系。常见的同心语义场就是表示“方位”语义范畴的词。例如：

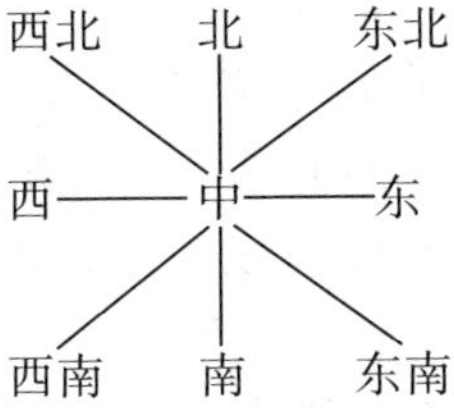

图 3－9 同心语义场

7. 同族语义关系和“家族”语义场

一组类义词同属一个词的下义词，但是这一组类义词之间并没有太多的共同语义成分，就好像同一个家族的各个成员之间没有共同特性，而只有象似性。例如，同属于“家具”这一词的下义词“桌子、椅子、柜子、橱子、箱子、床、沙发、凳子、衣架”等就是这种情况。它们外形各异，质料不同，功能各有所用。它们之所以聚合为一个语义场，就是因为它们都是“家庭用具”这一点而已。英语中属于“game”这一词的下义词也是这种情况，有的“game”只是为了娱乐，如 hide－and－seek；有的“game”则有输赢，如 match；有的要凭运气，如 dice；有的则要凭智谋，如 chess；有的既凭运气又要凭智谋，如poker；甚至 Olympic 也是 game！这些活动只有相似点而没有共同点。这种语义场结构如图 3－10 所示。

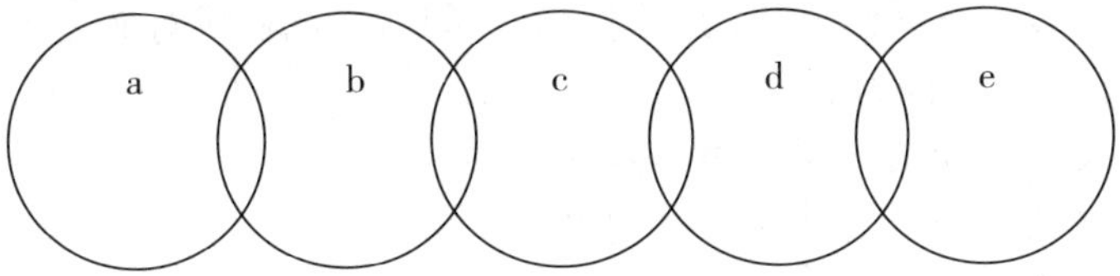

图 3－10 “家族”语义场

图中相交的部分表示一个成员同另一个成员有某种象似，但是所有成员并不存在什么共同点；同时，每个成员的地位是平等的。

8. 重合语义关系和重合语义场

一组类义词，如果它们的核心意义相等，那么这种词聚合就是等义词聚合，等义词聚合形成的语义场我们称为重合语义场，即是说，它们重叠在词汇语义系统中的一个义位上。在重合语义场中，词之间的语义关系是重合语义关系，这种语义场就是传统词汇学中所说的等义词。举例从略。

9. 叠交语义关系和叠交语义场

一组类义词，如果它们的核心意义部分相同，在语义上有重叠交叉现象，那么这种词聚合就是近义词聚合。近义词聚合形成的语义场我们称为叠交语义场。在叠交语义场中，词之间的语义关系是叠交语义关系。常见的近义词聚合是以一个词素为交集构成的词聚合，即同位同素聚合。例如：

热爱　疼爱　怜爱　抚爱　喜爱　溺爱

改善　改良　改进　改革　改正

10. 对立语义关系和对义语义场

一组类义词，如果它们的意义之中包含着相互对立的部分，构成对立语义关系，这样的词聚合我们称为对义语义场。

“对义”是一个很广泛的概念。对义关系不仅包括核心意义之间的对立关系，而且也包括附加意义之间的对立关系。因此一个词可以根据其语义中的不同成分，同若干词构成对义关系。以“父亲”这一词为例：

父亲—祖父（辈分单项对立）

父亲—祖母（辈分、性别双项对立）

父亲—母亲（性别单项对立）

父亲—儿子（辈分单项对立）

父亲—女儿（辈分、性别双项对立）

父亲—伯父、叔父（长幼单项对立）

父亲—姑父、舅父（血缘单项对立）

父亲—爸爸、爹、老子（语体单项对立）

父亲—家父、令尊（称呼单项对立）

反义词的语义对立大部分是一对一（也有一对二、一对三的，如多—少、寡，宽—窄、狭），而对义词之间的语义对立则绝大部分是一对多。词可以根据不同的语义成分构成不同的语义对立关系，而对义关系也广泛存在于词汇体系的语义系统中，对立词聚合也是非常普遍的。如：

头—脚　帽子—鞋子　褂子—裤子　背心—裤头（都具有上下对立）

背心—褂子　裤头—裤子　袜子—鞋子（都具有内外对立）

我们也可以把反义词聚合看作是对义词聚合中的一种类型，把反义关系看作对立语义关系的一种。这样反义聚合就包括在对义聚合之中了。

对义词聚合在词汇的语义系统中是普遍存在的，因为客观现实中也普遍地存在着对立现象。语言作为现实的反映和思维的表现，也必然反映并表现出这一事实。

对义词聚合具有综合性，其间既有类义聚合，也有同义聚合等。这种词聚合表现了词汇语义系统中语义联系的多样性、普遍性和复杂性，也证明了任何事物都是对立统一的这一基本原理。

同义词聚合和反义词聚合是两种传统的、重要的词聚合。下面具体分析讨论。

二、同义词

（一）同义词的类别

1. 等义词

意义相同可以互相替换的词语。例如：

A

自行车—脚踏车　　剪刀—剪子
斧头—斧子　　星期天—礼拜天
吉他—六弦琴　　语法—文法
课室—教室　　BP 机—BB 机—call 机—呼机

B

忌妒—妒忌　　拦阻—阻拦　　寻找—找寻
觉察—察觉　　感情—情感　　介绍—绍介
力气—气力　　演讲—讲演　　替代—代替

C

寒战—寒颤　　烦琐—繁琐　　鼓惑—蛊惑

2. 近义词

近义词是理性意义相同或大部分相同的一组词。例如：

差别—区别　结果—后果　温柔—温顺

（二）同义词的辨析

1. 理性意义的差异

（1）语义轻重。

有的同义词在所指对象的程度上有轻重之别。例如，“损坏”和“毁坏”都有使事物受到伤害的意思，但“毁坏”指严重的损坏，语意比“损坏”重。其他如：

轻视—藐视—蔑视—鄙视
良好—优良—优秀—优异
请求—恳求—乞求—哀求

（2）范围大小。

秘密—机密　边疆—边境
财产—财富　故乡—家乡
食物—食品　天气—气候

(3) 集体与个体。

车辆—车　　船只—船

人员—人　　纸张—纸

树木—树　　马匹—马

书籍—书　　人口—人

信件—信　　河流—河

(4) 搭配对象与侧重点的不同。

	法令	条约	特权	束缚	疑难	痛苦	危险	迷信	成见
废除	+	+	+						
解除				+	+	+	+		
破除								+	+

	到	理想	目的	水平	标准	数量	处所
到达	+						+
达到	+	+	+	+	+	+	

美满：语义侧重于表达美好、完美。例如：生活美满，家庭美满。

圆满：语义侧重于表达完备周全，符合愿望。例如：答案圆满，圆满的结果。

2. 色彩不同

(1) 感情色彩不同。有的同义词它们基本意义相同，但是反映出来的人们对客观事物、现象的态度却不相同。例如，“保护”和“庇护”，“技巧”和“伎俩”，它们在感情色彩上有褒贬的不同。又如：

习惯—习气（中—贬）

宠爱—溺爱（中—贬）

鼓动—煽动（中—贬）

顽强—顽固（褒—贬）

称赞—奉承（褒—贬）

教诲—教训（褒—中）

侃侃而谈—喋喋不休（褒—贬）

（2）语体色彩。

书面语—口语：

谈—聊　　丑陋—丑—难看

花费—花　　父亲—爸爸

普通话—方言：

什么—啥　　怎么—咋

知道—晓得　　理发—剃头

专用词——一般词：

诞辰—生日　　逝世—死

3. 词性和句法功能的不同

如果同义词的词性不同，那么充当句子成分的能力一般也有差异。例如“永久”和“永远”，前者是形容词，常作定语，如“永久的纪念”；后者是副词，一般只作状语，如“永远记住这个教训”。又如“刚才”和“刚刚”，都有不久之前的意思，但“刚才”是时间名词，可以作主语、定语、状语；“刚刚”则是时间副词，只能作状语。

永远（形容、副词）—永久（形容词）

智慧（名词）—聪明（形容词）

刚才（名词）—刚刚（副词）

希望（名、动词）—愿望（名词）

偶尔（副词）—偶然（形容词）

（三）同义词在语言表达中的作用

（1）恰当选用同义词，可以使语义表达精确严密。例如：

我们不是反对生活水平的提高，共产党人奋斗的目的就是要使人民过上更加美好的生活。我们反对的是脱离当前经济发展水平的过高的消费，反对的是假公济私、损公肥私和损人利己。

（江泽民《大力发扬艰苦奋斗的精神》）

“假公济私”“损公肥私”和“损人利己”都有谋取私利的意思，但又有所不同。“假公济私”指当权者假借公家的名义谋取私利；“损公肥私”指损害国家、集体利益，中饱私囊；“损人利己”指损害别人使自己获利。三者互相补充，使语意表达全面周详。

（2）变换使用同义词，可以使语言富于变化，避免单调呆板。例如：

我们以我们的祖国有这样的英雄而骄傲，我们以能生活在这个英雄的国度而自豪！

（魏巍《谁是最可爱的人》）

独有英雄驱虎豹，更无豪杰怕熊罴。

（毛泽东诗句）

这在一些谚语中也经常使用，如果相同的意思都用同一个词语，就会单调乏味，而运用同义词语则显得生动活泼。例如：

听话听声，锣鼓听音

若要人不知，除非己莫为

（3）连用同义词，可以使意义鲜明突出，增强语言表达的气势。例如：

可是谁都没有想到事到临头，出了这么个岔子！武艾英气得快哭了。团支书周铁娃气呼呼地叫道：“这个王铁牛，简直是故意捣乱，专门拆台！非好好整一整、煞一煞这股歪风邪气不可！”

（马烽《结婚现场会》）

“故意捣乱，专门拆台”，借助于同义词“捣乱”“拆台”构成两个并列的词组，充分地表现了人物内心的气恼，如只用一个，力度就差多了。下文的“歪风邪气”为两个双音节同义词，也有同样效果。

有些成语由同义词交叉搭配构成，这样的成语都有加重语气，突出强调的作用。例如：

东奔西走　家喻户晓　心满意足　左顾右盼　花言巧语

轻描淡写　门当户对　摧枯拉朽　风平浪静　粗枝大叶

三、反义词

（一）反义词

意义相反或相对的词形成反义词聚合。构成反义词聚合的词一般都同属于一个意义范畴，词性也基本相同。

（二）反义词的类型

（1）互补反义词（绝对反义词）。这种反义词建立在矛盾关系的基础上，不存在中间状态。其特点是非此即彼，肯定一方必然否定另一方。例如：

有—无　生—死　真—假　男—女

正确—错误　完整—残缺　真实—虚假　出席—缺席

（2）极性反义词（相对反义词）。这种反义词建立在对立关系的基础上，存在中间状态的反义词。其特点是存在中间状况，否定一方不能肯定另一方。例如：

黑—白　冷—热　大—小　胖—瘦

美—丑　进—退　左—右　好—坏

贫穷—富有　提高—降低　寒冷—温暖

开始—结束　快乐—痛苦　先进—落后

反对—拥护　前进—后退　健壮—衰弱

（三）语言反义词与言语反义词

在特定的语境中具有对举意义的词叫作言语反义词。例如：

不做风前的杨柳，要做岩上的青松。

我惭愧，我终于还不知道分别铜和银；还不知道分别布和绸；还不知道分别官和民；还不知道分别主和奴……

（四）反义词的作用

反义词表达了客观世界中相反或相对的事物、概念，可以揭示事物的内部矛盾，构成鲜明的对比，在言语中经常对举使用，其表达效果大致有以下几个方面。

（1）可以揭示事物之间矛盾对立的关系，给人以鲜明、深刻的印象。例如：

二十世纪的“人”是与“国家”相对待的：强国的人是“人”，弱国的呢？狗！

（老舍《二马》）

建筑“妙不可言”，环境“惨不忍睹”

（《文摘报》）

旧社会把人逼成鬼，新社会将鬼变成人。

（歌剧《白毛女》）

悲剧将人生的有价值的东西毁灭给人看，喜剧将那无价值的撕破给人看。

（鲁迅《再论雷峰塔的倒掉》）

（2）反义词可以构成对偶、映衬、对比的句子，使语意表达更加深刻鲜明。例如：

祸兮福所倚，福兮祸所伏

（《老子》）

有的人活着，他已经死了；有的人死了，他还活着。

（臧克家《有的人》）

（3）在特定的语言环境中，可以临时类比创造一个反义词，构成一种特殊的修辞手法，正反连用，含义深刻。例如：

读者定会觉得是一条“新闻”吧，其实却是一条旧闻。

希望大家积极支持改革工作，促进这一工作，而不要促退这一工作。

（4）反义词连用，往往可以构成一种表面上矛盾，实际上含着更深刻哲理的语句，使表达更加含蓄、更富有感染力。例如：

世界上最快又最慢，最久而又最短，最易被人忽视而又最易令人后悔的，就是时间。

某些反义词在成语中连用，表意比单用更丰富。例如：

深入浅出　弃暗投明　取长补短　喜新厌旧　出生入死

悲欢离合　苦尽甘来　无独有偶　此起彼伏　破旧立新

某些反义词和同义词交叉复合，表意丰富生动。例如：

生离死别　瞻前顾后　天昏地暗　长吁短叹

欢天喜地　生死存亡　博古通今　横冲直撞

练习题

1. 什么是语义场？它有哪些类型？试举例说明。

2. 举例说明语义场的层次性。

3. 什么是同义词？它有哪些类型？试举例说明。

4. 同义词的差别表现在哪些方面？试举例说明。

5. 辨析下列各组同义词。

充足—充沛	突然—猛然	简单—简略
成果—后果	敬佩—敬仰	商量—商榷
灾难—灾荒	食品—食物	领会—领悟
继续—持续	夸大—夸张	海涵—原谅
轻视—蔑视	果断—武断	交换—交流
鼓励—怂恿	边疆—边境	

6. 举例说明反义词的类型。

7. 请找出新词语带来的同义词，可以是新旧词语同义，也可以新词语同义。

第五节 现代汉语词汇的组成

一、基本词汇

基本词汇是整个词汇系统的核心和基础。词汇中最重要的部分是基本词汇，它和语法一起构成语言的基础。基本词汇表示的是最基本的事物。例如：

表示自然界常见事物的：天、地、风、云、火、雷、电、水、木、草、牛、羊。

表示生产和生活资料的：刀、斧、锄、犁、房、碗、盆、米、菜、布。

表示人体各部分的：头、手、脚、血、胸、心、肝、胃、眼睛、牙齿。

表示时间和空间的：年、月、日、春、夏、秋、冬、东、南、上、右。

表示亲属关系的：爷爷、妈妈、哥哥、妹妹、舅舅、叔叔、妻子、丈夫。

表示事物的一般性质和状态的：大、长、粗、重、红、白、方、美、善。

表示数量的：一、二、三、十、千、万。

表示人称和指代关系的：我、你、他、这、那、什么、谁、那么。

表示人或事物的行为和变化的：走、说、唱、听、吃、想、洗、爬。

表示常见常用功能的：和、跟、从、向、比、把、被、让、啊、吗、呢。

从整体看，基本词汇有下列特点。

1. 全民常用性

基本词汇流行的地域广，使用频率高，为全民所共同理解。基本词汇所反映的是与人们日常生活密切相关的事物、动作等，是使用该语言的社会全体成员日常交际中必须使用的（不掌握某种语言的基本词汇，就不能用这种语言交际）。如“人、火、水、大、好、坏、吃、我、父、母”等，不管什么人什么场合都要用到。

2. 稳固性

所谓稳固性是指它存在很长时间，在长时间中它的指示范围是稳固的。上古的“山、水、牛、人”，今天还是指示着“山、水、牛、人”。很多词都是千百年前就已经产生了，在许多年代中很少变动，是词汇中最古老而又最必要的词，这些词生命长久，如“人、天、火、大、生、一、二”等，从汉语甲骨文时代到现在一直在使用，而像“好、坏、吃、的、了、吗”等虽然历史短些，但也至少有上千年了。

说基本词汇有稳定性，并不是说基本词汇是一成不变的，事实上基本词汇也在发展变化。它的语音形式从上古音变为今音，它的概念义有不少也随着人们的认识发展而深化，有些古代基本词发生了历时更替。例如：

视——看：上古说“视”，宋元后，“视”逐渐降格为语素，“看”在《世说新语》和《齐民要术》中剧增，六朝时取代“视”。

食——吃：上古说“食”，近现代说“吃”，“吃”为口语俗词，直到唐代还被认为是不入流的方言词，五代时发生变化，明清之后“吃”占上风。

口——嘴：嘴原来专指鸟嘴，后来发展为兼指人嘴。

面——脸：脸原指脸颊，后发展为“面”的同义词。

首——头：春秋以前用“首”，战国以后通行“头”。

牙、齿——牙齿：先秦时为单音词，“牙”指口腔后部的槽牙，“齿”指门牙。战国后形成复音词“牙齿”。

皮、肤——皮肤：先秦时单音词，“皮”指有毛的兽皮，“肤”指人皮。战国后形成复音词“皮肤”。

3. 能产性

那些千百年来流传下来的基本词，它们一般都有很强的构词能力，便成了构成新词的基础。例如，汉语中用“人”构成的词有：

~人：爱人、本人、病人、常人、超人、仇人、出家人、粗人、歹人、敌人、丢人、动人、恶人、恩人、法人、凡人、烦人、犯人、非人、废人、夫人、感人、高人、个人、工人、古人、故人、贵人、国人、过人、汉人、好人、红人、后人、华人、坏人、机器人、继承人、佳人、家人、监护人、今人、惊人、巨人、军人、可人、客人……

人~：人梯、人体、人头、人望、人为、人文、人物、人像、人心、人行道、人性、人选、人烟、人样、人意、人影、人鱼、人员、人缘、人猿、人造、人证、人质、人治、人中、人种……

二、一般词汇

语言中基本词汇以外的词汇是一般词汇。与基本词汇相对，一般词汇的特点是没有基本词汇那样强的稳固性，但却有很大的灵活性，使用范围也较狭窄，构词能力也较弱。

基本词汇和一般词汇是相互依存的。一方面，基本词汇是全民必需的，同时它还是词汇系统的核心和基础，是创造新词、不断丰富一般词汇的源泉；另一方面，不同地区、不同职业、不同文化层次的人们，需要运用一般词汇来满足各种不同的交际需要。

基本词汇和一般词汇在历史发展中又是可以相互转化的。

"革命、电子、电话、共产党、书记、计算机、电视"等词，原来并不是基本词，现在已加入了基本词汇的行列。"皇帝、君主、宰相"等原来是基本词，现在已经成为历史词了。

现代汉语的一般词汇包括古语词、方言词、行业语、社区词、外来词、新造词等。

1. 古语词

古语词指古代就已经产生，但又不算基本词汇，现在只是偶尔使用的词，是一般词汇的组成部分。大致可分成两类。

(1) 历史词。很多历史上曾经存在过的事物、现象，现实生活中已经消失了，反映这些事物、现象的词叫历史词。历史词如今很少使用，有特殊需要涉及历史的表述时，才会用到。例如：

有关典章制度的：世袭、禅让、门阀、册封、科举、乡试。

有关官制的：丞相、刺史、廷尉、郡守、知县、县令、亭长、里正。

有关农业生产的：夏正、井田、屯田、代田、漕粮、耒、耜、铚。

有关服饰的：衮、补服、襦衣、亵衣、玦、环佩、顶珠、花翎。

有关器具的：釜、甑、鬲、鼎、钵、簋、卣、缶、尊。

(2) 文言词。古代的事物或概念还存在，但已经被其他词语替代了，口语中不用，只用于书面语中，有时用来表达某种特殊的意义，或感情色彩、语体色彩。例如：

怎奈、何其、而已、引咎、饮恨、囹圄、邂逅、薄弱、拨冗、俸禄、耄耋、矍铄、伉俪、隽永、遐迩、迤逦、觊觎、余、吾、尔、汝、甚、焉、哉……

有的文言词在现代虽然被取代，但其中很多成了现代汉语的构词语素。例如：

目——眉目　履——履历　食——食品　甘——甘甜　遣——派遣　弛—松弛

总的来说，文言词已经陈旧过时，现代很少使用，尤其是口语。但其中有一些成分在书面语中仍然是重要的表达要素，在历史文学和影视作品中也是经常使用的。文言词语运用得当，可使文字显得庄重典雅，尤其是在贺电、唁电等应用文体中，更是如此。

2. 方言词

方言词是指流行于某个地区而普通话里并不使用的词，它与普通话词汇最主要的区别在于使用范围大小的不同。当一个方言词语在全社会而不是某一地域流行时，它就具有了普通话词语的性质，如果进一步流传并稳定下来，就会成为普通话词汇中的一员。为了跟一般的方言词语相区别，我们把已经进入普通话的方言词语叫“普用方言词”。例如：

板上钉钉、摆谱儿、败家子、板着脸、不舒服、不起眼、差劲、成色、出息、扯淡、外公、上火、老板、夜猫子、打退堂鼓、打哈哈。

书面语中有时运用方言词，能够表达特殊的意义、色彩，可以起到特殊的效果，一般词语难以代替。例如：

我们很多人没有学好语言，所以我们在写文章做演说时没有几句生动活泼切实有力的话，只有死板板的几条筋，像瘪三一样，瘦得难看，不像一个健康的人。

（毛泽东《反对党八股》）

上海旧时称城市中无正当职业而以乞讨或者偷窃为生的游民为“瘪三”。用这个词来比喻干瘪、可怜而又可恶的语言，十分贴切。

3. 行业语

行业语是某个专门学科和某个行业内通行的词语，是由于社会分工不同造成的。它包括专业术语和各个行业的行业用语，例如：

数学：负数、函数、系数、小数、微分、通分。

语言学：元音、辅音、音位、音节、四呼。

医学：化验、B超、处方、理疗、化疗、手术。

工业：切削、模具、冷焊、刨床、铣刀、冷轧、热处理。

戏曲：小生、花旦、扮相、行当、脸谱、水袖、龙套。

随着人们文化水平的提高、传播媒介的普及和社会交往的频繁，许多专门用语也广泛流传开来，成为全民使用的一般词。当这些行业用语出现泛化，用来指称一般事物时，它们就具有了一般语文词语的性质，成为全民使用的一般词。例如：

【套牢】预期证券价格将上涨而买入，结果价格不涨反跌，投资者不甘心在低价位卖出，被动等待价格回升，致使资金在较长时间内被占用，这种情况叫套牢。现泛指被束缚或限制住。

【造血】原指肌体自身制造血液。现喻指依靠自己的力量，通过内部调节保持部门自身的活力。

【输血】原指把健康人的血液输入病人体内，现也喻指从外部给予援助。

【包装】原义在商品外面用纸包裹或把商品装进纸盒、瓶子等。比喻对人或事物从形象上装扮、美化，使更具吸引力或商业价值。

【保护层】本指附在金属上起防腐作用的表层。现也喻指可借以托庇的人或事物。

【瞄准】原指射击时调整好枪口或炮口的方位、高低，以对准目标射击准确。喻指看准或认定某个方面、某种程度或某项标准，并力求达到。

【会诊】医学上本指多位医生共同诊断、治疗病症。现也喻指各有关方面和人员共同研究解决问题。

4. 社区词语

社区词语的内涵是指由于社会背景不同，社会制度、政治、经济、文化的背景不同，以及由于背景不同带来的人们心理因素差异，而产生的适应本地社会区域的词语。其外延主要指香港地区、澳门地区、台湾省以及海外华人社区所流行的词语。海外华人社区范围很广，比如东南亚华人社区、美国华人社区、欧洲华人社区等。例如：

炒鱿鱼、无证妈妈、太空人、金鱼缸、打工皇帝、红马甲、蓝领、白领、发烧友。

5. 外来词

外来词是指音和义都借自外语的词，也叫借词。由于不同的民族相互交际，本民族语言往往要从别的民族语言词汇里借用一些需要的成分。根据外来词的吸收方式，外来词大体可分为以下几种类型：

（1）音译外来词。把外语词的语音转化为相同或近似的汉语语音。例如：

雪碧（sprite） 比基尼（bikini） 克隆（clone）

摩登（modern） 沙龙（salon） 麦当劳（Mcdonald）

（2）音意兼译外来词。把整个词用音译和意译的方式转化为汉语词语。例如：

马克思主义（Marxism） 沙文主义（Chauvinism）

（3）音译加汉语类名。把外语词的语音转化为汉语语音，再加上表示义类的类名。例如：

厄尔尼诺现象（Elnino） 啤酒（beer）

沙丁鱼（sardine） 芭蕾舞（ballet）

（4）字母外来词。直接用外文字母或夹用外文字母形成的词。又分为以下情况：

A. 直接使用外文缩略字母组合，这是构成汉语外来词的新形式，如：

CD　VCD　MTV　WTO　SOS

B. 用外文字母，再加上汉语相关语素，例如：

AA制　B超　BP机　T恤

（5）借形词。汉语中的字词被日语借用后造出日语的新词，这些词后来又被汉语借回来，但是不读日音而读汉音。如：

干部、手续、经济、引渡、封建、资本、侵略、革命、教育、文学、文化。

6. 新造词

新造词是和传承词相对而言的，指古代、近代汉语词汇中没有，历史进入现代以后适应社会需要而产生的新词语。新造词所表示的事物和概念是新的，形式也是新的。它是丰富现代汉语词汇的主要途径。

20世纪以来特别是五四运动以后，社会、科学技术和人的思想观念等方面都发生了深刻的变革，取得了巨大的进步，反映新事物、新现象的词语不断产生。例如：

政治方面：共产党、红军、解放区、土改、政协、联合国。

经济方面：单干、人民公社、承包制、国企、外资、股份制。

科技方面：化肥、日光灯、电子表、超导、激光、胰岛素。

生活方面：食堂、超市、连锁店、快餐、饮料、商品房。

人的思想观念变化，也会使一些词语以新的面貌出现，例如：

泥腿子—农民　煤黑子—矿工　戏子—演员　厨子—厨师　邮差—邮递员　剃头匠—理发师

新造词是以一定时代为标记的，五四运动前后产生的新词现在已经不看成是新词了，“文革”期间产生了“红卫兵”“文攻武卫”“忠字舞”等新词，现在也成了历史词。近些年常有新词、新语词典出版，也总有一部分前些年产生的新词退出使用。

这20多年来，社会发展速度快，新事物、新现象、新概念不断增加，新造词也不断出现，例如：

白领、空嫂、的哥、打工妹、钟点工、微软、软件、网络、主页、网吧、黑客、下岗、入世、面膜、炒作、双规、大腕、盗版、大牌、低迷、多媒体、卖点、煽情、套牢、非典、三通、包养、U盘、闪盘。

练习题

1. 现代汉语词汇从来源看，包括哪些？举例说明。

2. 什么是基本词汇？它有什么特点？

3. 什么是古词语？它和新造词有什么不同？

4. 什么是外来词？它有哪些类型？汉语吸收外来词有什么特点？

5. 留心观察你的母语方言的基本词汇，与普通话的基本词汇相比较，看看有哪些词是不一样的？

6. 在《现代汉语词典》中找15个源于自己方言的词语（标有〈方〉的词语）。

7. 找出几条已经普遍使用开了的行业词。

第六节　熟　　语

熟语是语言中相沿习用的固定短语，是一种特殊的词汇单位。熟语内容丰富，形式精练，很有表现力。从结构上看，它是短语，但它是作为语言的建筑材料来使用的，其作用相当于词。

熟语主要包括成语、惯用语、歇后语、谚语等。

一、成语

成语是已经定型的固定短语。成语在历史上长期沿用，在群众中广泛流传，具有较浓的书面语色彩。成语是熟语中最重要的一种。

1. 成语的特点

（1）结构上的定型性。成语的整个结构是定型凝固的，一般不能任意变动词的位置，更换或增减其中的成分。例如“唇亡齿寒”，曾有过“唇亡牙寒、唇无齿寒、唇亡牙冷”等多种结构形式，但这种形式一旦固定下来，就不可任意变动。又如“半斤八两”，不能因为现在半斤是五两而随意改为“半斤五两”。

（2）意义上的专有性。成语和一般的短语不同，它的意义不是各个词的意义的简单相加，而是由构成成分融合成的具有特定意义的整体。例如“高山流水”不是指“高山上流下水来”，也不是“有高山、有流水”的意思，而是表示知音或知己，或比喻乐曲高妙。又如“胸有成竹”，也不是指肚子里面有根竹子，而是指“画竹必先得成竹于胸中”，比喻做事情之前已经有通盘的考虑。再如“问道于盲”，从字面看，是向盲人问路，实际上是比喻向根本不懂的人请教，不能解决问题。

（3）功能上的整体性。成语的功能具有整体性，其作用相当于词。

（4）语音形式上以四字格为主。成语以四字格为主要形式，整齐匀称，加上四声的交替、声韵的配合、音节的重叠等，能形成韵律上的和谐美，读起来琅琅上口，抑扬顿挫。

成语往往是双双对称的四音节，“二二相承”是成语的结构特征。例如：

风调/雨顺　称心/如意　屈指/可数　节外/生枝

口是/心非　文过/饰非　五花/八门　上行/下效

即使结构和意义上分析不是二/二式的，人们在节律上仍然处理为二/二式。例如：

1+3 式：狐/假虎威　乘/人之危　病/从口入　力/不从心　木/已成舟

3+1 式：丧家之/犬　弦外之/音　一衣带/水　井底之/蛙　空空如/也

（5）语体风格上为书面语色彩。成语大多是历史上沿用下来的，来自古代文献，书面语色彩较强。有很多成语中包含有古代语素，这些古代语素有的现代汉语已经不用了，或者意义很生僻，或者意义发生了变化。例如：

大放厥词（他的）　　习焉不察（于此）

呼天抢地（撞）　　分道扬镳（马嚼子）

厉兵秣马（兵器）　　赴汤蹈火（沸水）

感激涕零（滴落）　　趾高气扬（脚）

求全责备（苛求完备）　　身体力行（亲身体验）

2. 成语的来源

成语一般都有一定的出处。成语的来源主要有以下四个方面。

（1）神话寓言。

愚公移山（《列子·汤问》）

望洋兴叹（《庄子·秋水》）

画蛇添足（《战国策·齐策》）

守株待兔（《韩非子·五蠹》）

东施效颦（《庄子·天运》）

塞翁失马（《淮南子·人间训》）

（2）历史故事。

纸上谈兵（《史记·廉颇蔺相如列传》）

夜郎自大（《史记·西南夷列传》）
负荆请罪（《史记·廉颇蔺相如列传》）
破釜沉舟（《史记·项羽本纪》）
卧薪尝胆（《史记·越王勾践世家》）
闻鸡起舞（《晋书·祖逖传》）

（3）诗文语句。

胸有成竹（苏轼《文与可画筼筜谷偃竹记》）
文质彬彬（《论语·雍也》）
子虚乌有（司马相如《子虚赋》）
满城风雨（潘大林《题壁》）
水落石出（苏轼《后赤壁赋》）
舍生取义（《孟子·告子上》）
钩心斗角（杜牧《阿房宫赋》）

（4）口头俗语。

有些民间口头流传的词语，往往双双对称，用久了，固定下来，形成四字格成语。例如：七嘴八舌、三心二意、咬文嚼字、阳奉阴违、心直口快、不三不四、有板有眼、呆头呆脑。

此外，历史上中外文化交流的影响，也吸收了一批成语。如“杀鸡取卵”来自希腊寓言故事，“火中取栗”来自法国寓言故事，“天方夜谭”来自阿拉伯民间故事，其他如“天花乱坠、顽石点头、当头棒喝、五体投地、想入非非、一尘不染、一丝不挂、昙花一现”等则与佛教有关。

3. 成语的构造

汉语成语绝大多数是二/二式的四字格。从四字格前后两部分关系看，成语可以分为联合式和非联合式，然后再根据内部结构做进一步的分析。

（1）联合式。

主谓＋主谓：龙飞凤舞、貌合神离、身败名裂、水涨船高、

家喻户晓

述宾+述宾：抛头露面、养精蓄锐、捕风捉影、斩钉截铁、安家立业

述补+述补：斩尽杀绝、翻来覆去、起早贪黑、死去活来、买空卖空

偏正+偏正：高风亮节、红男绿女、深入浅出、轻描淡写、纷至沓来

联合+联合：悲欢离合、纵横捭阖、嬉笑怒骂、抑扬顿挫、生死存亡

（2）非联合式。

主谓：冠冕堂皇、夜郎自大、气宇轩昂、风云变幻、兴致盎然、野心勃勃

偏正：明日黄花、豁然开朗、怡然自得、近水楼台、两袖清风、世外桃源

述宾：叱咤风云、蹉跎岁月、粉饰太平、颠倒是非、荼毒生灵、好为人师

兼语：请君入瓮、认贼作父、削足适履、引狼入室、调虎离山、指鹿为马

连动：守株待兔、借花献佛、解甲归田、声东击西、水到渠成

4. 成语的民族风格

成语经过历史的长期使用和群众中的广泛流传，已经深深地打上了民族的烙印，也最能反映语言的民族特点。成语是语言中长期积累下来的，往往和这个民族的历史文化、地理环境、生活习惯和心理状态都有密切关系。例如，我国盛产竹，自古以来，竹在汉人的生活中一直占据着极其重要的地位，苏东坡曾说："食者竹笋，庇者竹瓦，载者竹篾，爨者竹薪，衣者竹皮，书者竹纸，履者竹鞵，真可谓不可一日无此君也。"汉语中有很多同

竹有关的成语，展示了竹与汉民族自然环境、汉族人的早期物质生活与水平之间的千丝万缕的联系。例如：胸有成竹、势如破竹、罄竹难书、立竿见影、雨后春笋、管窥蠡测、梦笔生花、箭在弦上、节外生枝、倾箱倒箧、筚路蓝缕、滥竽充数、寄人篱下、功亏一篑，等等。

汉语的“雨后春笋”英语则说成“like mushrooms”（宛如蘑菇似的），这说明竹不盛产于英国。

相同的意义或道理在不同的语言的成语表达上是不同的。例如：

汉语：爱屋及乌　英语：爱我及犬

汉语：一箭双雕　俄语：一枪双兔　德语：一拍双蝇　英语：一石二鸟　法语：一石两击

汉语：不三不四、非驴非马　英语、法语：非肉非鱼　俄语、德语：非鱼非肉

5. 成语的运用

著名语言学家吕叔湘先生曾精辟地指出：“成语之妙，在于运用。”要用好成语就需要认真学习，没有学习好就随便使用成语，往往容易出错。大体说来，使用成语要注意以下几个问题。

（1）要准确了解成语的整体含义，不要望文生义。很多成语是从古代寓言、典故里来的，意思往往不是字面上的意思。例如：

*君王住在那里，臣民们在瓜田李下过着安康的生活。

（《君王论》）

成语“瓜田李下”表面上看好像是安居乐业的田园环境。故事《君子行》：“瓜田不纳履，李下不正冠。”意为，经过瓜田，不弯下身来提鞋，免得人家怀疑摘瓜；走过李树下面，不举起手来整理帽子，免得人家怀疑摘李子。后用来比喻容易引起嫌疑的地方。

*招聘并非选美，求职也非“拉郎配”。招聘人才的公司，不考虑应聘者的思想素质，文化素质，工作能力，而是看应聘者是否人面桃花，甚至还把“有无男友”作为考察内容。无怪乎“写真集”被当作攻关利器。

（《女大学生拍低胸照求职引发争议》，《现代教育报》2002年12月2日）

上例误用成语“人面桃花”。“人面桃花”来自唐代崔护诗：“去年今日此门中，人面桃花相映红。人面不知何处去，桃花依旧笑春风。”后来用来指男女相识然后分离，男子追念旧事，也常用以表达爱情失意后的情怀，或泛指爱慕而不能相见的女子。

还有一些成语保留了古代语素的意义，这些语素今义与古义不同了，要弄清实际意义，不要闹笑话。例如“不刊之论”的“刊”指用刀削除，引申为修改的意思，意指文章非常好，不用改动。但有人写了一篇文章，说某作家年轻时代就写过不少文章，可惜都是不刊之论，把它理解为不能刊登的文章。

（2）注意成语的感情色彩。很多成语都带有一定的感情色彩，使用时要注意。例如：

无微不至—无所不至

侃侃而谈—夸夸其谈

再接再厉—变本加厉

自食其力—自食其果

深思熟虑—处心积虑

不了解成语的感情色彩，容易用错，例如：

*他们为着人民的利益，奋不顾身地救火，火烧着了头发，烧灼了皮肉，但他们忘乎所以，直到把火扑灭为止。

*女子乒乓球队蝉联团体冠军，消息传来，人们无不弹冠相庆，兴奋异常。

＊八年来，林黛对我的关怀，罄竹难书。

（《情书·绝情书》，载《短篇小说》2000 年 3 期）

（3）注意成语的定型性，不要随便改动。成语要素的构成是历史上约定俗成的，不能随便改动。例如：

半斤八两—＊半斤五两　　衣冠楚楚—＊衣帽楚楚

＊只要我们处惊不变，沉着冷静地应对挑战，健康就永远属于你、我、他。（按：应为“处变不惊”。变：变故，灾难）

舒婷《大足宝顶石窟》一文中写到吃饭是“样样极辣”，于是只好“涕泪泗流地要求一碗清汤面”。（按：古代“涕”指眼泪，后来转指鼻涕。“泗”指鼻涕。若按古义解，与“泪”重复，若按今义解，由于“泗”重复。应为“涕泗横流”）

（4）注意字形与字音。

＊北京故宫体顺堂的介绍牌匾最后有“寓有光明磊落、纯洁无暇之意”。（按：“暇”应为“瑕”）

＊一光缆标语：“破坏光缆，严惩不待”（按：“待”应为“贷”，宽恕之意）

＊家长不宜“越俎代疱”。（按：“疱”应为“庖”）

＊桃李满天下固然值得炫耀，但是桃李不言，下自成溪的大气更值得佩服。（按：“溪”应为“蹊”，意为小路）

＊诗人高洪波果然不孚众望，七步不到即成绝句。（“孚”应为“负”，辜负之意。“孚”，信也。“孚众望”，使众人信服。古人常用“深孚众望”，后又衍生出“不孚众望”，表示不能使人信服）

（舒婷《大足宝顶石窟》）

＊所以说北京之美，除了复杂的金壁辉煌和花团锦簇之外，单瓣月季的自在开落，亦不可不赏。（按：“壁”应为“碧”）

（刘心武《单瓣月季自在开》）

二、惯用语

惯用语指口语中形成的表达一种习惯含义的固定短语。

1. 惯用语的结构

一般认为，惯用语绝大部分是三音节熟语，结构关系主要是动宾关系和偏正关系。例如：

动宾关系：穿小鞋、磨洋工、挖墙脚、唱反调、戴高帽、拍马屁、背黑锅、敲竹杠、抱粗腿、随大流、出难题、踢皮球、碰钉子、吃老本、走后门

偏正关系：大锅饭、铁饭碗、笑面虎、落汤鸡、对台戏、护身符、半瓶醋、直肠子、狗皮膏药、老虎屁股

2. 惯用语的意义

惯用语的字面意义只是它的语源意义，一旦定型为惯用语后，就具备了意义的专有性，显示的一般都是比喻义。如：

走过场：比喻敷衍了事。

开后门：比喻利用职权给予不应有的方便和利益。

踢皮球：比喻互相推诿，把应该解决的事情推给别人。

吃老本：比喻凭已有的功劳、成绩、资历过日子，不求进取提高。

咬耳朵：凑近别人的耳朵说话，不让人听见。

有些惯用语有特定所指，不了解容易用错。如：

＊希拉里忍受不了戴绿帽子的耻辱，愤然决定“休夫”。

（《兰州晨报》2002 年 3 日）

《元典章·礼部二·服饰》规定：“娼妓之家长和亲属男子裹青头巾。”由此“青头巾”就与娼妓之男性亲属有了联系。由于青、绿二色比较接近，又同属贱色，人们习惯于说“绿头巾”。明·朗瑛《七修类稿·辩证下·绿头巾》：“吴人称人妻有淫行者为绿头巾。”由于“绿头巾”与娼妓有关，后来就用来指

妻子行为不贞的男人，并演变成了“绿帽子”。

许多惯用语除了基本意义之外，还有附加色彩（色彩意义），包括感情色彩和形象色彩。贬义性是惯用语的附加色彩的特点，褒义的惯用语很少，中性的也不多。

3. 惯用语和成语的异同

成语与惯用语都是固定短语，都具有意义上的专有性。但是二者也有区别。

（1）从语体色彩上看，惯用语的口语色彩浓、多源自民间；成语的书面语色彩浓，多源自古代。

（2）从定型程度看，成语的定型性更强一些，结构成分一般不能随意改动；而惯用语相对灵活，常可插入一些词语，或者颠倒其中成分的次序，成为一般的语句，但意义不变。例如：

吃老本儿——吃了多年的老本儿/老本儿都吃光了/还有多少老本儿可吃？

（3）从音节上看，惯用语一般是三字格的，成语一般是四字格的。

（4）从结构上看，惯用语以动宾结构为主体，成语则没有明显突出的结构方式。

（5）从感情色彩上看，成语中褒义、贬义、中性的都有，难分主次；而惯用语中则贬义的为多，中性的少数，褒义的不多。

三、歇后语

1. 歇后语概说

歇后语是由近似谜面、谜底的前后两个相关部分构成的带有隐语性质的固定短语。平时说话，常常只说前一部分，而将后一部分藏着不说，让听话人去猜测体会，所以显得幽默风趣，歇后语的名称也正由此得来。例如：

张三：李四，外语考试过关了吗？

李四：王奶奶比玉奶奶。

张三：怎么讲？

李四：差一点儿。

歇后语的意义重点在后一部分，即后一部分表示整个歇后语的基本意义。前一部分除了表示附加意义之外，主要是起“引子”的作用，从中引出后一部分。后一部分是对前一部分的注释、说明。前后两部分为“引注关系”。

2. 歇后语的类别

（1）喻意类。前一部分是比喻，后一部分是对前一部分的解释。例如：

买干鱼放生——不知死活

刘备摔阿斗——收买人心

猪八戒吃大肉——忘本

高射炮打蚊子——大材小用

徐庶进曹营——一言不发

黄鼠狼给鸡拜年——没安好心

老鼠给猫捋胡子——找死

大路上的电杆——靠边站

木头眼镜——看不透

快刀切豆腐——两面光

芝麻开花——节节高

猫不吃鱼——假斯文

张果老倒骑驴——背道而驰

聋子擂鼓，瞎子敲锣——各打各的

骑着骆驼赶着鸡——不知高低

（2）谐音类。前一部分说出一种事物或现象，后一部分借助同音或近音现象来表达或解释意义，也就是运用修辞上的谐音双关手法。例如：

帽子里藏知了——头鸣（名）

老九的弟弟——老十（实）

老虎拉车——没人赶（敢）

外甥打灯笼——照舅（旧）

卖布不带尺——存心不良（量）

梁山的军师——吴（无）用

猪八戒的脊梁——悟（无）能之背（辈）

工业酒精——甲醇（假纯）

飞机上挂暖壶——高水瓶（平）

纸糊的琵琶——弹（谈）不得

老鼠爬秤砣——自己秤（称）自己

猪八戒摔耙子——不伺猴（候）

万岁爷剃头——不要王发（法）

歇后语来自民间，口耳相传，贴近最底层的社会生活的方方面面。用习见的事物构成出乎意料的诙谐与讽刺。不宜在庄严的场合使用。

四、谚语

谚语是流传于民间的形象通俗而含义深刻的定型语句，是以传授知识为主要目的的熟语。

谚语是人民群众长期生活实践的经验总结，是对自然界、人类社会客观规律的认识，凝结着集体的智慧，充满了生活的气息。谚语涉及的范围很广，内容非常丰富。按照谚语的内容，谚语可以分为生产谚、自然谚、社会谚等。下面是谚语的分类举例。

（1）农谚。农谚数量最多，历史也最悠久。

农是百行本。

农夫不努力，饿死世间人。
人勤地也勤，粮食堆满囤。
人不亏地皮，地不亏肚皮。
农家一枝花，全靠粪当家。
（2）气象谚。
天有铁砧云，地下雨淋淋。
朝有棉絮云，下午雷雨鸣。
青蛙集中叫，大雨必来到。
朝霞不出门，晚霞行千里。
云彩往西走，淋死鸡和狗。
先见闪后见雷，大雨后边跟。
朝虹雨，夕虹晴。
有雨山戴帽，无雨山没腰。
月色朦胧，不是起雨就是起风。
久晴大雾必阴，久雨大雾必晴。
蚂蚁搬家蛇过道，明日必有大雨到。
（3）哲理谚。
实践出真知，斗争长才干。
空喊千次，不如实干一次。
人不可貌相，海水不可斗量。
人无千日好，花无百日红。
十个指头有长短，一树果子有酸甜。
（4）思想修养谚。
一毫之恶，劝人莫作。
善事可做，恶事莫为。
脚正不怕鞋歪，心正不怕雷打。
天不言自高，地不言自厚。
鸟美在羽毛，人美在勤劳。

（5）生活常识谚。

姜是老的辣，醋是陈的酸。

出门看天色，炒菜看火色。

鼻子不通，吃点火葱。

疮大疮小，出头就好。

寒从足下起，火从头上生。

夏吃大蒜冬吃姜，不用医生开药方。

贪多嚼不烂，胃病容易犯。

（6）风土谚。

百里不同风，十里不同俗。

福州美人蕉，经冬花不凋。

谚语以传授知识为目的。知识性是谚语的基本特点。被称为“知识的结晶”、“语言中的盐”、民间的“百科全书”。例如：

笑一笑，十年少。证明是有科学道理的。研究笑的先驱美国斯坦福大学名誉教授威廉姆·弗赖指出，100 次的捧腹大笑所吸收的氧气相当于做 10 分钟滑船器运动的吸氧量。他还指出，笑可以促进血液循环和肌肉收缩，是减轻紧张情绪的有效方法，也是治病的良方。

当然，谚语也存在时代和认识上的局限性。一些农谚、气象谚停留在感性认识阶段，或把一些偶然现象当作必然规律，产生不同程度的片面性。

各民族语言都有自己的谚语，不同民族语言的谚语在形式和内容上尽管有某些相同或相通之处，但不同之处是明显的。汉语谚语的民族特点，既表现在形式上（结构紧缩、对称和灵活），更表现在内容上。除了取材方面具有民族的历史人文地理等背景外，更重要的是反映了民族的传统思想、道德观念、文化素质和心理状态等。如汉语谚语反映的祸福观：

祸不入慎家之门。

福是自求多的，祸是自己作的。

祸由恶作，福自德生。

病从口入，祸从口出。

福无双降，祸不单行。

天有不测风云，人有旦夕祸福。

谚语意义的表达有字面意义和实际意义之分。例如“名师出高徒”“百闻不如一见”表达的就是字面意义。但是有些谚语的字面意义和实际意义不一致。例如“狗改不了吃屎”表达的就是坏人改不了坏习惯。可见谚语的语义也有表层、深层的双层性。

谚语在表义上往往还有主辅之分。表义为主的部分在表达上起主导作用，表示整个谚语的中心意义。表义为辅的部分表示的是衬托意义。有的起比兴作用，增加语义的形象色彩；有的起衬托作用，把重心意义衬托得更为突出、鲜明。例如：

灯不拨不亮，理不辩不明。

金无足赤，人无完人。

人无头不走，鸟无头不飞。

万两黄金容易得，知心一个也难求。

坛口好封，人嘴难捂。

练习题

1. 什么是成语？它有什么特点？
2. 成语的结构有何特点？
3. 运用成语须注意什么问题？
4. 什么是惯用语？它跟成语有什么不同？
5. 惯用语跟成语有什么不同？
6. 什么是歇后语？它有哪些类型？
7. 歇后语的语体风格有何特点？

8. 什么是谚语？它有哪些类型？

9. 解释下列成语中带点的字。

呼天抢地、病入膏肓、信口雌黄、分道扬镳、行将就木、望洋兴叹、厉兵秣马、赴汤蹈火、好高骛远、文过饰非、汗牛充栋、不郎不秀、巧言令色、作奸犯科、司空见惯、感激涕零、运斤成风、锱铢必较、趾高气扬、登峰造极、否极泰来、求全责备、身体力行

10. 解释下列惯用语的意义。

背包袱、单打一、按钉子、绊脚石、翅膀硬、定心丸、穿小鞋、定调子、耳边风、高帽子、嚼舌根、挤牙膏

11. 说说下列歇后语的意思。

狗撕烂羊皮——东一口，西一口

猪鼻子插葱——装象

老鼠尾巴长疖子——出脓也不多

闺女穿娘的鞋——老样子

麻绳拴豆腐——提不起来

老虎拉车——没人赶

一根筷子吃藕——挑眼

猪八戒喝磨刀水——内锈

墙上挂门帘——没门

柳树开花——没结果

四两棉花——弹不上

黑瞎子叫门——熊到家了

12. 说说下列谚语的意思。

狗熊嘴大啃地瓜，麻雀嘴小啄芝麻

龙眼识珠，凤眼识宝，牛眼识青草

好鞋不踏臭狗屎

捡了芝麻，丢了西瓜

早晨才栽树，晚上难乘凉

一颗牙齿痛，满口不安宁

有鸡不怕没盘装，有女不怕没婿郎

13. 下列句中的成语用对了吗？为什么？

（1）不得不佩服沈指导坐怀不乱的定力。在被“大马”扳平比分的最后9分钟（含补时）内，他仍如一尊活佛，稳坐教练席，任凭他的弟子在场上“闲庭信步”而无动于衷。

（《新闻晚报》，2004年3月22日）

（2）困难，无时不在，无处不有，回眸10年来我们所遇到的困难屈指可数。

（《人民日报》，2003年5月28日）

（3）在语文老师的帮助下，我逐渐改正了文不加点的毛病。

（4）难怪小李业务水平不高，原来是师出无名啊。

（5）人非圣贤，孰能无过？犯点小错误是难免的，也是不足为训的。

（6）今年入夏以来，长江流域、黑龙江流域五风十雨，洪峰连连，水患不断，给人民的生命财产造成了巨大损失。

（7）时间真如行云流水，一晃这么多年过去。

（8）他出狱后，仍不思悔改，和一个盗车犯同心同德，半年之内偷了三辆摩托车。

（9）半天时间你到了浦东，只能逛浦东的一条街，连凤毛麟角也看不上。

（叶辛《我的生命环》）

（10）有时书中人物的命运，引起我的沉思和联想，凝视着火光闪耀的炉口，不免出神入化。

（梁晓声《自白》）

（14）你的母语方言的熟语有何特色？试调查搜集。

（15）你对目前广告界翻新使用成语持什么态度？

第七节 现代汉语词汇的演变与规范

一、词汇的发展变化

在语音、词汇、语法三要素中，词汇是最活跃的因素。

社会不断地发展，为了适应新的需要，语言的词汇必然会有所发展变化。在词汇系统中，经常处于变化之中的主要是一般词汇，基本词汇则具有很大的稳定性。词汇的发展不是突发的，而是渐进的。词汇的发展变化可以从以下几个方面来考察。

（一）新的词语和新的意义的出现

在社会进步过程中，新事物、新现象不断出现，这样就不断要有新的词语来指称它们。一个新词，我们说它是新词，是由于它所表示的概念是新的，同时也由于它的形式也是新的。例如：钟点工、非典、双规、的哥、打工妹、网吧、网虫、黑客。

一些词语在使用过程中增加了新的意义，这是词义发展中最常见的事实。例如“阳光”一词，2002 年版《现代汉语词典》的解释是：日光。2005 年版新增加两个义项：一是“积极开朗，充满青春活力”。二是“（事物、现象等）公开透明”。又如“山寨”一词，2005 年版《现代汉语词典》列出两个义项：一是“在山林中设有防守的栅栏的地方”。二是“有寨子的山区村庄”。2012 年版新增加两个义项：一是“仿造的，非正牌的”。二是“非主流的；民间性质的”。

（二）旧的词语和旧的意义的退出

有些词语随着社会的发展逐渐退出了我们的生活。例如：

粮站 粮票 布票 传呼机 红卫兵 工宣队 右派 臭老九

有些词语在同义词语的竞争中淡化或淘汰出局。例如：

超级市场—超市　智力商数—智商　空调设备—空调器—空调

二、现代汉语词汇的规范

词汇在语言的三要素中是最为活跃的。词汇在发展变化过程中，人们对于发展中新的词语和词汇现象的约定俗成有一个过程。这个过程就是规范的过程，即按照词汇发展规律对其进行调整，以保证词汇向着正常、健康的方向发展。

普通话词汇的规范标准也就是普通话的定义：以北京语音为标准音，以北方方言词汇为基础，以典范的现代白话文著作为语法规范（主要是构词法的规范）。规范的目的是为了更好地表达，规范的总原则是约定俗成。

（一）形体规范

异形词的规范是词汇规范的内容之一。异形词是语音完全相同、语义完全相同、文字形式不同的词，属同一个词的不同变体。例如“马虎—马胡”就是异形词。

对于此类词语的规范一般依据如下原则。

（1）从俗。所谓从俗，就是在实际使用中已经得到人们认可的，就使用最多的做出选择。例如：

选择词形	淘汰词形	
黑乎乎	黑糊糊	黑忽忽
笑眯眯	笑迷迷	笑咪咪
原配	元配	
思维	思惟	
唯一	惟一	
保姆	保母	
比划	比画	

般配	班配
艾滋病	爱滋病
迪斯科	的士高
好莱坞	荷里活（香港）
马达	摩打（香港）
盎司	安士（香港）
里根	雷根（台湾）
桑拿	桑那　桑纳

（2）从简。所谓从简，就是选择形体简单的作为正体。例如：

选择词形	淘汰词形
哀号	哀嚎
保镖	保鑣
人才	人材
马蜂	蚂蜂
鬓角	鬓脚
补丁	补钉
部分	部份
日元	日圆

（3）利于提示词义。即要使词形同词义的关系更密切。例如：

选择词形	淘汰词形
侧身	厕身
苞米	包米
盯梢	钉梢
吩咐	分付
筹码	筹马
酒盅	酒钟

（二）关于新词语的规范

对待新词语要宽容，要有“词语保护”意识。词语保护意识就是不视新词语为异类而一棍子打死，因为语言是个动态系统，有自我调节的机能。新词语的产生是语言发展的必然结果，它会使语言更有活力。

关于规范意识：对待新词语理智的态度应该是耐心、宽容、引导，这也是符合语言发展规律的一种态度。宽容并不等于听之任之，对待新词语，在发展中确立新规范，用新规范推动新发展，多元化的社会应该对语言有多元化的认识和宽容。对于新词语，我们也应该静心容忍，因为语言的本质特点就是约定俗成，这也是规范的总原则。

（三）关于网络语言的规范

网络语言是特定人群在特定领域使用的一种语言现象，是虚拟空间的一种特定社会方言（网民社群变体）。在词汇上，网络语言变体的最大特点是隐语化、曲解化和简便化。

网络语言让许多人看不懂，但它已经不甘于虚拟的网络世界，开始进入现实生活。现在，校园里中小学生的日记、周记，甚至试卷中，网络语言已经屡见不鲜。据《长春日报》报道，长春市安阳小学的一位老师曾遇到这样一道难题：一个11岁学生写了这样一篇“字母+数字+汉字”的大杂烩日记。日记写道：

昨天晚上，我的GG带着他的“恐龙”GF到我家来吃饭。饭桌上，GG的GF一个劲地向我妈妈PMP，那将自真是好BT，7456。我只吃了几口饭，就到QQ上“打铁”去了。

这是一种值得忧虑的现象，若不加以引导，学生极有可能会养成不规范使用语言文字的坏习惯，而且还可能会破坏语感。

网络语言幽默诙谐，风趣生动，年轻人对此表现出了极大的认同和渴求。同时，这些另类词语也是在都市生活中大行其道，成为生活用语的一部分。例如在日常生活中常听到朋友间调侃道：“你真是286。”这实际是说你脑子转得慢。

网民社群变体中也不乏富有想象力和幽默感的语言创造，其中一些具有独特表达价值和修辞价值的词语，表达了一般词语无法表达的独特感受，这些词语就获得了广泛传播的生命力，逐渐被人们所接受，从而丰富了汉语词汇系统。如《现代汉语词典》新收了“黑客、雷人、给力、宅男、宅女、跟帖、网虫、网瘾”等源自网络变体的词语，就是有力的明证。

近年来，有些学者对此感到忧虑，呼吁要规范网络语言。我们应该让网络语言在生存中自我调节，网络语言目前尚处于发展过程中，其语言形式正处于约定俗成的阶段；要人为规范它，不仅时机不成熟，而且很难操作。即使要规范，也要有弹性，是动态的，不应是僵死的规范。在宏观上，网络语言必然要受民族共同语的制约，我们不必为它的一些“出轨”形式大惊小怪，而应该积极关注，循序渐进地加以引导。

练习题

1. 你认为哪些词汇现象属于规范的对象？

2. 你认为存在“生造词”吗？“生造词”与“新词语”有何不同？

3. 你认为下列这段话是否有用词不规范现象？

这个打扮得很酷的富婆，是个歌星，有很多拥趸。她穿一件养眼的T恤，出现在烂尾楼盘。她在楼盘热炒时买了几个物业，想在价钱飙升时放出去，没想到楼市缩水，她的钱一下子蒸发了几百万。

4. 你认为词汇的规范有没有可行性？

5. 下面的对话有哪些网络用语？你认为应如何看待网络

词语？

甲：我来6。

乙：欢迎！MM！

甲：最近好吗？

乙：7456。

甲：?

乙：一恐龙对FXD大肆造谣中伤！

甲：污你呕像哪行！造块砖踢她。

乙：对！88。

甲：886。

第四章 语 法

第一节 语法概说

一、语法的含义

语法这个术语有两个含义：

一个含义是指语法规则，即通常所说的组词、构造短语、构造句子的规则，也就是词、短语、句子等语言单位的结构规律。

词的构造是有规则的。例如“开关”不能说成“关开”，“水泥”如果说成“泥水”那就成了另外一个词。

短语的构造也是有规则的。我们可以说“变化很突然”，但却不能说“变化很忽然”；可以说“喝牛奶”，但却不能说“喝油条”。

句子的构造当然也是有规则的。例如在“他把车子骑走了。”这句话里，每个词所占的位置以及它们排列的顺序都是一定的，不能随便调换，否则就不成话。比如：

他车子骑走了把。

他把骑走了车子。

把车子骑走了他。

车子把他骑走了。

了走骑子车把他。

实际上，语音的组合、语义的组合、语言的运用等都是有规则的。在现代语言学里，语法的含义就是语言的结构规律。

语法这一术语的另一个含义就是语法学，即以语法为研究对象的学科。

二、语法的构成

语法由词法和句法两个部分构成。

1. 词法的内容

词法的内容包括：

（1）构词法，词的构造规则，即语素和语素组合成词的规则。

（2）变词法，词语的转变规则，即词和词之间如何相互转变的规则。

（3）变形法，词形的变化规则，即词进入句子时应该如何变化形态的规则。

2. 句法的内容

句法的内容包括：

（1）词、短语和句子的组合规则，包括词和词构成短语、词和短语组合成句子、单句组合成复句的规则。

（2）词、短语和句子的聚合规则，包括词聚合的规则、短语聚合的规则和句子聚合的规则。

同语法的构成相对应，语法学也分为词法学和句法学两个部分。词法学以词法为研究内容，句法学以句法为研究内容。

三、语法体系

词法规则和句法规则结合起来构成语法体系。语法体系是客观存在的语法规则的系统。这是语法体系的一种含义。

词法学和句法学结合起来构成语法学的体系，也就是语法学说的系统。这是语法体系的第二种含义。

语法学说的体系是对语法规则体系的认识结果。语法学说的体系具有主观性。语法学说体系一般分为两大类型：教学语法和专家语法。教学语法是规范性的，主要用于教学。例如中学教学语法系统、大学《现代汉语》中的“语法”部分都是教学语法性质的。教学语法一般是统一的，规范性的。专家语法是研究性的，具有比较鲜明的个性。

语法的体系性首先表现在语法单位和语法成分上。

1. 语法单位

语法单位是语法结构的组成部分。语法单位共分四级，从小到大的顺序是：语素—词—短语—句子。

（1）语素。语素是最小的语言单位，也是最小的语法单位。

（2）词。词是能够自由运用的最小的语法单位，是最基本的语法单位。

（3）短语。短语是词与词通过句法规则临时组合而成的语言片段。短语也叫词组、句法结构。

（4）句子。句子是最大的语法单位，是表达的基本单位。

语素、词、短语是语言的备用单位，句子是语言的使用单位。

2. 语法成分和语法关系

语法成分是构成语法结构的成分。语法成分是根据它们在语法结构中的表达作用和结构功能来命名的。语法关系是语法成分组合起来形成的结构关系。语法成分和语法关系的情况有如下几个方面：

（1）主语、谓语和主谓关系。主语和谓语构成的结构体是主谓结构。在主谓结构中，主语是谓语陈述说明的对象，一般表示人或事物、处所或时间。谓语是对主语的陈述说明，一般表示动作行为变化、性质状态、数量状况。在汉语中，通常主语在前，谓语在后。例如：

天气变化/同学们赞成/成绩优秀/阳光灿烂

（2）述语和宾语。述语和宾语构成的结构体是述宾结构。在述宾结构中，述语在前，表示动作行为；宾语在后，表示动作行为关涉的对象（包括人和事物）。例如：

洗衣服/讲故事/觉得舒服/到达北京

（3）定语和中心语。定语和中心语构成的结构体是定中结构。在定中结构中，定语在前，是修饰限定性的成分，它从不同的方面（性质、状态、归属、时间、地点等）对中心语进行修饰限定；中心语在后，是指称性的成分（指称人、事物、处所、时间等）。例如：

三本书/聪明孩子/高速公路/我哥哥

（4）状语和中心语。状语和中心语构成的结构体是状中结构。在状中结构中，状语在前，是修饰限定性的成分，它从不同角度（状态、时间、处所、方式等）对中心语进行修饰；中心语在后，是陈述性的成分，一般表示动作行为变化、性质状态、数量状况等。例如：

认真学习/已经下课/非常激动/联合行动

（5）述语和补语。述语和补语构成的结构是述补结构。在述补结构中，述语在前，是陈述性的成分，表示动作行为变化、性质状态等；补语在后，是补充性的成分，它从不同角度（结果、状态、趋向、程度、时间、处所等）对述语进行补充说明。例如：

洗干净/吓得发抖/站起来/好得很

3. 语法手段

语法手段是把语法成分连接起来、表达各种语法意义的手段。语序和虚词是两种重要的语法手段。

语序是词语和成分在语法结构中所处的位置和排列的顺序。不同的语位和语序可以表达不同的语法意义，而且也是有规则的。例如：

张三诚实/诚实是美德/诚实的人

不怕困难/困难不怕/怕困难不/困难怕不/ * 不困难怕

虚词是辅助词语进行组合的词，也叫功能词。虚词的有无和不同都可以表达不同的意义。例如：

哥哥弟弟/哥哥和弟弟/哥哥的弟弟

练习题

1. 谈谈你对“语法”这个术语的理解。

2. 语法的规则性在语音、语义、组词造句等方面都有体现。请举出一些例子来。

3. 请举出构词、变词、变形的实例，并归纳其规则。

4. 指出下列词语语法单位的性质。

伶俐　预　蛇！　很好

5. 语法成分配对组合的情况如何？请简要说明。

第二节　现代汉语词类系统

一、词类概说

词语本身包含着多种因素，语音的，语义的，结构的，功能的等，所以词语可以根据不同的因素进行不同的分类。不过“词类”这个术语有特定的含义，指的是词语根据语法功能的分类系统。

为什么要划分词类呢？我们把词分成不同的类，然后观察哪些词类可以互相组合，哪些词类不能组合，这样，在观察的基础上我们就可以归纳出各类词的用法和词类之间的组合规则。从语言研究的角度来说，划分词类也是语法分析的基础和建立语法系统的基础。因为语法分析必须在划分词类的基础上进行，任何一个语法系统都是以词类系统为基础建立起来的。没有词类系统，任何语法系统都是难以想象的。

（一）划分词类的标准

如何划分汉语的词类系统？对于这个问题，语法学家曾经有过不同的看法。

传统语法学家主张采用“句子成分标准”来划分词类，也就是根据词在句子中充当什么成分来给词分类。例如，在句子中充当主语和宾语的是名词，充当定语的是形容词，充当谓语的是动词，充当状语的是副词，等等。

如果根据句子成分标准来划分词类，那么这种分类必须有一个前提，即句子成分同词类之间必须存在着一种一一对应的关系，即一种句子成分总是由一类词充当。比如，谓语总是由动词充当，定语总是由形容词充当，状语总是由副词来充当，等等。但是，汉语事实告诉我们：汉语的词类同句子成分之间并不存在着这种一一对应的关系。例如：

快刀	“快”作定语
快跑	“快”作状语
刀快	“快”作谓语
不怕快，就怕慢	“快”作宾语
磨快	“快”作补语
很快	“快”作中心语

从上面的例子可以看出，“快”这个形容词可以做各种句子成分。如果按照充当句子成分的情况来划分汉语的词类，那么“快”这个词就要被划分到形容词、副词、动词、名词等不同的词类中去，这显然是不合适的，也是不科学的。

汉语的一种词类不仅可以充当多种句子成分，而且汉语中还存在着另外一种情况，即一种句子成分可以由多种词类来充当。

例如：

水泥的房子

张教授的房子

崭新的房子

搬迁的房子

一间房子

高价房子

如果按照句子成分标准来划分词类，那么上面例子中的“水泥、张教授、崭新、搬迁、一间、高价”等就要划分到一个词类中去。这显然也是不合适的，当然也是不科学的。

有的语法学家主张依据意义标准，也就是根据词的意义来划分词类。以意义为标准来划分词类的第一个问题是不具有普遍性，即意义标准不是对所有的词都适用的。每种语言中都有一些没有词汇意义的词。例如汉语中的“的、了、着、呢”等。我们不能根据它们表示什么意义来对它们进行分类。第二个问题是，有的词虽然意义相同或相近，但是用法却不相同。例如，“红”和“红色”、“突然”和“忽然”、“战斗”和“战争”，等等。

有人主张根据词的形态来划分汉语的词类。所谓形态，简单地说就是词形的变化。例如英语中有这样三组词：

A. book cap　B. young short　C. ask finish

A 组的词有“数”的变化，可以附加上“-s”表示复数。B 组的词有“级”的变化，可以附加上“-er”“-est”表示比较级、最高级。C 组的词有“时”的变化，可以附加上“-ed”“-ing”表示过去时、进行时。根据这些词的形态的变化，我们可以把这三类词区别开来：A 类是名词，B 类是形容词，C 类是动词。

根据词的形态划分词类也有问题。首先，没有普遍性。在有形态变化的语言里，实词有形态变化，而虚词则没有形态变化，如英语中的“at、and”等。所以形态标准并不适用于虚词的分类。其次，退一步说，即使根据形态标准可以划分出词类，但是形态标准对汉语却不适用。因为汉语缺少形态变化。例如汉语的名词没有数的变化，“一顶帽子、三顶帽子”中的“帽子”都一样。汉语中的形容词也没有级的变化，“红、很红、最红”中的“红”也都一样。所以根据形态来给汉语的词分类是行不通的。

通过以上的讨论可以看出：句子成分标准、意义标准、形态标准都有一定的弊病，因而都不适宜作为划分词类的标准。

划分词类的标准应是词的语法功能，也就是词在语法结构中分布的总和。词的语法功能包括词与词的组合能力和充当语法成分的能力。词的语法功能具体表现为：①实词和实词之间的组合能力，包括哪些实词能够组合，用什么方式组合，组合后构成什么关系，表示什么语法意义等。②实词和虚词之间的组合能力。具体表现为哪些虚词可以和哪些实词进行组合，用什么方式组合，组合后构成什么关系，表示什么语法意义等。

作为划分词类的标准，词的语法功能首先具有普遍性。词和词的组合普遍存在于语言之中。实词和实词可以组合，实词和虚词也可以组合。其次，更重要的是，词的语法功能还具有区别性。有的词类能够充当语法成分，有的词类则不能够充当语法成分；有的词类之间可以相互组合，有的词类之间则不能相互组合。这些能与不能、可以与不可以的情况体现了各类词语法功能方面的特点，我们称之为语法特点。根据各类词的语法特点，我们就可以把词划分为不同的类别。

划分词类的标准只能是词的语法功能。

（二）现代汉语词类概况

根据词的语法功能，汉语的词类系统的划分概况如下几个方面。

在短语层面，根据能否充当句法成分，首先把词分为实词和虚词两大类。

实词根据能否充当中心语成分，分为核词和修饰词两大类。核词既可以作中心语，也可以作修饰语；修饰词一般不能作中心语，只能作修饰语。

在核词内部，根据能否受“不”的修饰，以及主要充当主、宾语还是主要充当谓语和述语，可以再分为两类：

（1）不能受“不”的修饰，主要充当主、宾语的核词是体词，其表达功能主要是指称。

（2）能受“不”的修饰，主要充当谓语、述语的核词是谓词，其表达功能主要是陈述。

体词内部可以进一步划分为名词和量词。谓词内部可以进一步划分为动词和形容词。

修饰词根据修饰的成分的不同，可以进一步划分为数词、区别词、副词、叹词、拟声词。

虚词根据其分布的状况分为三类：前置虚词、中置虚词、后置虚词。

（1）前置虚词附着在体词或体词性成分前面，这类虚词称为介词。

（2）中置虚词分布在词与词、短语与短语、句子与句子之间，这类虚词称为连词。

（3）后置虚词中，附着在结构成分之后，辅助结构成分组合的叫作助词。后置虚词中，附着在句子末尾，表示各种语气意义的叫作语气词。

代词是一个特殊的类。代词不是根据语法功能划分出来的词类，而是根据指代功能确定的类。代词内部根据代词所指代的词类的不同，可以分为指称性代词、陈述性代词、修饰性代词等不同的小类。

上述划分出来的词类是比较概括的大类。每类词还可以根据更具体的语法功能划分出更小的次类。词的次类的划分可以使词类规则进一步精密化。

二、现代汉语实词系统

（一）名词

名词表示人、事物，以及时间和空间。

1. 名词的语法特点

（1）不受“不”的修饰。

（2）能受数量成分的修饰。

（3）经常充当主语、宾语和定语。

（4）名词在一定条件下可以作谓语，构成名词谓语句。

（5）有生名词后面可以加上“—们”表示“群”的意义。

（6）能用“谁”“什么”提问，主要完成指称的任务。

2. 名词的小类

名词小类的划分主要是根据名词同数量成分的搭配情况，并参考名词的意义。

（1）普通名词。

个体名词：马　牛　汽车　火车　飞机　轮船

专有名词：李白　黄河　泰山　广州　论语

集合名词：人民　师生　马匹　物资　衣物

物质名词：水　土　油　面粉　布　药

抽象名词：道德　风气　观念　礼节　看头

（2）处所词。处所词的语法特点是：

a. 能放在“在、到”后面，表示现场或终点。

b. 可以作位移动词“来、去”的宾语。

c. 能用“什么地方”提问，能用“这儿、那儿”指代。

处所词大致分为两类：

表示特定地点的：亚洲、中国、北京、中山路、黄山、通县、古镇、芳村。

表示相对地点的：上头、下边、里头、前边、背后、当地、原处、门口、路口、街头、野外、乡下、民间、远处、近处。

处所词不受“不”的修饰，这体现了它的体词性；不过处所词基本上不受数量成分修饰，和普通名词又有区别，所以把它作为名词中的特殊的小类。

（3）时间词。时间词的语法特点是：

a. 可以放在介词“在、到”后面，构成表示时间的介词结构。

b. 可以用“什么时候”提问。

c. 可以作“等到”的宾语。

时间词表示时点，也就是时间轴上的时间坐标。例如：

汉代、唐朝、前年、明年、春季、冬季、立春、冬至、元月、十月、上旬、下旬、一号、十号、周一、周日、早晨、晚上、八点、零点、昨天、过去、现在、未来。

时间词表示时间，但是与时间概念有关的词语并不都是时间词。表示时段的数量词组不是时间词，如“三天半、一年”等。“刚刚、曾经、已经”是时间副词。“时候、时间、时代、时刻”等是名词，也不是时间词。

时间词可以和介词“在、到”构成表示时间的介词短语，经常在句子中作状语；也可以单独作状语。例如：

事情在秋天发生。/我现在就去。/他明天回来。

（4）方位词。方位词的语法特点是：

a. 可以放在介词“朝、向、往”的后面，构成表示方向的介词结构。

b. 可以放在名词等其他词语后面构成方位短语。

方位词大致分为两类：单纯方位词和合成方位词。

单纯方位词：上、下、前、后、左、右、里、外、中、内、东、西、南、北。

合成方位词：以前、以后、以上、以下、以内、以外、以东、以西、之前、之后、之上、之下、之中、之内、之间、东北、西南、前后、左右、上下。

单纯方位词可以放在“朝/向/往”的后面，构成表示方向的介词短语。例如：往前（走）、向右（转）。也可以放在名词等其他词语后面构成表示位置的方位短语。例如：

桌子上、屋檐下、脑海里、血液中、北京西、广州东。

合成方位词一般放在名词等其他词语后面构成表示位置的方位短语。例如：

教学楼之前、长江以南、城市之中、县城西北。

方位短语除了表示方向、位置之外，还可以表示时间和范围。例如：

开会前、下课后、十八岁以下、二十人左右。

由“上、中、下”构成的方位短语还可以表示范围、过程、情状、条件等。例如：

学习上、生活上、学术上、经济上、在这个问题上。

大学生中、求职人员中、学习中、比赛中、发展中、困难中、危急中。

这种情况下、巨大的压力下、在老师的教导下、在大家的帮助下、在群众的要求下。

（二）量词

量词是表示人和事物、动作行为的计量单位的词类。

1. 量词的语法特点

（1）量词一般不单独使用，而是先同数词组合为数量短语，然后充当定语、状语，一定条件下还可以作谓语。例如：

一个人、三拳打死镇关西、来回一共三天。

（2）单音节量词可以重叠，重叠后表示如下几种语法意义：

a. 表示“每一”意义。例如：条条大路通罗马、天天都是好心情。

b. 表示“多”的意义。例如：阵阵春风、繁星点点、浪花朵朵。

c. 表示“逐一”意义。例如：步步高升、代代相传。

2. 量词的分类

根据量词的语法功能和语义特点，量词可以分为物量词、动量词、复合量词三类。

（1）物量词。物量词表示人和事物的单位。根据同名词的搭配情况，物量词可分如下几个小类。

a. 个体量词。表示个体事物的单位。例如：个、位、件、本、间、把、条、根、张、棵、匹、只、枝、辆、篇。个体量词一般同个体名词和专有名词搭配。

b. 集合量词。表示成组或成群事物的单位。例如：双、对、副、套、批、窝、群、帮、伙、班、丛。集合量词经常同集合名词搭配，也可以同个体名词搭配。

c. 度量衡量词。表示度量衡单位。例如：尺、寸、丈、米、斤、两、升、吨、亩、顷、元、角、分、秒、刻。其中又有公制和市制的区别。度量衡量词经常同物质名词搭配。

d. 种类量词。表示成类的事物的单位。例如：一种观点、一类现象。种类量词经常同抽象名词搭配，也可以同个体名词搭配。

e. 不定量词。表示不确定的单位。例如：一点儿、一些、一部分。

f. 借用量词。借用名词、动词为量词。例如：一瓶水、一汽车货物、两箱子衣服、一桌子菜、一挑水、一捆柴。借用量词可以生动地描写事物。例如：一钩新月、一丝微笑、一线希望、一串笑声、一江春水、一抹红霞、一缕情思。

（2）动量词。动量词表示动作行为的单位。动量词分为两个小类。

a. 专用动量词。例如：下、次、回、顿、场、遍、趟、阵。

b. 借用动量词。借用名词、动词表示动作行为的单位。有的动量词借自名词。例如：放一枪、看一眼、打一拳、砍一刀、踢一脚。有的借自动词。例如：走一走、看一看、歇一歇、揉一揉、摸一摸。

（3）复合量词。复合量词表示复合性的单位。复合量词可以由两个物量词复合而成，也可以由物量词和动量词复合而成。例如：吨公里、吨海里（运输量）、秒立方米（流量）、人次、架次、台次、辆次。复合量词组合成的数量短语一般不用在名词的前面作修饰语，而是放在后面作谓语。

（三）数词

数词表示数目和次序的词类。

1. 数词的语法特点

数词自身的语法功能比较弱。在表示计算时可以作主语、宾语。例如：三加五等于八、十二减七等于五。在大部分情况下，数词要同量词组合成数量短语后才能充当句法成分。数量短语的语法功能主要是作定语、宾语，也可以作谓语。例如：三位老师、买了一件、一斤大米九毛五。

2. 数词的分类

根据数词的语法功能和语义特点，数词可以分为基数词和序数词两大类。

（1）基数词。基数词表示数目的多少。例如：一、二、三、九、十、百、千、万、亿。根据数词组合的情况和在表示数目中的作用，基数词又可以分为位数词和系数词。

位数词有“十、百、千、万、亿”，是计算数目的单位。系数词有“一、二、两、三、四、五、六、七、八、九、十”，是具体的数目。“十”兼属位数词和系数词。

系数词和位数词组合起来，就构成了表示数目的数词短语。基本的数词短语有两种：一种是系位结构，由系数词放在位数词前面构成偏正关系，二者之间是相乘的关系，例如：二十 $=2\times10$，三百 $=3\times100$；一种是位系结构，由系数词放在位数词后面构成联合关系，二者之间是相加的关系。例如：十八 $=10+8$。

系数词单独表示数目的时候是单纯基数词，系位结构和位系结构都是复合基数词。系位结构和位系结构组合起来可以构成更复杂的复合基数词。

基数词表示的数目都是整数。基数词同一定的成分组合起来，可以表示倍数、分数、概数等各种数目。

a. 倍数。倍数表示数目之间的相乘关系。倍数的表示法是“基数词＋倍”，例如“三倍、一百倍”等。倍数一般用于数量的增加，不用于数量的减少。

b. 分数。分数表示数目之间的比例关系。分数是非整数数目。分数的表示法是“×分之×”。例如“三分之二、十分之七、百分之九”等。日常语言中的“×成”、“××开”也是分数。

c. 概数。概数表示非精确数目。常见的概数表示法有如下几种：①数词或数量短语后面加上“来、多、把、左右、上下、以上、以下”。例如：十来斤米、二十多里路、百把条枪、三十米左右、五十岁上下、十八岁以上、二十岁以下。②相邻或相近的两个数词连用。例如：二三里路、三五斤、八九个、十五六岁、三四十斤、一二百人。③用“几、多少”表示。例如：几个、几百斤、多少个日日夜夜。④数量短语前面加上“大约、大概、将近”等表示估测的词语。例如：大约五十岁、大概二十里路、将近一千人。

（2）序数词。序数词表示次序的先后。一般在基数词前面加上表示次序的标记“第、初”构成。例如：第一、第九、初三、初十。序数词有时候也可以不用“第、初”。例如：

表示“月、日”的次序：一月、二月……十二月/一号、二号……三十一号。

表示等级、号码等：一等品、三等公民、二级运动员、八级工人、行政十三级、十五号运动员、六号码头、人民路一号。

表示学校、工厂等：五小、六中、七职高、自来水三厂、八路公共汽车、地铁三号线、四幢、六层。

（四）动词

动词表示动作行为、心理活动、存在变化、联系归属等。

1. 动词的语法特点

（1）能受“不”的修饰，经常作谓语或谓语中心，多数能带宾语。

（2）动词受副词修饰，但不受程度副词“很”等的修饰（心理动词除外）。

（3）动词可以后附上“着、了、过”等动态助词，表示不同的动态。

（4）部分动作行为动词可以重叠，表示少量、短暂或尝试的语法意义。

2. 动词的小类

动词小类的划分是根据语法功能和语义特点来确定的。

（1）动作行为动词。动作动词表示动作行为。例如：走、吃、打、哭、保卫、学习、服务、批评。

（2）心理动词。心理动词表示心理活动。例如：想、爱、恨、喜欢、羡慕、害怕、尊敬、感谢。

（3）存现动词。存现动词表示人和事物在空间上的存在、出现、变化、消失。例如：在、存在、有、出现、发生、呈现、生长、死、消失。

（4）使令动词。使令动词表示祈使、命令、要求等意义。例如：使、让、请、请求、劝、选派、派遣、制止、催、动员、命令。

（5）系属动词。系属动词表示判断、联系。例如：是、系、像、如、似、姓、叫、为、成为、等于、属、属于。

（6）双宾动词。双宾动词表示给予或索取，可以分为三个小类。

给予类双宾动词：给、送、赠、卖、赔、输、付、奖励、授予、问、教、告诉、通知。

索取类双宾动词：拿、抢、骗、买、偷、借、赚、赢、罚、收。

称说类双宾动词：叫、喊、骂、称、命名。

双宾动词可以带两个宾语，但并不总是带两个宾语。

（7）能愿动词，又叫助动词。能愿动词表示可能、能力、意愿、责任或必要等意义。

表示可能或能力：能、能够、会、可能、可以、配。

表示意愿：愿、愿意、肯、想、敢、要、值得。

表示责任或必要：应、该、应该、应当。

能愿动词在句法结构中经常作状语。

（8）趋向动词。趋向动词表示动作行为的趋势方向或动态。

主观趋向动词：来、去。

客观趋向动词：上、下、进、出、回、开、过、起。

复合趋向动词：上来、下去、进来、出去、回来、开去、过来、起来。

趋向动词在句法结构中经常作补语。

（9）形式动词。形式动词构成述宾结构时，只是占据述语的位置，而真正发出的动作行为则是宾语所表示的，所以被称为形式动词。例如：进行斗争、加以惩罚、给以打击、予以奖励。

（五）形容词

形容词表示人和事物的性质、状态。

1. 形容词的语法特点

（1）能受“不”“很”的修饰。

（2）经常作定语、状语、补语，也作谓语或谓语中心语。

（3）一般不带宾语。

（4）部分形容词可以重叠，表示不同的语法意义。

2. 形容词的小类

形容词小类的划分是根据语法功能和语义特点来确定的。

（1）性质形容词。性质形容词表示人和事物的性质，能受“很”的修饰，能够带补语。例如：好、坏、高、低、胖、瘦、高尚、英明、美丽、辽阔、善良、繁华、安定。

（2）状态形容词。状态形容词表示事物的状态，一般不能受“很”的修饰，也不能带补语。例如：雪白、通红、巨大、酷热、灰白、优良、绿油油、热乎乎、滔滔、婆娑、黑不溜秋、傻里呱叽。

（六）区别词

区别词表示人和事物的属性，具有区别事物、分类的作用。

1. 区别词的语法特点

（1）区别词只能充当定语，修饰名词。

（2）可以同结构助词“的”构成“的”字结构。

（3）不受“不”修饰，可以受“非”修饰。

区别词不受数量短语的修饰，这是它和名词的主要区别。

区别词不能受“很”的修饰，这是它和形容词的主要区别。

区别词不能修饰谓词，这是它和副词的主要区别。

2. 区别词的小类

区别词在音节上有单音和双音的区别。单音节区别词不多，例如：雌、雄、公、母、正、副、准（～媳妇）。双音节区别词的数量比较大，例如：彩色、袖珍、野生、法定、国产、外来、大型、重型、微型、慢性、急性、良性、上等、中等、高等、初级、新式、西式、双边、额外、公共。

区别词也可以根据词的意义分为不同的小类。例如：

表性状：彩色、黑白、精装、简装、男式、女式、中式、西式、洋式、美式、法式、新式、老式、新型、巨型、微型、袖珍、稀有、潜在、恶性、良性、急性、慢性、中性。

表规格等级：正、副、大型、中型、小型、上等、中等、高等、低等、优等、劣等、高档、低档、超级、特级、中级、初级、远程、中程、高额、小额、首要、次要、高速。

表产用：野生、亲生、孪生、独生、人造、国产、家用、民用、农用、军用、万能、无人、数控、程控。

表体制：国营、私营、民办、国立、公立、私立、双边、多边。

（七）副词

副词表示程度、范围、时间、频率、语气、否定等意义。

1. 副词的语法特点

（1）副词只能修饰谓词等陈述性成分，作状语。表示范围、时间的副词还可以修饰数量短语或数量名短语。

（2）副词大部分不能单独回答问题，不能单说，只有一些表示肯定否定、时间、语气的副词（如“不、没有、的确、马上、刚刚、刚好、何必、当然”等）可以单说。

（3）部分副词具有关联作用，可以用来联结动词、形容词性成分。

2. 副词的小类

根据副词的语法功能和表义特点，副词可以分为如下小类。

（1）程度副词：极、最、极其、顶。/很、十分、非常、格外、分外、挺、相当、过于、尤其、太。/有点儿、还。/稍、稍微、略微、更、更加、越发。

(2) 范围副词：都、全。/共、总共、一共、统共。/统统、一起、一齐、一道、一概、一律。/只、单、就、光、才、仅、仅仅。

(3) 时态副词：已、已经、早已、早就、曾、曾经、刚、刚刚、才。/正、在、正在、还、还在。/将、将要、即将、快要、就、就要、马上、立刻、立即、顿时、就。

(4) 频次副词：偶尔。/常常、经常、时常、不断、往往、再三、向来、一向、一再、一连、屡次、每每、从来、始终、总、总是、永远。/渐渐、逐渐、冉冉、徐徐、缓缓。/又、还、再、也、重新、仍然、依然、还是。

(5) 态式副词：忽然、猛然、公然、陡然。/连忙、赶紧、悄悄、暗暗。/特意、肆意、大肆、亲自、竭力、大力。/互相、相互、共同、单独。

(6) 确定否定副词：一定、必定、必、必须、必然、准、的确。/不、没有、没、未、未必、别、勿、莫、不必、不用、甭。

(7) 语气副词：岂、难道、何必、何尝。/到底、究竟。/也许、大概、大约。/却、可、偏偏、竟、竟然、居然、倒。/简直、反正、索性、幸亏、幸而、千万、万万、终于、果然、当然、明明、恰恰、未免、只好。

(8) 处所时间副词：四处、处处、随处、随地、随时、时时。

(八) 代词

代词能够替代其他实词性词语，还具有指示、区别功能。根据替代作用和替代状况，代词可以分为人称代词、指示代词、疑问代词三类，如4－1所示。

表 4－1

		疑问代词
人称代词	我 咱 你 您 他 她 它 我们 咱们 你们 他们 它们 自己 自个儿 人家 别人 大家 大伙儿	谁 什么
指示代词	这 那 这儿（里） 那儿（里） 这会儿 那会儿 每 各 某 另 别 本 凡 该 任何 有的	哪 哪儿（里） 多会儿
	这么 那么 这样 那样 这么样 那么样	怎么 怎样 怎么样 为什么

1. 人称代词

人称代词按人称可以分为第一人称（说话人）、第二人称（听话人）、第三人称（说话人和听话人之外的人），此外还有其他代词。在人称代词的用法中，要注意区别以下两组代词的用法。

（1）“咱们”与“我们”。“咱们”一定要包括听话人，这种用法叫包括式。“我们”有时不包括听话人，这种用法叫排除式；“我们”有时也包括听话人。例如：

你们是山西人，我们（排除式）是东北人，咱们（包括式）都是北方人。

让我们（包括式）齐心协力，建设好自己的国家。

（2）“别人”与“人家”。“别人”与“人家”都指某个人以外的人，这时“别人”与“人家”可以互换使用。例如：

别人（人家）越夸，他越说得起劲儿。

二者的不同之处是：“别人”重在排除于某人（我、你、他及其多数）之外，“人家”的指代具有不定性，是相对性的，可以他指（第三人称），也可以自指。例如：

我没什么，别人怎么样？（排除“我”）

你的意见我不管，别人怎么说？（排除“你”）

他怎么说我不管，别人怎么说？（排除“他”）

以上是“别人”表示排除用法的例子。

再看“人家”指称的例子：

我想同意，可人家不同意。（他指）

人家不想去，你非叫人家去。（自指）

人称代词有时指代不确定的人，这种用法叫虚指。例如：

大家你一言，我一语，说个不停。

2. 指示代词

指示代词可以指代人和事物、处所、时间。“这”是近指，“那”是远指，它们指代的范围都比较大，而且也有虚指用法。例如：

这也不行，那也不行，你说怎么办？

咱老百姓不图这，不图那，就图个平平安安。

3. 疑问代词

疑问代词表示疑问。疑问代词的用法要注意以下几点。

(1)“谁”和“什么。”“谁”主要代替人，现在也有代替事物的用法。例如：

学习成绩和思想品德是两码事儿，谁也代替不了谁。

“什么”主要问事物，也可以问性质和动作行为。例如：

你吃什么？——我吃面条。

你想什么？——我想回家。

这是什么味儿？——臭味儿！

（2）“怎么”和“怎么样”。“怎么”与“怎么样”都可以作状语。“怎么”在状语位置上有两种用法。一种是问方式，另一种是问原因。例如：

你怎么回答？/这个字怎么写？——问方式

怎么多了两本？/你怎么不说话？——问原因。

“怎么样”在状语位置上总是问方式的，没有问原因的用法。例如：

怎么样才能把效率提上去？/怎么样想个办法解决问题？

（3）疑问代词的非疑问用法。

a. 疑问代词的任指用法。疑问代词在表示任指时有两种情况：一种是周遍性任指，强调所说的没有例外，全部如此。疑问代词在表示周遍性任指时，句子里常常有“也、都”之类的副词。例如：

这个人谁也不怕。/我们这个地方什么都有。/哪儿我也不想去。

怎么说他也不听。/这个毛病怎么也改不掉。/她多会儿也不闲着。

第二种是呼应性任指。在呼应性任指用法中，同一个代词前后配合着使用，后一个代词的所指对象随着前一个而改变。例如：

谁愿意去谁去。/你爱唱什么唱什么。/怎么想就怎么说。/哪儿困难到哪儿去。

b. 疑问代词的虚指用法。疑问代词可以用来指称不确定的对象。例如：

他做起什么来不慌不忙，有条有理。/小王说他饿得慌，要先吃点什么。/我记得谁跟我说过来着。

c. 疑问代词表示列举概括的用法。疑问代词还可以表示列举概括。例如：

这小孩儿喜欢下棋、绘画什么的。/什么花儿啊、草啊，种了一院子。/这个人总是说自己的孩子怎样怎样聪明。

（九）叹词

叹词表示感叹、呼唤、应答，同时也表示一定的感情或情绪。例如：

啊、唉、哼、呸、咦、嘻、哦、喂、嗨、嗯、哎、噢、哎呀、哎哟

叹词最常见的语法功能是做独立成分，用于句首或句子中间；或者形成叹词句。例如：

哼，你这个坏东西！/哎，你别走哇。/啊！这不是大伟吗？/哦！原来是你呀！

叹词也可以作谓语、状语、定语等句子成分。例如：

他轻轻地哼了一声。/对方“喂”了好几声，他就是不吭气儿。/大家都哈哈地笑了起来。/他哎哟哎哟地叫了起来。/哈哈的笑声。/“喂、喂”的呼叫声。

一般来说，表示欢乐、得意、赞美等情绪，常常用叹词“啊、呵、嘻、嘿、嗨”；

表示悲痛、惋惜、忧愁、懊悔等情绪，常常用叹词“唉、咳”；

表示惊讶、害怕等情绪，常常用叹词“咦、呀、哟、哎呀”；

表示愤怒、鄙视等情绪，常常用叹词“哼、呸、啐”；

表示醒悟，常常用叹词“哦、噢”。

（十）拟声词

拟声词用来摹拟自然界的声音，又叫象声词。例如：

啪、砰、哗、叭、咚、咣、轰隆、丁当、哗啦、汪汪、咩

咩、喵喵、哞哞、叽叽喳喳、劈里啪啦、叽里咕噜。

拟声词具有如下语法特征。

（1）拟声词可以重叠，重叠后表示多或连续的语法意义。例如：

哗→哗哗、砰→砰砰、轰隆→轰隆隆→轰隆轰隆、丁当→丁当丁当→丁丁当当。

（2）拟声词主要作状语和定语，还可以作谓语和补语。例如：

春雨刷刷地下着。/河水哗哗地流着。/小猫喵喵地叫着。/轰隆隆的雷声/叽叽喳喳的鸟叫声/咣当咣当的火车声/炮声隆隆，战旗猎猎。/开花时节，那蜜蜂满野嘤嘤嗡嗡，忙得忘记早晚。/打得敌人稀里哗啦/他睡得呼呼的。

（3）拟声词可以充当独立语，也可以单独成句。例如：

咣当，门被踢开了。/汪，汪汪！大黄狗朝匪徒们咆哮着。/刷！一道闪电，嘎喳！一声炸雷，群山都颤抖了。

三、现代汉语虚词系统

虚词没有词汇意义，只有语法功能，所以也叫功能词。虚词具有黏着性、定位性、封闭性。

（一）介词

介词不能单独充当句子成分。介词的作用是把体词性成分引介进入句法结构，同时标记引介成分的语义性质。介词经常跟名词性成分组合成介词短语，表示时间、处所、对象、方式、目的、范围等意义。

根据介词引介的成分的语义特点和表示的意义，介词可以分为如下几个小类：

（1）时空介词。时空介词用来引介处所成分和时间成分，构成表示处所、方向的介词短语。例如：

在、当着、于、从、自、自从、由、打、朝、往、向、沿、沿着、顺着、随着、趁、趁着。

(2) 对象介词。引介表示人或事物的词语，构成表示对象的介词短语。例如：

把、将、对、被、给、叫、让、由、归、对于、关于、至于、就、和、跟、同、与、给、替、为、帮。

(3) 依据方式介词。引介表示根据、方式等意义的词语，构成表示依据、方式的介词短语。例如：

按、照、按照、依、依照、据、依据、本着、经、经过、通过、凭、用、拿。

(4) 原因、目的介词。引介表示事情、事件、状况等意义的词语，构成表示原因、目的的介词短语。例如：

因、因为、由于、为、为了、为着。

(5) 比较排除介词。引介比较、排除的对象。例如：

比、除、除了。

(二) 连词

连词用来连接词、短语、句子，表示各种语法或逻辑语义关系。根据连接的成分的性质和表示的语法、逻辑关系，连词可以分为两小类。

(1) 词语连词。词语连词用来连接词和短语。例如：

和、跟、同、以及、或、而、并。

(2) 分句连词。分句连词用来连接构成复句的分句。分句连词又分为联合关系连词和偏正关系的连词。例如：

虽然、但是、不但、而且、因为、所以、即使、与其、如果。

使用连词时要注意以下两点。

(1) 在同一小类连词中，它们的连接功能还是有区别的。例如在词语连词中，“和、跟、同、与”一般连接名词性成分，

“而”连接形容词性成分，“并”连接动词性成分。

（2）同一个连词可以表示多种语法逻辑关系。例如“而”这个连词，可以表示并列关系，例如“勤劳而勇敢”，也可以表示递进关系，例如“取而代之”，还可以表示转折关系，例如“西瓜大而不甜”，还可以表示目的关系，例如“为四化而奋斗”。

（三）助词

助词的功能是附着在实词、短语上面，表示一定的语法意义。

根据助词附着的成分和表示的语法意义，助词可以分为如下几个小类。

1. 结构助词

结构助词的功能是附着在附加成分上面，把附加成分和中心成分连接起来构成一定的句法结构，同时表示二者之间的结构关系。现代汉语中的结构助词有三个：的、地、得。其中“的”附着在定语后面，把定语和中心语连接起来，构成定中短语，同时表示偏正关系。“地”附着在状语后面，把状语和中心语连接起来，构成状中短语，同时表示偏正关系。“得”附着在述语后面，把述语和补语连接起来，构成述补短语，同时表示补充关系。

结构助词“的”还能附着在其他词语后面构成“的”字短语，用来指称人和事物。例如：

我的、吃的、红的、买菜的、扫马路的。

2. 动态助词

动态助词的用法是附着在谓词后面表示动态。动态是动作行为、性质状态在变化过程中处于哪一点或者哪一段时的状况。动态助词有“着、了、过”。

“着”用在动词、形容词后面，表示进行状态、持续状态和存在状态。例如：

他们一边走着，一边聊着。/寝室的门开着，灯也亮着。/墙上挂着一幅地图。

“了”用在动词、形容词后面，表示完成状态。例如：

小兰很快完成了作业。/小明家来了一位客人。/这名歌手红了一阵儿就没消息了。

“过”的用法有两种。一种是用在动词、形容词后面，表示完成状态。这种用法的“过”读去声，表示的语法意义同“了”相同。例如：

这本书我看过了。/我吃过就走。

另一种用法是用在动词、形容词后面，表示经历状态。这种用法的“过”读轻声。例如：

他曾经去过北京。/这个地方前几年曾经热闹过一阵儿。

3. 比况助词

比况助词的用法是附着在名词、动词、形容词性词语的后面，构成比况短语，表示比喻或状况。常见的比况助词有：一样、(一) 般、似的。例如：

苹果似的脸蛋/钢铁般的意志/暴风雨般的掌声/杀猪一样叫了起来

4. 其他助词

“所”是文言中沿用下来的一个助词，它的主要用法是：

(1) 附着在及物动词前面，构成“所”字短语，用于指称或修饰。例如：

所见（看到的人和事）/所闻（听到的事情）/各尽所能（能尽的力量）/各取所需（需要的东西）/所付出的心血/所得到的报酬/我所知道的情况

(2) 同“被、为”配合使用，构成“被/为……所”格式，表示被动。例如：

我们不要被他的花言巧语所欺骗。/人们深深地为他的高尚品质所感动。

“给”是个表示加强语气的助词。“给”的用法是：附加在动词或动词性短语前面，对全句的语气给以加强。这种用法有较强的口语色彩。例如：

他把杯子给打碎了。/那个坏蛋被民警给抓走了。/衣服让小玲都给洗了。

“连”是个表示强调的助词，“连”的用法是：附加在某些句子成分的前面，对该成分强调，一般同“也、都”配合使用。例如：

连这道题你都做不出来。/这道题连我也做不出来。/这道题我连见也没见过。/这些题我连一道都做不出来。

“连”所附着的成分都是句子信息的焦点。

（四）语气词

语气词是用来表示说话人的语气和态度。语气词一般用在句子的末尾，也可以用在句子中间的停顿位置。

1. 语气词出现在句末

语气词出现在句末时，根据表示的语气和语法意义，可以分为如下四类。

（1）陈述语气词。常见的陈述语气词有：了、呢、的、来着、罢了、啦、喽、呗。

“了”表示事态中的实现态和即现态。例如：

下雨了。/天晴了。/开会了。/马上就要放假了。/大家注意了！

“呢”表示事态在进行或持续，常跟动态助词“着”配合使用。例如：

外面下雨呢。/这件事闹了一个多月呢。/我们正商量着呢，你就来了。/他还在床上躺着呢。

“的”用在句子的末尾，表示确实、肯定的语气。例如：

你这样做是对的。/见义勇为是应该的。

“来着”用在句子的末尾，表示提醒的语气。例如：

刚才下雨来着。/四年前刚来广州的时候，你说什么来着？

“啊”用在陈述句的末尾时，常常表示提醒的语气。例如：

上了岁数的人可不能吃那么多糖啊。/这几天你可要小心啊。

“喽”也表示提醒，同时带有催促的意味。例如：

开船喽！/上课喽。/晚会快开始喽。

“呢、罢了”表示的语气有相对性，“呢”是把事情往大处说，表示夸张语气；“罢了”则是把事情往小处说，有不值一提的意思。例如：

他会开飞机呢！/味道好得很呢！/这药灵得很呢，敷上就不疼了。

五百块钱呢，不是闹着玩的。/五百块钱罢了，有什么了不起的。

“呗”表示本该如此的确认语气，或表示让步的语气。例如：

甲：听说林老板的公子被绑架了。乙：钱惹的祸呗！

来了就进屋坐呗，还站着干什么？/想说你就说呗。/你说行那就行呗。

（2）疑问语气词。常见的疑问语气词有四个：吗、吧、呢、啊。

“吗、吧”用于是非问句，其中“吗”表示纯粹疑问，有时也要求听话人证实一下自己的看法。例如：

你会英语吗？/你不冷吗？

用“吧”提问时，一般是问话人有自己的看法，要求听话人证实一下，有估测的意味。例如：

你会英语吧？/生活上还习惯吧？

"呢"用于特指问、选择问、反复问。"呢"字疑问句中问的问题比较具体，一般要回答具体的内容，不能回答"是"或"不是"。例如：

我的钢笔呢？/你后来怎么样了呢？/我们什么时候去呢？/你今天去，还是明天去呢？/你去不去呢？

"啊"分布最广，可以出现在各种疑问句末，并且有"呀、哇、哪"等变体。

"啊"用在是非问句末尾时，一般表示说话人为了验证某些情况。例如：

屋里只有你一个人啊？/你不吃啊？/你想跟我们一起去啊？

"啊"用在特指问句、选择问句、反复问句末尾时，语气比较随便、和缓。例如：

谁啊？/你骑车还是走路啊？/你去不去啊？

（3）祈使语气词。常见的祈使语气词有：啊（包括"呀、哇、哪"等各种变体）、吧。它们主要表达不同强弱的祈使语气。例如：

快走！/快走哇！/快走吧！

（4）感叹语气词。常用的感叹语气词是"啊"（包括"呀、哇、哪"）等变体。例如：

大家是真的喜欢你呀！/你说的真好哇！/我的天哪！

2. 语气词出现在句中

语气词还可以出现在句中。语气词出现在句中的情况有以下几种。

（1）用于并列成分后，表示停顿和列举。例如：

这里的山啊，水啊，树啊，草啊，都那么可爱。/语文哪，数学呀，外语呀，我都喜欢。

（2）用于句子开头的某些成分之后。

"啊""嘛"的作用一般是引起对前面词语的某种注意。

例如：

提起这个人啊，可是大大有名。/他啊，从小就是这个怪脾气。/这个人嘛，我倒是见过。/这件事嘛，我还了解一些情况。

“吧”有表示举例的意思。例如：

譬如我吧，就没有留过级。/就拿发球来说吧，也有许多讲究。

(3) 用在假设分句之后，有缓和语气的作用。这种用法的语气词主要是“啊、呢、吧”。例如：

早知道这样啊，我就不去了。/这事儿实在不行呢，也只好算了。/不去吧，怕老板骂我；去吧，实在是没把握。

练习题

1. 划分词类的标准是什么？为什么？

2. 为什么不能根据词充当句子成分的状况来划分词类？

3. 西方某些语法理论认为可以根据形态划分词类。说说你的看法。

4. 方位词“上、中、下”都有一些引申用法，请你举例说明。

5. 量词的重叠可以表示几种语法意义？请举例说明。

6. 有人说“个”是万能量词。这种说法对吗？

7. 性质形容词和状态形容词的主要区别有哪些？

8. 以前有人把区别词叫作“非谓形容词”，这种说法有什么问题吗？

9. 程度副词“最”和“更”有哪些区别？

10. 范围副词“都”和“一共”有哪些不同？

11. “也、又、再”都可以表示重复，但又有区别。请分析一下。

12. 说说使用副词“互相”的条件。

13. “竟然、居然”表达什么语法意义？使用时有什么条件？

14. “别人”与“人家”的称代情况的异同如何？请举例说明。

15. 疑问代词有非疑问用法。你能举例说明吗？

16. 时空介词引进的时空成分是有区别的，试分析之。

17. 对象介词引进的对象成分是有区别的，试分析之。

18. 连词“而”可以表示多种语法逻辑关系，请举例说明。

19. 动态助词“着”可以表达几种语法意义？试举例说明。

20. “吗、吧、呢、啊”都可以表示疑问。请分析它们之间的区别。

21. 请确定下列各组词的词性。

热爱—热情—热量　亲热—亲自—亲情　突然—猛然—天然
人造—人为—人气　感动—激动—自动　主要—重要—枢要
妄图—意图—蓝图　伤心—担心—恶心　果断—判断—决断
万能—万象—万一　冷静—冷却—冷凝　紧张—紧缩—紧凑

第三节　现代汉语短语系统

一、短语概说

短语也叫词组，是词和词按照一定的句法规则组合起来的、没有语气和语调的语言片段，是静态的、过渡性的语法单位。

短语由两个或两个以上的词临时组合而成的。短语的构成主要有两种方式：一种方式是实词和实词按照它们的语法功能和一定的语序组合起来。例如：认真听课、听课认真、态度端正、端正态度。另一种方式是实词借助于虚词的帮助组合起来，或者实词和虚词组合起来。例如：我的书、老师和同学、关于这个问题、孩子似的。

一个短语，作为一个整体同其他的成分组合的时候，体现出它的语法功能，这叫作短语的外部整体功能。名词性短语、动词性短语、形容词性短语等都是根据短语的外部语法功能分出的类别。当我们观察短语内部的时候，可以看到构成短语的词语是按照一定的语法关系组合起来的，这叫作短语的内部结构关系。偏正短语、联合短语、述宾短语等都是根据短语的内部结构关系分出的类别。当我们着眼于短语的内部结构的时候，也把短语称为“句法结构”，例如偏正结构、联合结构、述宾结构等。

短语至少由两个词构成，也可以由更多的词构成，所以短语可长可短，可以很简单，也可以很复杂。例如“买书”是一个简单短语，“买广东高等教育出版社出版的新书”就是一个复杂短语。

词构成短语的语法手段有语序、虚词、词类、语法关系等。语序是词语排列的前后顺序。词语相同，语序不同，构成的短语不同。例如“红花（定中）/花红（主谓）”。词语相同，虚词不同，构成的短语也不同。例如“周密的调查（定中）/周密地调查（状中）”。语序相同，词类不同，构成短语不同。例如“太阳红（主谓）/非常红（状中）”。语序相同，词类相同，语法关系不同，构成的短语也不同。例如“炒鸡蛋”，按定中关系组合起来构成的是名词性短语，按述宾关系组合起来构成的是动词性短语。

短语可以自己形成句子，也可以充当一定的句子成分。例如：

勤奋出人才。

大家都知道勤奋出人才，可是真正勤奋的人却不多。

二、短语的结构类型

根据短语的结构成分和内部结构关系，短语可以分为如下几种基本类别。

（一）偏正短语

偏正短语由修饰语和中心语两个部分构成。修饰语在前，中心语在后。结构助词“的、地”是偏正关系的标志。根据修饰语、中心语的情况和整个短语的功能，偏正短语还可以再分为定中短语和状中短语两类。

1. 定中短语

定中短语是名词性短语。定中短语由定语和中心语两部分组成。定语可以由多种词类和短语充当，可以从不同的角度对中心语进行修饰，中心语一般由名词性成分充当。定语同中心语之间的语义关系是多种多样的。结构助词“的”是定语和定中关系的标志。例如：

他哥哥/广东人/中国领土/塑料拖鞋/前天的事/东北的气候/买的书/攻击路线

漂亮姑娘/高超的技能/碧绿的湖水/大批物资/野生动物/隆隆的炮声

三本书/他写的信/捆行李的绳子/洗干净的衣服/勤劳善良的人们

四个/五位/这只/哪位/三千/四百

2. 状中短语

状中短语是谓词性短语。状中短语由状语和中心语两部分组成。状语可以由多种词类和短语充当，可以从不同的角度对中心语进行修饰，中心语一般由谓词性成分充当。状语同中心语之间的语义关系也是多种多样的。结构助词“地”是状语和状中关系的标志。例如：

非常壮观/都高兴/已经开学/立即出发/互相帮助/必然灭亡/不满意

认真学习/坚决支持/迅速发展/慢慢儿走/嘻嘻地笑/呼呼地吹

对他热情/在教室里谈话/从侧面进攻/为人民服务/跟别人合作

3. 方位短语

方位短语由方位词和名词性、谓词性词语组合而成，其间是偏正关系。例如：

桌子上/大门外/三天前/比赛之后

方位短语的主要功能是表示方位，此外还可以表示时间，其引申的用法还可以表示范围、界限、状态等。例如：

会议室里/教学楼东/开会前/下课后

十八岁以下/六十岁以上/三百米以外/一百名之内/二十人左右

由“上、中、下”构成的方位短语还可以表示条件、情状、范围等。例如：

学习上/工作上/生活上/经济上

城市人口中/部分教师中/学习中/比赛中/前进中/危急中

阳光下/屋檐下/压力下/这种条件下/上级领导下/大家的帮助下

（二）主谓短语

主谓短语由主语和谓语两个结构成分构成。主语和谓语之间的主谓关系主要是通过词类和语序来表示的。词类指的是充当主语、谓语成分的词类有很大的倾向性，这表现在：主语经常由名词性词语充当，谓语则经常由谓词性词语充当。语序指的是主语和谓语的位置是固定的：主语一定在谓语的前面，谓语一定在主语的后面。主语和谓语之间的语义关系也是多种多样的。例如：

天气好/海水深/大家集合/比赛激烈/呼吸急促/安排合理/小李中文系/明天晴天

从主谓短语的外部功能来看，主谓短语是一种谓词性的短语，其主要的语法功能是陈述和说明。在汉语中，主谓短语能够作谓语构成句子，这种由主谓短语作谓语构成的句式叫作主谓谓语句，是具有汉语特色的一种句式，也是汉语中常见的一种句式。

（三）述宾短语

述宾短语由述语和宾语两个成分构成。在汉语中，述宾关系也是主要通过词类和语序来表示的。词类指的是充当述语、宾语成分的词类有很大的倾向性，这表现在：述语一般由动词性词语充当，宾语绝大部分由名词性词语充当，述语和宾语之间可以插入动态助词“了、着、过”。语序指的是述语和宾语的位置是固定的：述语一定在宾语的前面，宾语一定在述语的后面。例如：

买书/吃饭/修房子/写小说/住宾馆/跑长跑/有能力/在大学城

买两件/去三次/学习四年/快五分钟/小两岁/超过六十

有些述语可以带谓词性宾语。例如：

感到愉快/觉得舒服/喜欢踢足球/懂得节约/企图越狱/打算旅游

进行斗争/给以奖励/坚持锻炼/受到打击/挨揍/认为有意义

从语义的角度来分析，述语基本上表示动作行为，但是宾语所表示的动作行为所涉及的人和事物却是多种多样的。例如：

吹风扇/看医生（宾语表示施事）

抓小偷/捉俘虏（宾语表示受事）

奖励他一千元/收了他一份礼（近宾语“他”表示与事）

捆绳子/打板子（宾语表示工具）

盖房子/讲故事（宾语表示结果）

跑工作/谈恋爱（宾语表示目的）

躲债务/愁婚事（宾语表示原因）

走正步/打双打（宾语表示方式）

去上海/住城里（宾语表示处所）

双宾短语是述宾短语中的一个类别，由双宾动词带两个宾语构成。例如：

送你一本书/告诉大家一个好消息/赢张三一百元/人们喊她祥林嫂

（四）述补短语

述补短语由述语和补语两部分构成。在述补短语中，述语表示动作行为、性质状态等，一般由动词、形容词充当；补语表示程度、结果、状态等，一般由形容词、程度副词和一部分动词（主要是趋向动词）充当。结构助词“得”是述补短语的标志。例如：

洗干净/打跑/走出去/干不了/气死了

洗得满头大汗/打得四处乱跑/笑得弯下了腰/干得好

从语义的角度来分析，补语的语义性质也是多种多样的。例如：

吃饱/喝醉（补语表示结果）

红得像燃烧的火/激动得热泪盈眶（补语表示状态）

冲上去/退下来（补语表示趋向）

说得好/说不好（补语表示可能）

（五）联合短语

联合短语一般由同类的词语构成，构成联合短语的词语在语法地位上是平等的。构成联合短语的词语的连接方式通常有以下几种。

（1）不用关联词。例如：

爸爸妈妈/吃饭吃菜/去不去/三百二十

(2) 词语之间有短暂的语音停顿。例如：

数学、语文（都重要）/（说得）更快、更清楚/（可以坐）飞机、火车、轮船

（不断地）发展、壮大/大型、中型、小型（企业）/（李小双的动作）高、飘、险

(3) 停顿加语气词。例如：

（这里的）山啊，水啊，树啊，草啊，（我都熟悉）。

(4) 用关联词语（连词或副词）。例如：

爸爸和妈妈/又冷又饿/保持并发扬/急性或慢性

联合短语的整体功能同构成短语的词语的功能相同。联合短语根据整体功能也可以分为名词性的、动词性的和形容词性的等几种。例如：工人和农民（名词性的）、贯彻并执行（动词性的）、又高又大（形容词性的）。

联合短语中的成分之间的语法关系是联合关系，但是成分之间的语义关系又可以细分为并列、顺承、递进、选择等关系。例如：

去年和今年/老师和同学（并列关系）

去或者不去/小李或小张（选择关系）

讨论并通过/春夏秋冬（顺承关系）

聪明而刻苦/可以而且能够（递进关系）

联合短语也有由非同类词语构成的，例如：

勤劳而智慧/挑战和机遇/安定和团结/能够并且必定

（六）连谓短语

两个或两个以上的谓词性成分连续排列，构成连谓关系。连谓关系可以是时间上的顺序关系，或者逻辑上的条件、因果等关系。具有连谓关系的短语叫作连谓短语。例如：

上街买菜/去图书馆借书/出去走走/有资格参加比赛/没钱买

不起

从语义关系来看，连谓短语中常见的语义关系有如下几个方面。

(1) 动作行为的连续关系。例如：

摘了手套握手/见了面慢慢谈/过了春节回学校/睡到早上十点起床

(2) 方式和动作行为的关系。例如：

笑着跟我打招呼/开着窗户睡觉/提着箱子上飞机/走着去

(3) 动作行为和目的的关系。例如：

买枝毛笔写大字/倒杯水吃药/找块木头垫桌子/上北京开会

(4) 条件和动作行为的关系。例如：

有办法解决/有钱买书/有专车接送旅客/有权投弃权票

(5) 原因和结果的关系。例如：

有病不能来/下大雨回不了家/没带钥匙开不开门

(6) 事物转移关系。这种连谓短语中的第二个动词一般是动词“给”或“动+给”构成的复合词。例如：

寄一封信给小李/拿一本画报递给小明/剪一副窗花送给老师

(7) 正反共述关系。前一个动词性成分从肯定的角度说明，后一个动词性成分从否定的角度说明，二者共同陈述说明一个事实。例如：

板起脸不笑了/拉住我的手不放/留在这儿不走了

(七) 兼语短语

兼语短语是由一个述宾短语和一个主谓短语套叠在一起构成的短语，其中有一个成分兼职充当前一个述宾短语的宾语和后一个主谓短语的主语，这个成分叫作兼语成分，构成兼语短语的两个谓词性成分之间也具有时间上的顺序关系。例如：

请他进来/使别人相信/选大刚当班长/有人找你/让大家提意见

上面例子中的“他、别人、大刚、人、大家”就是兼语短语中的兼语成分。

兼语短语中的前一个动词（即前面述宾短语中的动词）大部分是表示“使令”或“推选”意义的动词，这类动词表示的动作行为一般可以使别的人发出一定的动作行为，或者产生一定的变化。这类动词常见的如：使、让、叫、喊、催、请、邀请、邀、派、调、强迫、吩咐、打发、促使、要求、求、迫使、逼迫、逼、推举、推荐、推选、选、选拔、提拔、聘、聘任。

从语义关系来看，兼语短语有如下类型。

（1）意愿和目的关系。例如：

强迫别人同意/要求他们按时完成任务/送王老师到车站/聘任小李当经理

（2）给予和行为关系。例如：

给你个糖吃/送你支钢笔作纪念/借你支笔用

（3）判定及其行为关系。例如：

是他打我/是他救了我/是瓦特发明了蒸汽机

（4）存在与状况关系。例如：

有人不同意/有朋友在广东/有个姑娘叫小琴

（八）同位短语

同位短语也叫复指短语，一般由两个名词性成分构成，前后两个成分指称的对象基本相同，语法地位也是平等的。同位短语是一种名词性短语。例如：

花城广州/厂长老张/我们大伙儿/数学家华罗庚

他们三个/春秋两季/陕北高原那里/乒乓球这项运动

同位短语的构成有如下几种方式。

（1）名词＋名词。例如：

班长小李/书法家王羲之/刘胡兰烈士/小提琴协奏曲《梁祝》

(2) 代词+名词。例如：

我们全班同学/我李四/他们这伙人

(3) 代词/名词+代词。例如：

我们大家/咱们大伙儿/刘大嫂她们/枫树村那儿/打鬼子那会儿

(4) 名词或代词+数量+（名词）。例如：

夫妻两个/你们几位/黑、吉、辽三省/名词、动词、形容词三大词类

(5) 名词+指量短语+名词。例如：

小王这个人/他们这些人/“科学家”这个光荣的称号/教育改革这件事

(6) 代词+“的”字短语。例如：

俺姓张的/我们当教师的/你们卖菜的

(7) 动词或形容词+指量+名词。例如：

打扫卫生这件事/摔跤这项运动/痛苦这种感觉/愤怒这种情绪

（九）介词短语

介词短语是由介词引入指称性成分构成，其间是介宾关系。例如：

为人民/对于这件事/关于这个问题/在班级纪律方面/沿着河边

在介词短语中，介词宾语大部分是名词性的，但是也有一部分是谓词性的成分。例如：

通过学习/根据上级布置/为保卫祖国/从繁荣走向富强

在句子中，介词短语的语法功能主要是作状语。介词短语作状语时，可以从不同的方面或角度修饰动词性或形容词性成分。例如：

小偷〔被警察〕抓住了。(表示施事)

警察〔把小偷〕抓住了。(表示受事)
西方人〔用刀子〕吃饭。(表示工具)
运动健儿〔为了祖国的荣誉〕刻苦锻炼。(表示目的)
我校〔根据上级的指示〕加强了法制教育。(表示依据)
小王〔因病〕请假。(表示原因)
我们〔在教室〕看书。(表示处所)
队伍〔沿着大渡河〕迅速前进。(表示途径)
这几年〔比前几年〕好多了。(表示参照点)

(十)"的"字短语

"的"字短语由结构助词"的"附着在实词性词语后面而构成，其间是后附关系。"的"字短语是一种指称性短语，可以指称一定的人或事物。例如：

我的/谁的/买的/红的/急性的/教书的/开汽车的

"的"字短语的构成方式有如下几种。

(1) 名词性词语/代词+的。这种方式构成的"的"字短语一般指称一个或一类人和具体事物，所指称的人和事物同"的"字短语中的名词或代词所表示的人或事物具有领属关系。例如：数学系的（指数学系的学生）、李老师的（指李老师的东西）。这种"的"字短语一般不能指称抽象的事物和亲属，比如"我的"不能指我的神情、心情、品质、思想等，也不能指我的父母、兄弟、姐妹、同学等。

(2) 形容词/区别词+的。这种方式构成的"的"字短语一般指称具有结构中形容词、区别词所表示的属性的人和事物。例如：

美的/胖的/红的/新的/急性的/女式的/大型的/袖珍的

(3) 动词性词语+的。这种方式构成的"的"字短语的指称功能跟结构中的动词关系密切。不及物动词构成的"的"字短语只能指称动作行为或变化的主体。例如：笑的（指笑的人)、游泳的（指游泳的人)、静止的（指静止的事物)。及物动词构成的“的”字短语既可以指称动作行为的主体，也可以指称动作行为的对象。以及物动词“吃、喝”为例：要吃的有吃的，要喝的有喝的（指吃喝的东西）/喝酒的，吃饭的（指吃喝的人)。其他的例子如：

看热闹的/洗衣服的/打球的/做作业的（指人)

我看的/小玲穿的/妈妈买的/老师布置的/我送给老师的(指事物)

偷的/理发的/切肉的/存钱的（指人或指事物)

（十一）比况短语

比况短语由比况助词“似的、一样、（一）般”附着在实词性词语后面而构成，其间是后附关系。比况短语是一种修饰性短语，多用于对形貌、状态、状况的比喻和描述。例如：

鲜花似的（姑娘）/骏马似的（奔跑着）/猛虎一样（扑过去）/钢铁一般的（意志）

暴风雨般的（掌声）/死一般的（寂静）/石头似的（站着）/（淋得）落汤鸡似的

在实际使用中，比况短语经常同动词“像、好像”配合使用。

（十二）“所”字短语

“所”字短语的构成有两种情况。

（1）由助词“所”附着在及物动词前面而构成，其间是前附关系。这样构成的“所”字短语是一种指称性短语。例如：

所见所闻/各尽所能/各取所需/答非所问

（2）由助词“所”嵌入主谓短语而构成，主谓短语中的谓语动词也须是及物动词。这样构成的“所”字短语是一种修饰性短语，而且必须借助于“的”。例如：

我说→我所说（的）/我认识→我所认识（的）/该文参考→该文所参考（的）

三、短语的功能类型

短语也可以根据语法功能分为不同的类型。对短语进行功能上的分类，一方面是根据短语在句子中充当句子成分的能力，另一方面也结合短语的构造情况，因为短语的功能同短语的构造有密切的关系。结合短语的构造情况的时候，主要是看短语的构成成分的性质和功能，特别是看中心语的性质和功能。一般来说，如果一个短语中心语是名词性的，那么这个短语的功能就是名词性短语。如果一个短语的中心语是动词性的，那么这个短语就是动词性短语。如果一个短语的中心语是形容词性的，那么这个短语就是形容词短语。“的”字短语可以替代以名词为中心语的短语，是名词性短语。介宾短语可以修饰名词性成分，也可以修饰动词性成分和形容词性成分，相当于修饰词的功能，可以称为饰词性短语。其他短语也都有自己的功能，可以分别归入不同的短语功能类。

（1）名词短语。名词短语的语法功能相当于名词，在句子中主要作主语、宾语和定语等成分，其表达功能主要是指称人和事物。名词短语包括如下结构关系的短语。

a. 名词性联合短语。例如：老师和同学/我和你。

b. 定中短语。例如：英勇的战士/学习计划/三个/桌子上。

c. 同位短语。例如：我们大家/黄继光烈士。

d. “的”字短语。例如：我的/看书的/万能的。

（2）动词短语。动词短语的语法功能相当于动词，在句子中主要作谓语，其表达功能主要是陈述说明等。动词短语包括如下结构关系的短语。

a. 动词性联合短语。例如：学习讨论/又说又笑。

b. 以动词为中心语的状中短语。例如：快跑/刻苦地锻炼。

c. 述宾短语。例如：踢足球/爱学习。

d. 述补短语。例如：吃饱/走出去。

e. 连谓短语。例如：出去办事/到商店买东西。

f. 兼语短语。例如：请你来一次/选大刚当班长。

（3）形容词短语。形容词短语的语法功能相当于形容词，在句子中可以作谓语和多种句子成分，基本上是谓词性的短语，其语义功能主要是说明和修饰。形容词短语包括如下结构关系的短语。

a. 形容词性联合短语。例如：活泼可爱/勤劳而勇敢。

b. 以形容词为中心语的状中短语。例如：很大方/大海一样宽阔/比钢铁还坚强。

c. 以形容词为中心语的述补短语。例如：好得很/冷得浑身发抖。

d. 比况短语。例如：钢铁一样、孩子似的。

四、层次分析法

层次构造是语言构造的本质特点。短语的组合也是有层次的，而不是相邻的词语依次相加。例如“观看足球比赛”这个短语的组合：

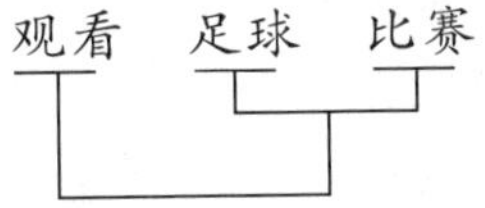

通过上面的分析图示可以看出，“观看足球比赛”这个短语的组合程序是：“足球”和“比赛”先组合成定中短语“足球比赛”，然后“观看”再和“足球比赛”组合成述宾短语。

在语言分析中，一般采用层次分析法来揭示其层次构造。层次分析一般有两种：一种是从成分到组合体，显示整个短语是如何由一个个的成分逐步构成的，这种层次分析是组合性的，例如上面“观看足球比赛”这个短语的分析；另一种是从组合体到成分，显示整个短语如何逐步分解为一个一个的词。这种层次分析是分析性的。例如下面这个短语的层次分析：

观看 一场 足球 比赛

对语言的结构进行层次分析，仅仅分析出结构层次还是不够的。例如下面这三个短语的层次构造是一样的：

我 买 书　　买 新 书　　刚 买 好

但是，它们是不同的短语（分别是主谓短语、述宾短语、状中短语）。它们之间的区别不在于它们的构造层次，而在于在各个层次上的结构关系不同。因此，在进行层次分析时，不仅要分析出结构层次，而且还要标明各个层次的结构关系。所以说，完善的层次分析包括两个部分：一是划分结构层次；二是标明结构关系。例如：

我 买 书　　主谓
　　　　　　述宾
买 新 书　　述宾
　　　　　　定中
刚 买 好　　状中
　　　　　　述补

一般来说，一个短语不管多么复杂，都可以依次分为两个组成成分。例如：

新 出版 的 语文 教科书

我们把每个结构层次上的两个成分叫作直接成分。像上面这个例子的分析，依次找出一个短语的直接成分、直接成分的直接成分，一直分析到词。这样的分析不仅揭示了短语的层次构造，也揭示了直接成分的组合情况。这样的分析方法就叫作层次分析法，也叫作直接成分分析法。

为了保证层次的正确性，层次分析要遵循一定的原则。

（1）功能原则。功能原则要求：对一个句法结构进行分析，分析出来的直接成分要能按照成分的语法功能进行组合。例如，“刚学的方法”不能分析为“刚/学的方法”，因为副词“刚”不能修饰名词性的定中短语“学的方法”。

（2）意义原则。意义原则要求：第一，分析出来的直接成分要有意义。例如，“香蕉黄的衬衫”不能切分为“香蕉黄/的衬衫”，因为“的衬衫”的意义难以理解。第二，分析出来的直接成分不仅要有意义，而且还要符合被分析短语的原意。例如，“香蕉黄的衬衫”也不能分析为“香蕉/黄的衬衫”，虽然这种分析的两个直接成分都有意义，但是不符合原意。

（3）结构原则。结构原则要求：分析出来直接成分应该是语言中允许有，并且被分析的短语中也允许有的结构体。例如，“一本书”不能分析为“一/本书”，而应该分析为“一本/书”。因为现代汉语中没有量词直接修饰名词的结构。

五、歧义短语

只表示一种意义的短语叫作单义短语。例如“热爱人民”。表示两种或两种以上意义的短语叫作歧义短语，也叫多义短语。

例如“热爱人民的军队”，这个短语既可以表示“军队热爱人民”这一意义，也可以表示“人民热爱军队”这一意义，所以这是一个歧义短语。

形成歧义短语的原因有以下几个方面。

（1）词语多义。例如：

小王借小李十元钱（“借”可以表示借出，也可以表示借入）

他一天不吃饭也不行（“饭”可以特指米饭，也可以泛指饭食）

（2）层次构造相同，结构关系不同。例如：

炒/鸡蛋（述宾关系，表示行为）

炒/鸡蛋（定中关系，表示事物）

早晨喝的/牛奶（主谓关系，说明早晨喝的饮料是牛奶）

早晨喝的/牛奶（定中关系，修饰牛奶是早晨喝的）

（3）结构关系相同，层次构造不同。例如：

这些/孩子的妈妈（定中关系，表示这些人都是孩子的妈妈）

这些孩子的/妈妈（定中关系，表示这个妈妈是这些孩子的母亲）

三个/报社的记者（定中关系，表示这三个人是报社的记者）

三个报社的/记者（定中关系，表示这些记者是属于三个报社）

（4）层次构造和结构关系都不同。例如：

热爱/人民的总理（述宾关系，表示人民热爱总理）

热爱人民的/总理（定中关系，表示总理热爱人民）

关于/巴金的两本书（介宾关系，表示讨论的话题是巴金的两本书）

关于巴金的/两本书（定中关系，表示这两本书是讨论巴金的）

（5）层次构造和结构关系都相同，语义关系不同。例如：

女子/理发店（定中关系，“女子”可以是理发的施事，也可以是理发的与事）

抗议的/是美国（主谓关系，“美国”可以是抗议的受事，也可以是抗议的施事）

开刀的/是老刘（主谓关系，“老刘”可以是开刀的施事，也可以是开刀的与事）

练习题

1. 按照构造来说，短语一般都有自己的标记。例如“的”是定中短语的标记。其他还有哪些短语有标记？请举例说明。

2. 词构成短语的语法手段有哪些？请举例说明。

3. “三个、五位”这样的短语一般都看作量词短语，本教材看作定中关系。这两种处理有什么不同？哪一种处理更合理？

4. 汉语中的形容词能够充当定语，此外还有其他词类。请用不同性质的词语替换“美丽的姑娘”中的定语。

5. 汉语中的述宾短语可以表达多种语义关系，请举例说明。（不少于五种）

6. “洗一件、洗一次、洗一天”都是“动词＋数词＋量词”构成。有些人认为是述补短语，有些人认为是述宾短语。请谈谈你的看法。

7. 趋向动词可以作补语表示动作行为的趋向，此外还可以表示其他意义。试举例说明。

8. 现代汉语中有中心语的短语可以以中心语为基础进行扩展。请你以“姑娘”“走”“累”为核心对汉语中的定中短语、状中短语、述补短语进行扩展，越长越好。

9. 联合短语中有哪些语义关系？请举例说明。

10. 连谓短语中有哪些语义关系？请举例说明。

11. 兼语短语中有哪些语义关系？请举例说明。

12. 从构成成分来看，同位短语主要由名词或代名词性成分构成。如果从语义关系来看，同位短语中的语义关系有哪几种？请举例说明。

13. 举例说明介词短语作状语时表示的语义性质。

14. “洗头的”可以指称哪几种语义成分？请举例说明。

15. 举例说明层次分析的三个原则。

16. 指出下列短语的结构类型和功能类型。

春光明媚	高兴起来	上街买菜
秋冬两季	认真思考	调查研究
班长小梅	已经出发	广东姑娘
新疆葡萄	高兴得很	请你吃饭
有人报警	审查完毕	龙马精神
喝茶饮酒	太阳一样	杀猪似的

17. 运用层次分析法，按照从大到小的方式对下列短语进行层次分析。

常年坚持体育锻炼

国家级野生动物大熊猫

难以估计的巨大损失

实现中华民族的强国梦

坚决贯彻执行上级的指示

考上研究生做专业研究

捡破烂儿的比讨饭的强得多

18. 对下列歧义短语进行分析。

广东和广西的部分地区

讨厌赌博的丈夫

发现了敌人的哨兵
三个大学的教师
新教工宿舍
对厂长的意见
出租汽车
翻译出来了
老舍写的小说
我们三个一组
反对的是张三
押送的是李四
洗头的是小兰
照相的是小李

第四节　现代汉语单句系统

一、句子概说

句子是由词或短语构成的语言单位，也是比短语高一级的语法单位。

（一）句子的特点

同词和短语相比，句子具有如下特点。

（1）从构成上说，句子是由词或短语构成的。在汉语中，大部分短语根据交际的需要加上一定的语气和语调就可以成为句子。一个词在一定的语言环境中，加上一定的语气和语调也可以成为一个句子。例如："蛇！""快！""好。""不。"不过绝大部分句子，特别是比较复杂的句子，都是由词、短语逐层组合而构成的。

（2）从表义上说，句子可以表示一个相对完整的意思。这是因为句子是语言的使用单位，都处于一定的语言环境之中，并且具有帮助表情达意的语气和语调。比较“蛇”这个词、“一条蛇”这个短语、“蛇!”这个句子的表义功能，我们可以比较清晰地看出句子表义的相对完整性。

（3）从语音形式来看，每个句子都有一定的语气，这是汉语的句子同短语和词最重要的区别。句子的语气常见的有四种，即陈述语气、疑问语气、祈使语气、感叹语气。在书面上，句子的语气在句末用句号、问号、感叹号表示。

（4）每个句子的末尾都有语音停顿。在连续的话语中，句子和句子之间有较大的语音停顿，书面上用逗号、分号等点号表示。

（二）句子的分类

句子含有语音、结构、意义、功能等多种因素，因此我们可以从不同角度对句子进行分类。

（1）句型。句型是句子的结构分类。根据句子的结构可以首先把句子分为单句和复句。单句由词和短语充当各种句子成分而构成，复句由两个或两个以上的单句构成。单句根据是否具备主语和谓语两个部分，又分为主谓句和非主谓句。主谓句和非主谓句还可以根据句子内部的结构分为更具体的小类。

（2）句类。句类是句子的语气和表达功能的分类。根据句子的语气可以把句子分为陈述句、疑问句、祈使句、感叹句四种。这四种句类下面也可以分为更具体的小类。

（3）句式。句式是句子的特点的分类。不同的句子有各方面的特点。例如根据语法意义的特点把句子分为主动句、被动句、存现句等，根据构成成分的特点分为“把”字句、“被”字句、“比”字句、双宾句、连谓句、兼语句、主谓谓语句等。句式的分类不是对所有的句子的分类，而只是针对一些具有某些特点的句子。句式的研究对于汉语语法特点的研究具有重要意义。

（三）句子的结构

句子的结构可以从句子的线性结构和句子层次结构两个角度来观察。

词和短语充当的构成句子的成分包括主语、谓语、述语、宾语、定语、状语、补语。从句子的线性结构来看，一个比较完整的单句是由如下句子成分按照一定的语序组合构成的。

句首状语＋（定语）＋中心语＋状语＋述语＋补语＋定语＋中心语

主语　　　　谓语　　　　宾语

如果从句子的层次结构的角度来分析，一个比较完整的单句的各种句子成分是按照如下程序形成层次结构的。

句首状语＋定语＋中心语＋状语＋述语＋补语＋定语＋中心语

状中

定中　　　　状中

述宾

述补　　　　定中

（四）句子的语义

一个句子表达的语义叫作一个“事件”。一个事件是由语义成分构成的一个语义结构，这个语义结构以动词表示的动作行为为中心。图示如下：

原因		肢体	时间	动作	受事
条件＋	施事＋	工具	处所＋	状态＋行为＋	与事　数量
目的		方式	依据	联系	结果

句子的语义结构的分析可以下面这个主动句为例。例如：

为了迎接国庆，我们用自己的双手在校园里种满了花草。

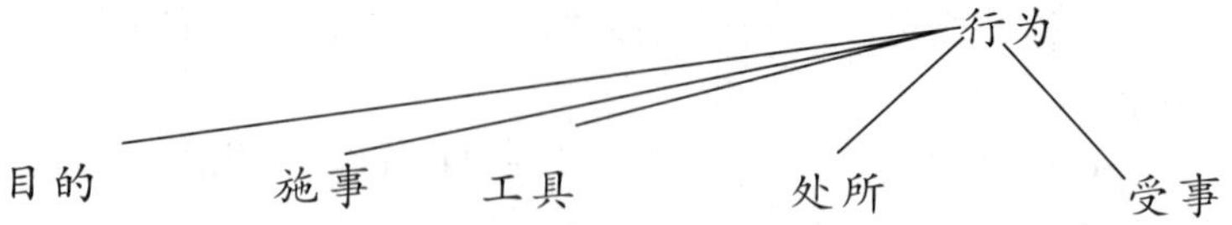

二、现代汉语的句型系统

（一）主谓句

主谓句是由主语和谓语两部分构成的单句。主语一般多由指称性成分充当，谓语一般多由陈述性成分充当。主谓句的表达重心在谓语中，是说话人要传递的比较重要的信息。由于谓语在主谓句中处于比较重要的地位，所以语法研究者根据充当谓语的成分的性质对主谓句做进一步的分类，这样就得到了主谓句的四种下位句型：名词谓语句、形容词谓语句、动词谓语句、主谓谓语句。如图 4－1 所示。

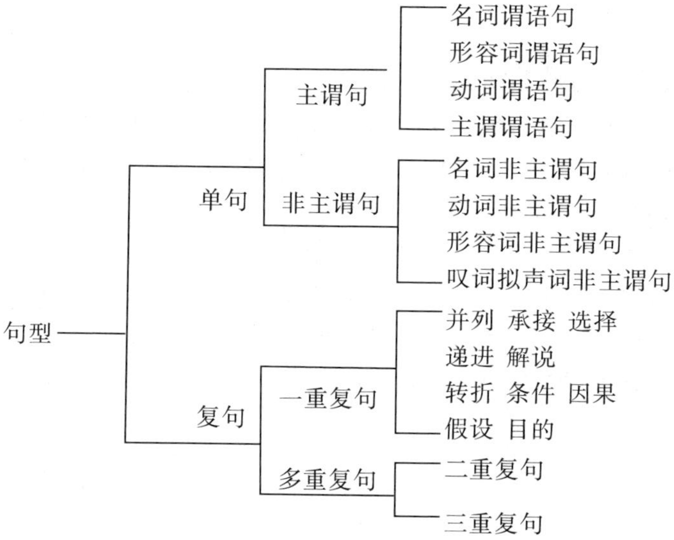

1. 名词谓语句

名词谓语句是名词或名词性短语作谓语的句子。例如：

正月十五元宵节。/今天星期三。

老李六十了。/小李的身高一米七五。

鲁迅浙江人。/那个人蓝眼睛。/这张桌子三条腿。/窗外一片春光。

他爸爸扫马路的。/他买的人家挑剩的。

老张处长了。/王老师副教授了。

名词性谓语通常是判断性的，大多数名词谓语句都可以在谓语前面加上判断动词“是”，名词谓语句的否定式都要用“不是”。不过我们不能因此而否定名词谓语句中的名词谓语的性质，因为名词谓语句中的名词性谓语可以受副词性状语的修饰。例如：

今天才星期二。/那个人确实蓝眼睛。/老张已经处长了。

2. 形容词谓语句

形容词谓语句是形容词或形容词性短语作谓语的句子。例如：

小芳开朗，小梅秀气。/风轻悄悄的，草软绵绵的。

他的脸通红。/屋里黑古龙冬的。

他们的品质纯洁而高尚。/天安门广场雄伟壮丽。/今天又闷又热。

这篇作文挺好。/大伟比小明高。/老王对人非常客气。

味道好极了。/老王的脾气倔得很。/灯光亮得刺人眼睛。/他累得像一滩泥。

天气渐渐地暖和起来了。/今天这场球赛比昨天那场精彩得多。

形容词作谓语时表示断言某种性质。

3. 动词谓语句

动词谓语句是由动词或动词性短语充当谓语的句子。由于汉语中的动词短语的种类比较多，所以汉语中的动词谓语句也比较多样。根据充当谓语的动词短语的类型，动词谓语句还可以再分为如下下位句型。

（1）述宾谓语句。述宾谓语句是由述宾短语或者以述宾短语为中心的短语充当谓语的动词谓语句。述宾短语由述语和宾语构成，述语一般由动词或动词性成分充当，宾语一般由体词性成分充当。在述宾短语中，述语的语义一般就是表示动作行为变化，而宾语表示的语义则比较复杂。宾语可以表示动作行为的受事、施事、与事、结果、工具、处所、时间、目的、方式、原因等成分（参见“述宾短语”一节）。下面是述宾谓语句的例子：

小明喜欢数学。/我们完成了任务。/班长负责这件事。/我同意大家的意见。

我们已经完成了任务。/小明非常喜欢数学。/我曾经在北京吃过烤鸭。

哥哥吓哭了妹妹。/我们爬上了山顶。/小张想出来一个办法。

我们终于爬上了山顶。/小明从书包里慢慢地拿出来一本《机器猫》。

在上面的例子中，宾语基本上都是体词性的。在现代汉语中，有一部分动词可以带上谓词性宾语。例如“同意、考虑、提倡、发现、承认、喜欢、害怕、看、反对、知道、相信、觉得、认为、以为、希望、打算、主张、决定”等。这些动词一般称之为谓宾动词。例如：

小刚喜欢下围棋。/我觉得这儿挺安静。/大家认为这样做不行。/大伟打算参加奥数比赛。

（2）述补谓语句。述补谓语句是由述补短语或者以述补短语为中心的短语充当谓语的句子。述补短语由述语和补语构成，述语由动词充当，表示动作行为；补语具有陈述性，一般多由谓词性成分充当。形容词、趋向动词、处所名词和时间名词同介词构成的介宾短语等常常作补语。补语有简单和复杂之分。简单补语一般都由词充当，而且一般是直接附着在中心语后面。复杂补语一般由短语充当，而且一般要使用结构助词“得”引进。下面是述补谓语句的例子：

衣服洗干净了。/小兰洗得满头大汗。/这种病治得好。/我们冲上去了。

小兰把衣服洗干净了。/小宝悄悄地走进来。/他慢慢地爬起来了。

大伟兴冲冲地捧了一盆花来。/小明从楼上扔了一个皮球下来。

（3）连谓谓语句。连谓谓语句是由连谓短语充当谓语的句子。例如：

我们见了面慢慢谈。/小明做完了作业打球去。/我过了春节回学校。

王鹏笑着跟我打招呼。/老张经常开着窗户睡觉。/你闭着眼睛说瞎话。

我们走着去。/这块旧毛巾留着擦桌子。/这孩子闹着要回家。

我们去打电话。/小李来借书。/他们打网球去了。/小李还书来了。

小明买了枝毛笔练大字。/我找块木头垫桌子。/张教授去北京开会。

他有办法解决问题。/每人都有权投弃权票。/小李有病不能来。/老王有事出去了。/今天下大雨回不了家了。/我忘记带钥匙开不开门了。

（4）兼语谓语句。兼语谓语句是由兼语短语充当谓语或独立成句的句子。例如：

连长命令一排转移阵地。/这个会议请你一定出席。/我托你办一件事。

我爱他忠厚坦率。/人民感谢他为祖国争得荣誉。/大家都讨厌他多嘴多舌。

我们选王老师当人民代表。/王大妈认她做干女儿。/同学们都称他为小诸葛。

这件事有人不同意。/村里有个姑娘叫小琴。/他有个哥哥在北京。

4. 主谓谓语句

汉语中的主谓结构是陈述性的，可以作谓语。主谓短语作谓语的句子叫作主谓谓语句，主谓短语作谓语是汉语语法的特点之一。

主谓谓语句的基本结构是：

大主语＋主谓短语谓语（小主语＋小谓语）

大主语一般记为S，是全句的主语。大谓语是主谓短语充当的谓语，小主语一般记为s，是主谓谓语中的主语。小谓语是主谓谓语中的谓语部分。

在主谓谓语句中，大主语、小主语以及小谓语中的谓词性词语的语义关联是多种多样的。根据这些成分之间的语义关联，主谓谓语句可以分为如下类型：

（1）大主语和小主语是领属关系或整体与部分的关系。例如：

这个人心眼儿好。/青年人精力旺盛。/我们班一半是南方人。/飞机速度快。

（2）大主语是小谓语中的述语的受事，小主语是小谓语中的述语的施事。例如：

这本书我看了三遍。/什么困难我们也不怕。/这几个小偷我们全抓起来了。

(3) 大主语是小谓语中的述语的施事，小主语是小谓语中的述语的受事。例如：

我早饭吃过了。/他什么事儿都知道。/他手机又换了一个。

(4) 大主语是小谓语中的述语的与事，小主语是小谓语中的述语的施事。例如：

小王我已经告诉他了。/王大妈我给她寄了一百元。/这个人我曾经帮他学过日语。

(5) 大主语是小谓语中的述语的工具，小主语是小谓语中的述语的施事。例如：

这副眼镜我看书用。/这根绳子我捆行李。/这个箱子我们装旧书。

(6) 大主语是主谓谓语的关涉对象。例如：

这件衣服你还没有钉扣子呢。/这件事你可以写一本小说。/这种事儿张三最有经验了。/你的事我们爱莫能助。

(7) 大主语是谓词性成分，主谓短语谓语对大主语表示的事情进行评述。例如：

做调查工作他们很有经验。/儿子考上大学我很高兴。/处理这类问题他最合适。

(二) 非主谓句

非主谓句是分不出主语和谓语的句子。非主谓句由主谓短语以外的其他短语或单词形成。非主谓句的形成对语境有比较大的依赖性，特别是单词，必须在一定的语境中才能形成句子。根据形成非主谓句的词语的功能性质，非主谓句可以分为动词性非主谓句、形容词性非主谓句、名词性非主谓句、叹词性非主谓句。

1. 动词性非主谓句

由单个动词或动词短语形成的句子叫作动词性非主谓句。例如：

走！/打倒帝国主义！/冲上去！/快跑！/过去看看！/站一边儿等着。/叫他过来。/让祖国和人民等待我们胜利的消息吧！/是他叫我干的。/吃饭了。

2. 形容词性非主谓句

由单个的形容词或形容词短语形成的句子叫作形容词性非主谓句。例如：

快！/漂亮！/好极了！/热死了！/太奇怪了！/要沉着冷静！

3. 名词性非主谓句

由单个的名词或名词短语形成的句子叫作名词性非主谓句。例如：

蛇！/票！/该死的东西！/一条大鱼！/英雄好汉！

4. 叹词、拟声词非主谓句

叹词、拟声词非主谓句是由叹词、拟声词形成的非主谓句。例如：

唉！/咦！/哈！/啊？/喂！/嗯。/哎！/砰！砰！砰！/呜——咣！

（三）独立语

独立语也叫独立成分，是独立于主语、谓语等句子成分之外的一种特殊的成分。独立成分在句子里既不作主语、谓语、宾语、补语、定语、状语等句子成分，也不跟这些句子成分发生结构上的关系，而且它们的位置也不像其他句子成分那样固定，而是比较灵活，表示各种附加意义。从表达功能来看，独立语可以分为如下四类。

1. 插入语

插入语是独立语中的一类，具有提醒、估测、强调等方面的功能。插入语一般多用于句中，有时也用在句首或句末。例如：

你瞧，这小子多凶！/这天看样子要下雨了。/说句心里话，我也想家。

2. 称呼语

称呼语是言语中表示称呼的独立成分，常用具有呼唤意义的叹词或表示称呼的名词来充当，通常用在句首。例如：

喂，请等一下。/妈，你怎么来啦？/小明，刘老师找你。

3. 感叹语

感叹语是言语中表示感叹的独立成分，通常由叹词来充当，一般用在句首，表示感叹、喜悦、惊讶、痛苦等感情，或用于应对。例如：

哎呀，孩子烧得这么厉害！/啊，这儿真美！/咦，情况有点儿不对。/对，就这么办。

4. 拟声语

拟声语是言语中模拟声音的独立成分，通常由拟声词充当，一般出现在句首，也出现在句中。例如：

丁冬丁冬，泉水在欢快地流淌。/武警大刘抬腿就是一脚，哐啷，顶住的大门给踹开了。

（四）句子的动态变化

在具体的运用中，句子的结构会产生一些变化。这些变化常见的有以下几种。

1. 倒装

倒装也叫易位。倒装指的是一定的句法成分由于表达的需要离开原来的句法位置（前置或后置）。常见的倒装的类型有：主语后置、宾语前置、状语后置、补语前置等。例如：

要吃白薯，明儿见啦您哪！（主语后置）/买贵了，这件衣服。（主语后置）

咱们上当了这事儿。（大主语或小主语后置）/干吗呀这是？（宾语前置）

忘了这事儿了，都。（状语后置）/对不起你了，又。（状语后置）

气都喘不过来了，跑得。（补语前置）/收回去，叫你。（兼语句中的动 2 前置）

话语中的倒装在语法形式上是有一定的特征的。倒装的一般特征是：

（1）后置的部分轻读，前置的部分重读。这是语音上的形式特征。例如：

热闹着呢这里。

是倒装句，因为“这里”是必须轻读的成分。

（2）句末语气词（或停顿）一定紧跟在前置部分之后。这也是倒装的形式特征。例如：

干吗呢，你？

“干吗呢”是前置成分，“呢”谓语前置的标记。

（3）倒装的成分都可以复位，且复位不影响语义。这是倒装的结构上的特征。例如：

如果我能够，（　　）我要（　　）写下我的悔恨和悲哀，为子君，为自己。

这个例子中的两个括号的位置就是后置成分的复位位置。

2. 省略

省略是语法上的概念。省略是指结构上应该出现的成分在一定的条件下没有出现。常见的省略有如下几种情况。

（1）量词省略。数量短语修饰名词，数词是“一”，并且名词是可以论“个”的时候，量词可以省略。例如：

昨天买一（　　）自行车。/手里拿一（　　）瓶儿。/桌子上搁一（　　）电视。

（2）数词“一”的省略。数量短语作宾语，并且数词是“一”的时候，可以省略。例如：

来瓶酒/吃碗面条/下盘棋/喝杯茶

（3）对话省。例如：

你从哪儿来？——香港。

（4）承前省。例如：

你的汽车比我好。/我们去了苏州，也去了杭州。

（5）蒙后省。例如：

因为努力，他取得了好成绩。

3. 复指

复指是语言运用中的一种现象。在短语、句子或篇章中，如果前面已经使用一个词语 A 指称一定的人或事物，后面仍然使用一定的词语 B 指称词语 A 指称的人或事物，或者用词语 B 称代词语 A，这种现象叫作复指。根据复指现象中词语 A 和 B 的关系，复指可以分为同位复指、称代复指和总分复指三种。

（1）同位复指。同位复指是短语中的复指现象。在一个短语中，前后两个部分的词语不同，但是指称的对象有相同的部分，语法地位也是平等的，这种复指就是同位复指。同位复指形成的短语叫作复指短语，也叫同位短语。例如：

首都北京/数学家华罗庚/他们三个/乒乓球这项运动/北京上海等大城市。

（2）称代复指。称代复指是出现在句子中的复指现象。前面的语言成分（词、短语、分句等）指称一定的人、事物或现象、状况，后面用代词复指前面的语言成分，二者之间有其他成分或逗号“，”隔开，这种复指叫作称代复指。例如：

那个人我不认识他。

北京大学，那是我向往的高等学府。

飞沙像山一样压下来，那在大戈壁里是不稀罕的。

对于含有称代复指现象的句子，如果被称代的成分是名词性的，或者说是指称人或事物、现象的，一般都分析为单句；如果被称代的成分是谓词性的，或者说是陈述性的，一般都分析为复句。下面这些含有称代复指现象的句子都是复句：

母亲同情贫苦的人，这是朴素的阶级意识。

我买了一本小说，那是高尔基的《母亲》。

地球围绕太阳转，这是小学生都知道的常识。

（3）总分复指。总分复指也是出现在句子中的复指现象。前面的一个语言成分（词、短语等）指称一个复合性的或群体性的人或事物，后面使用两个或两个以上的成分对前面的这个成分进行分解，并分别解说。这种复指就叫作总分复指。例如：

他的两个姐姐，一个是医生，一个是演员。

父子两个，父亲是教练员，儿子是运动员。

游园的人很多，有的看电影，有的猜灯谜，有的带孩子去儿童乐园。

含有总分复指现象的句子一般都分析为复句。例如：

敌人倒的倒了，退的退了。

他们的服装很怪，有的像农民，有的是商人打扮。

这些石狮子，千态万状，有的母子相抱，有的交头接耳，有的像倾听水声。

4. 插入

插入语是独立语中的一类，是言语中具有提醒、估测、强调、转引、补充、归结、示态、话语转换、话语收束等方面话语功能的成分。插入语一般多用于句中，有时也用在句首或句末。插入语有如下几种功能。

（1）提醒。插入词语引起听话人的注意。这类插入语有“你看、你听、你瞧、你说、你猜、你想，你猜怎么着”等。例如：

你瞧，这小子多凶！

（2）估测。插入词语表示推测和估计。这类插入语有“看来、看起来、看样子、算起来、想来、少说、差不多、充其量、说到底、大不了”等。例如：

看样子天要下雨了。

（3）强调。插入语表示肯定或强调，常见的强调插入语有“毫无疑问、十分明显、显而易见、不可否认、尤其是、特别是、说实话、说真的、说心里话、严格地说、准确地说、不瞒你说、不客气地说、说良心话、说正经的”等。例如：

显而易见，这次事故的原因是违章操作。/所有的市民们，尤其是市委、市政府的领导们，都要注意自己的形象。/说句心里话，我也想家。

（4）引用。引用插入语说明所说的事情是引用的，有一定的来源和依据，而非信口胡说。常见的引用插入语有“听说、听人说、据说、据调查、据报道、相传”等。例如：

王教授家的保姆听说是四川人。/我家的后面有一个很大的园子，相传叫做百草园。

（5）归结推论。这类插入语的话语功能是对前面的话语进行归结收束，并进行推论。常见的归结推论式插入语有“总之、总而言之、综上所述、由此可见、归根到底、与此相反、反之”等。例如：

总之，不认真学习而想取得好的成绩，那是不可能的。/前几次地震前都出现了动物反常的现象，由此可见，根据动物的反常现象来预报地震是有一定的科学根据的。

（五）句子的结构和信息分布

根据形成句子结构的基本框架来看，句子的结构成分可以分为主干成分和附加成分。句子的主干是把句子中的定语、状语、补语等附加成分删略掉以后剩下的部分。例如：

（连接山村和县城的）公路〔顺利〕通车了。

这个句子的主干是：公路通车了。再比如：

《骆驼祥子》是（老舍创作的）（叙述一个洋车夫悲惨一生的）（优秀）小说。

这个句子的主干是：《骆驼祥子》是小说。

结构复杂的句子由于修饰、补充成分较多，因此不容易看清它的主干，不容易理解它的意思。如果能够迅速准确地找出句子的主干，看清句子的主体结构，可以更好地把握句子的语义，或者发现句子的构造错误。例如：

（我国向太平洋预定海域发射的）（第一枚）（运载）火箭获得（圆满）成功。

通过找出这个句子的主干“火箭获得成功”，可以发现这个句子的主语和谓语搭配不当，“获得成功”的应该是“发射火箭”这件事。这个句子可以修改为：我国向太平洋预定海域发射首枚运载火箭获得圆满成功。

再比如：

（食品中的）（物理性、化学性、生物性）（致病）因素，〔要〕〔通过人体的内因〕，〔经过长时间的作用〕，（一部分）人〔才〕〔可能〕发生肿瘤。

把这个句子的定语、状语都压缩掉，得到这个句子的主干“因素人发生肿瘤”，这显然不成话。主语“因素”同后面的部分“人发生肿瘤”无法构成主谓关系，“人”同“发生肿瘤”也不宜搭配。这个句子的主干可以修改为：因素使人患上肿瘤。

全句可根据修改后的主干修改为：

（食品中的）（物理性、化学性、生物性）（致病）因素，〔要〕〔通过人体的内因〕，〔经过长时间的作用〕，〔才〕〔可能〕使（一部分）人患上肿瘤。

（2）通过寻找句子的主干，可以使我们对句子中的修饰成分的结构功能、语义功能和表达功能有更深刻的认识。例如：

〔经过多年抗战〕，我们〔终于〕打败了日本侵略者。

这个句子可以把状语成分压缩掉，成为“我们打败了日本侵略者”这一主干。但是像下面这个例子：

〔经过多年抗战〕，我们〔终于〕〔把日本侵略者〕打败了。

这个例子如果把所有的状语成分都压缩掉，就成为同原句意思相反的主干“我们打败了”。

通过分析，我们可以看到，有的句子的附加成分的有无不影响句子结构的合法性和表义的准确性，但是有的附加成分的有无则直接影响到句子结构的合法性和表义的准确性。因此，就句子的结构而言，尤其对表达的信息而言，句子的附加成分是非常重要的。例如：

（无原则的）团结〔对革命事业〕有害。

通过压缩定语和状语，得到主干“团结有害”，这是不符合原意的。再比如：

（努力学习的）团员是（优秀）的团员。

如果压缩掉定语，就得到主干“团员是团员”，等于一句废话。

三、现代汉语句类系统

句类是句子的表达功能的分类。语气是句子的重要特征之一，语气同句子的表达功能有直接的联系，能够区别不同的信息类型。句子的表达功能的分类主要是根据句子的语气。现代汉语的句类有四种：陈述句、疑问句、祈使句、感叹句。

（一）陈述句

具有陈述语气语调，用于叙述或说明事实的句子是陈述句。

从表达的角度来看，陈述句的表达功能是说明和叙述，给出一定的信息。陈述句的语调为平—降，句末常常使用“了、的、嘛、呢、罢了”等语气词，书面上用句号“。”表示。

陈述句是思维最一般的表现形式，也是使用最多的句子。陈述句大多是主谓句，也可以是非主谓句。例如：

今天星期一。/小梅性格开朗。/比赛进行得很激烈。/出太阳了。

陈述有肯定陈述和否定陈述的区别。肯定陈述是确认人或事物具有一定的属性、相互之间具有一定的联系的陈述，否定陈述是确认人或事物不具有一定的属性、相互之间没有一定的联系的陈述。据此，陈述句可以分为肯定陈述句和否定陈述句，简称为肯定句和否定句。

（1）肯定句。从语义上看，肯定句对人或事物所作的陈述是一种正面的陈述。从成分上看，肯定句中或者不使用否定词语“不、没、没有”，或者双重使用否定词语，形成双重否定句。双重否定句也是一种肯定陈述句。各种主谓句和非主谓句（叹词、拟声词非主谓句除外）都可以用作肯定陈述。例如：

出太阳了。/鲁迅浙江人。/东北人淳朴刚强。/小明学会操作电脑了。

肯定句肯定的程度是有区别的。例如：

小明聪明。/小明比较聪明。/小明相当聪明。/小明很聪明。/小明非常聪明。/小明最聪明。

（2）否定句。从语义上看，否定句对人或事物所作的陈述是一种反面的陈述。从成分上看，否定句中要使用否定词语“不、没、没有”。各种主谓句和非主谓句（叹词、拟声词非主谓句除外）都可以用作否定陈述。例如：

他不是我们班的学生。/教室里不安静。/对这事儿大家不觉得奇怪。

我们没见过这个人。/小明没有去打游戏机。/夜里没有下雨。

否定句否定的程度也是有区别的。

（3）双重否定句。双重否定是使用否定手段对否定再进行否定，双重否定实质上是肯定。双重否定句比肯定陈述句的肯定要更为有力。常见的双重否定的形式有“不是不、不得不、不能不、不是没有、没有……不”等。例如：

我不是不相信你。/你不能不去。/肇事者不得不承认了犯罪事实。/这样的事我不是没见过。/提到大伟，大家没有一个不佩服。

（二）疑问句

具有疑问语气语调，用于提出问题的句子叫作疑问句。

从表达功能来看，疑问句的功能是求取信息。疑问句的语调一般是平—扬，疑问句使用疑问语气词、疑问代词、疑问格式等表示疑问，如“吗、吧、呢、什么、谁、几、怎么样、为什么、是……还是”等，书面上，疑问句句末用问号“?”来表示疑问语气。例如：

你是四班的吗？/你会说英语吧？/我的钢笔呢？/你去不去？/你去还是我去？

根据疑问语义和疑问方式方面的特点，疑问句可以分为是非疑问句、特指疑问句、选择疑问句、正反疑问句、反问句。

(1) 是非疑问句。是非疑问句是对整个句子所表示的事情提出疑问，并且希望对提出的问题做出肯定（是）或否定（非）的回答，所以叫是非疑问句。是非疑问句可以使用上扬的语调，或者使用语气词“吗、吧”来表示疑问。例如：

你就是小李？/你不想参加比赛了？/这件事你知道吗？/你会说英语吧？

用“吧”发问的时候，问话人对所问的情况有所估测，问话的疑问量要比用“吗”少一些。比较下面的例子：

今天是星期六吗？/今天是星期六吧？

你是王老师吗？/你是王老师吧？

对于是非疑问句的回答，可以按照一般的回答方式给以肯定或否定的回答，也可以采用比较灵活的方式回答。

（2）特指疑问句。特指疑问句使用“谁、什么、多少、几、怎样、哪里、何时、为什么”等疑问代词对事情中的人物、事物、数量、状况、处所、时间、原因等情况进行提问，并且要求对这些提问做出针对性的回答，而不能仅仅回答“是”或者“否”。特指疑问句中的疑问代词所提出的问题一般称为句中的疑问点。例如：

你是谁？/那是什么？——问人或事物

这件衣服多少钱？——问数量

这道题怎么做？——问方式

那件事办得怎么样了？——问状况

我们下午去哪里？/什么时候出发？——问处所时间

你为什么不上课？——问原因

现代汉语中还有一种特殊的特指疑问句，这种特指疑问句问人或事物的所在或所有，使用“名词/名词短语＋呢？”的格式。例如：

老张呢？/我的书呢？/发展规划制定得很好，可是钱呢？/问题是找出来了，可是解决的办法呢？

特指疑问句句末经常使用语气词“呢”，也可以使用“啊”，但是不使用“吗”。比较下面的例子：

小明出了什么事呢？/小明出了什么事啊？/小明出了什么事吗？

句末用“呢、啊”的是特指疑问句，句末用“吗”的是是非疑问句。

（3）选择疑问句。选择疑问句用复句的形式提出若干种情况或看法，询问听话人的态度，并要求在问句提出的几种情况或看法中选择其中的一种做出肯定或否定的回答。选择疑问句常用的格式是“（是）……还是……”，句末语气词用“呢”或

“啊”，不用“吗”。例如：

是下围棋呢，还是下象棋？/你吃馒头还是吃面条？/上午出发还是下午出发？/这次旅游是去北京呢，还是去上海？

使用选择问句提问的时候，问话人已经确定了回答的范围，但是实际上答话人能够做出的回答并不一定在问话人所提出的范围之内。因此，选择疑问句的回答方式也是灵活多样的。

（4）正反疑问句。正反疑问句用谓语的肯定否定相重叠的形式或“是不是”格式来提问，要求答话人做出肯定或否定的回答，或者做出选择性的回答。如果是用谓语的肯定否定相重叠的形式发问，那么答句一般是选择性的（类似于选择疑问句的答句）；如果是用“是不是”来提问，那么答句就是肯定的或否定的（类似于是非疑问句的答句）。例如：

新老师对学生凶不凶？（选择性提问）

新老师是不是对学生很凶？（是非问）

正反疑问句的形式有如下三种：

a. 主语 + V 不 V/V 没 V？

你是不是李老师？/你是李老师不是？/老王去没去上海？

b. 主语 + V 不/V 没有？

这家伙老实不？/老王去上海没有？你自己去行不？

c. 主语 + 谓语，V 不 V？

你看不起我，是不是？/你自己干，行不行？/其实你心里很喜欢他，对不对？

正反问句的答句的方式也是灵活多样的。

（5）反问句。反问句是疑问句的一种特殊情况。一般认为，反问句是“无疑而问”。其实反问句并不都是“无疑而问”。

一种情况是：问话人在使用反问句发出提问的时候，或者对自己所提出的问题已经有了答案，此时是无疑而问，而意在强调。例如：

难道帮助同学还有什么错吗？（帮助同学没有错！）

有你这样帮助同学的吗？（没有你这样帮助同学的！）

另一种情况是：提问者对自己提出的问题感到极大的困惑，此时的提问是追究性的，要追根究底，弄个明白。例如：

小刚打了我，我又不能跟他打，老师也不管，难道我就白挨了？（我到底该怎么办呢？）

病人打医生，医生却不能还手，这医生还怎么干呢？

还有一种情况是否定性的。这种反问主要针对某些动作行为进行制止。例如：

你挤什么挤？/你还吃什么？/笑什么？真的很好笑吗？

正是由于反问句用于强调、追究和否定，所以反问句的语气要比其他疑问句强烈。在形式上，反问句多采用是非问句和特指问句的形式发问，但是语气要强烈得多，问话的语义也不同。例如：

这件事你怎么会不知道呢？

这个问句如果按特指疑问句理解，其语义是问原因；如果按反问句理解，这个问句的语义是“这件事你应该知道”或“这件事你是知道的”。再比如：

这件事你真的不知道（吗）？

这个问句如果按是非问句理解，其语义是问“是”（知道）和“非”（不知道）；如果按反问句理解，这个问句的语义可以理解为如下两种：①这件事你是知道的。或：这件事你应该知道。②这件事你到底知道不知道？（表示追究）

（三）祈使句

具有祈使语气语调，用于发出指令或提出要求的句子是祈使句。

从表达功能来看，祈使句的功能是发出使令。祈使句的语调一般是下降型。祈使句一般用祈使语气词“吧”和“啊”（包括

“啊”的各种变体“呀、哇、哪”等)。书面上，祈使句句末用叹号“!”或句号“。”表示祈使语气。例如：

滚出去！/快来呀！/进来吧。

祈使句总是对在现场的人发出的，祈使句的主语一般就是第二人称代词或听话人的名字，所以祈使句一般不需要指明听话人，亦即不说出主语，因此祈使句常常是非主谓句，而且一般都比较短小。

根据说话人和听话人的上下关系，以及语气的强弱，祈使句的使用主要有如下几种情况。

(1) 表示命令。这种情况中，祈使句一般用于上对下的关系，很少用语气词，语气强烈。例如：

冲上去！/带走！/滚！/不许动！/别讲话！

(2) 表示催促。这种情况中，祈使句多用于平级关系，常常使用语气词“吧、啊”，语气比表示命令要弱一些。例如：

快走吧！/说呀！/抓紧时间哪！/快一点哪！

(3) 表示请求。这种情况中，祈使句一般用于下对上或平等的关系，经常使用祈使动词“请、让”和语气词“吧”，语气比较和缓。例如：

请帮我一把！/老师，让我参加足球队吧！/你的圆规让我用一下。/行行好吧！

(4) 表示劝说劝阻。这种情况中，祈使句也多用于上对下或平级之间，多使用语气词“吧、啊”，语气较和缓。例如：

同学们，大家要珍惜时间哪！/常回家看看哪！/不要轻信别人的话。/别乱说！

(四) 感叹句

具有感叹语气语调，用于表达感慨感叹的句子是感叹句。

从表达功能来看，感叹句的功能是抒发比较强烈的感情。感叹句的语调一般是长—降型，经常使用语气词“了、啊(包括各种变体)”。感叹句句末书面上用感叹号“!”来表示感叹语气。感叹句中经常使用高程度副词“真、太、好”以及相当于高程度副词的代词“多、多么、这么、那么、这样、那样”等进行修饰，以满足感叹句表达上的需要。例如：

太好了！/多美啊！/够哥们儿！

感叹句虽然也用于交际，传达思想感情，但是感叹句更着重自我感情的抒发和自我态度的表达。所以有的感叹句不一定是针对一定的听话人发出的，比如口号类的感叹句就是如此。这同祈使句一定针对一定的听话人发出是不同的。

感叹句根据表现的感情因素，可以分为积极感叹句和消极感叹句。积极感叹句表现的是积极的感情，例如喜悦、赞美、感谢等。例如：

好球！/太舒服了！/球进啦！/景色多美啊！/真是个天才啊！/太感谢你了！

消极感叹句表现的是消极的感情，例如愤怒、厌恶、恐惧、惊讶等。例如：

哎呀！疼死我啦！/我不想活啦！/张老师走得太早了！/吓死人了！

四、现代汉语句式系统

句式是句子的特征分类。句子的特征是多方面的，诸如句子的成分、句子的结构、句子的语义、句子的标记等。根据句子的特征，现代汉语中常见的句式有如下几种。

（一）“把”字句

“把”字句是由介词“把”组成的介宾短语充当句子的状语的句子。“把”字句的基本格式是：

主语 + 把 + 宾语 + 述语 + 后续成分

“把”字句表示的基本意义是：主语对介词“把”的宾语进

行处置并产生一定的结果。例如：

我们把日本队打败了。/狼把羊叼走了一只。

为了满足句式表义特点的要求，“把”字句对句子的主语、“把”的宾语、述语动词、谓语部分的构成等方面都有比较严格的要求。

（1）“把”字句的主语一般要有较强的处置能力，因此要有较高的权势度，或者有较大的动力、影响力。例如：

警察把小偷抓住了。/台风把大树卷到了空中。/这个消息把他吓出了一身冷汗。

（2）“把”字句中的动词一般都表示“处置”的意思。所谓处置，是指述语所表示的动作行为施加于介词“把”所引入的动作行为的对象，并使之产生一定的行为，或发生某种变化，或处于某种状态，等等。因此，如果不是表示处置意义，或者不会产生处置影响的动词，如“是、有、姓、赞成、知道、觉得、同意、希望”等，一般是不能充当“把”字句中的述语的。此其一。其二，“把”字句表示的是“处置+结果”复合意义，因此，“把”字句中的陈述部分也要是复杂形式，“把”字句的述语动词不能单独出现，或者前面有状语，或者后面有补语、宾语，至少也要把动词本身重叠一下，或者后面加上动态助词。例如：

我们要把敌人彻底消灭。/他把作业做完了。/我把衣服洗洗。（重叠动词）/你把这盆水倒了。

（3）介词“把”的宾语所指称的人或事物都是确定的，是说话人和听话人都知道的。所以，“把”的宾语常常用“这、那”表示定指的指代词修饰，而不用“一个、几个”这类表示不确定的词语的修饰。例如，我们可以说“你把书拿来”，但一般不说“你把一本书拿来”。

（4）“把”字短语和否定副词在句中同现作状语时，二者排列的顺序一般为“否定副词 + ‘把’字短语”。例如：我没有把衣服弄破。/你怎么不把这个消息告诉她？但是一般不说：我把衣服没有弄破。/你怎么把这个消息不告诉她？

介词“把”主要引进受事成分，也可以引进其他语义成分，如：他把南京城跑遍了。（引进处所）/这个小品把大家乐得哈哈大笑。(引进施事)。

（二）“被”字句

“被”字句是由表示被动的“被、给、叫、让”等充当状语，或者由它们组成的介词短语充当状语的句子。“被”字句的基本格式是：

主语 + 被 + （宾语） + 述语 + 后续成分

“被”字句表示的基本意义是：主语被处置并产生一定的结果。例如：

日本队被我们打败了。/羊被狼叼走了一只。

“被”字句的构成情况可以分为两种：一种是“被”字后面带上介词宾语，另一种是“被”字后面不带宾语，“被”直接附加在述语的前头，表示被动意义。例如：

歹徒被抓住了。/衣服被淋湿了。

“被”字句在构成上有如下要求。

(1) 主语是受事，并且表示的是确定的人或事物。我们可以说“这本书被他弄丢了”，但不能说“一本书被他弄丢了”。“被”字句中的主语同“把”字句中“把”的宾语的特点基本上是一致的。

(2)“被”引介的成分是施事，施事是广义上的，一般为有较高的权势度，或者有较大的动力、影响力的人和事物。例如：

歹徒被群众抓住了。/房屋被洪水冲倒了。

(3)“被”字句中充当述语的动词必须是具有处置意义的动词，并且也不能单独使用。这一点同“把”字句中的动词的情况基本上是一样的。例如：

我们不能被坏人吓倒。/他的鞋子被钉子扎了一个窟窿。/他被人骗了。

(4) 副词、“被”字短语同时出现在句中作状语的时候，副词状语一般都排在“被”字短语的前面。例如：

校园里的自行车经常被小偷偷走。/司机老张已经被警察罚过三回了。

介词“给、叫、让、归、由”也可以表示被动意义，“给、叫”的口语色彩较浓，“让、归、由”表示的被动意味稍弱一些。

(三) 双宾句

1. 双宾句的定义和基本格式

句子的述语带有两个宾语的句子叫作双宾句。双宾句表达的基本意义是转移意义。双宾句的一般格式如下：

主语+述语+近宾语（间接宾语）+远宾语（直接宾语）

在上述格式中，离述语近的宾语叫作近宾语，离述语远的宾语叫作远宾语。这是根据宾语离动词的远近对宾语的命名。在双宾句中，近宾语一般指人，回答“谁”的问题，一般比较简单；远宾语一般指物，也可以指人，回答“什么”的问题，一般都比较复杂。如果根据宾语同述语的语义关系，那么远宾语是述语的直接支配者（转移物），所以又叫直接宾语；而近宾语则是述语的间接支配者（转移的对象），所以又叫作间接宾语。

2. 双宾句的类型

根据双宾句中充当述语的动词的语义特点，双宾句一般分为如下类型。

(1) 给予类双宾句。这类双宾句中的述语动词表示给予义。例如：

我给小明一本书。/大伟告诉我们一个好消息。/张老师教我们数学。

你先安排他一个工作。/张三扔李四一根香烟。/张三媳妇泼了李四一身水。

有的动词的给予义是本身就有的，如上面例句中的“给、送、告诉、教”等；有的动词的给予义是在句子结构中临时获得的，如上面例句中的“安排、扔、泼”。

（2）取得类双宾句。这类双宾句中的述语动词表示取得义。例如：

小偷偷了老王家一辆自行车。/张三赢了李四二百块钱。/小明拿了我一本书。/警察罚了他十元钱。/那个人收了工头两万块钱。

“借、租、赁”等动词既可以表示给予义，又表示取得义，因此，下边的句子有歧义：

张三借了李四一万块钱。/张三租了李四一间房。

（3）称说类双宾句。这类双宾句中的述语动词表示称说、看待意义。例如：

人们称他泥人张。/我们都叫他大哥。/大家都称他大哥。/大家都当他好人。

（4）消除类双宾句。这类双宾句中的述语动词表示消耗、消灭、除去等意义。例如：

大伙儿昨天吃了张三一顿酒。/不到一小时，你抽了我一盒烟。/张三吃了李四一个马。/我军消灭了敌人一个团。/他一个月花了家里五千块。

（5）存放类双宾句。这类双宾句中的述语动词表示存储、放置等意义，要求一个处所成分与之共现。例如：

老王存银行里十万元。/小明塞我书包里两个橘子。/小梅放窗台上一盆花。

（四）存现句

存现句是表示某处所存在、出现、消失某些人或事物的句子。存现句的基本格式为：

处所主语＋述语＋宾语

存现句是表示某处存在、出现、消失某些人或事物的句子。

从构成上说，存现句有如下特点。

（1）主语由表示处所的词语充当，这些词语有处所名词、合成方位词、方位短语等。

（2）表示存在意义的存现句，句中的述语常常带动态助词“着、过”。表示出现意义的存现句，句中的述语大多带动态助词“了”或趋向补语。表示消失意义的存现句，句中的述语也多带动态助词“了”或趋向补语。

（3）存现句中的宾语一般都表示不确定的人或事物，宾语的前面常常有“一个、几个”之类的数量短语定语。存现句中的宾语一般都是短语充当的复杂形式。

根据存现句表示的意义，存现句可以分为如下几类。

（1）表示存在。例如：

山上有一座庙，庙后面是一片松林。/深蓝的天空中挂着一轮金黄的圆月。/教室里坐满了同学。/草原上遍布着白云般的羊群。

（2）表示出现。例如：

半路上杀出个程咬金。/商店里到了一批货。/西天边上涌起了团团乌云。/我的脑子里突然闪出一个念头。

（3）表示动态。例如：

台上唱着黄梅戏。/广场上扭着大秧歌。/屋里开着会。

（4）表示消失。例如：

村子里死了一头牛。/书架上少了一本书。/他们家跑了一只猫。

（5）表示破损。例如：

手上划了一道口子。/裤子上裂开了一条缝。/头上撞了个大包。

（五）“是”字句

“是”字句是由判断动词“是”充当句子述语的句子。在由判断动词“是”充当述语构成的判断句中，主语一般多为名词性成分，判断宾语可以是名词性的成分，也可以是非名词性成分。就语义关系来说，“是”字句中主语和宾语之间的判断关系也是复杂多样的。

（1）等同判断。主语和判断宾语表示同一的人或事物。这种判断句中的主语和判断宾语一般都是表示个体。具有等同关系的主语和宾语的位置可以互换。例如：

那个人是董校长。/明天是星期天。/老舍是《骆驼祥子》的作者。

（2）类属判断。主语表示个体，判断宾语表示种类。例如：

螳螂是昆虫。/牛是动物。/铁是金属。

（3）归属判断。主语表示个体，判断宾语表示主语所属的团体或单位。例如：

我是中文系。/他是二班。/小李是第三中学。

（4）特征判断。主语表示人或事物，判断宾语表示人或事物的特征或状况。例如：

这孩子是双眼皮。/那个女孩是牛仔裤。/这个老外是黄头发。

（5）存在判断。主语表示处所，判断宾语表示存在的人或事物。例如：

前面是一条河。/教室里是一排排整齐的桌椅。/墙上是一幅地图。

（6）原因判断。主语表示人或事物，判断宾语表示对主语的解释。例如：

我是不知道，不是故意的。/他不是不懂，他是装糊涂。

(7) 比喻判断。例如:

祖国是我们的母亲。/他是一只老狐狸。/我是一棵无人知道的小草。

(六)“有”字句

“有”字句是动词“有”充当述语的句子。根据“有”在句子中显示的语义,“有”字句可以分为以下几种。

(1)“有”表示“拥有、领有”意义。例如:

我军有五百辆坦克。/我国有丰富的地下宝藏。/我有两辆自行车。

(2)“有”表示存在意义。例如:

前面有一条河。/墙上有一幅地图。/教室里有几个同学。

(3)“有”表示估测意义。例如:

这块肉有三斤重。/那个人有两米高。/现在可能有十点钟了。

“有”和一定的名词组合起来以后,表示的意义会产生“语义偏移”现象,即语义偏向某一边。例如:他有钱。/他有本事。/他有水平。“有钱”是说有很多钱,“有本事”是说有较大的、很好的本事,“有水平”是说有较高的水平。有一点儿钱、有一点儿本事、有一点儿水平是不能说“有钱、有本事、有水平”的。其他如“有道德、有思想、有理想”等也是往褒义方面偏移。同褒义偏移相对立的情况是贬义偏移。例如:他对这事有意见。/他最近有情绪。“有意见”是说有不满的意见或反对的意见,“有情绪”是说有不好的或不正常的情绪。

五、句子的语义分析

在一个句子中,总是同时并存着两种结构和两种结构关系:语法结构和语义结构,语法结构关系和语义结构关系。而构成句子的句子成分总是同时具有两种性质:语法性质和语义性质。因此我们不但要对句子进行语法分析，而且还要进行语义分析。句子的语义分析的主要任务是语义格分析和语义指向分析。

（一）句子和句子成分的语义格分析

1. 主语的语义格分析

根据主语所表示的人和事物同谓语动词所表示的动作行为之间的语义关系，常见的主语的语义格性质有如下类型：

施事主语：张三打了李四。/洪水冲垮了大堤。

受事主语：那个杯子摔碎了。/敌人被打败了。

结果主语：信写好了。/大楼盖起来了。

与事主语：每人发了一套教材。/那个女孩儿我们都捐了款。

工具主语：这根绳子捆行李。/这个东西可以照相。

时间主语：十月一日国庆节。/今天下午开会。

处所主语：台上坐着主席团。/南京在长江南岸。

时间主语：春节到了。

2. 宾语的语义格分析

根据宾语所表示的人和事物同谓语动词所表示的动作行为之间的语义关系，常见的宾语的语义格性质有如下类型：

受事宾语：家里给我寄来一百元。/我们今晚看电影。

结果宾语：我给你讲一个故事。/小明写了一封信。/他考了一百分。

与事宾语：我们把衣物捐给灾区人民。/我问你一个问题。

施事宾语：旅馆里住满了人。/他家来了一位客人。/大伙儿吹吹风扇。

工具宾语：洗手要打肥皂。/门上锁着一把大铁锁。

目的宾语：大家在打扫卫生。/交警正在调查事故原因。

原因宾语：他正愁这件事儿呢。/我后悔信了李四的话。

处所宾语：小李去北京。/明天我们爬泰山。

时间宾语：小王一直等到深夜。

汉语中的两种重要的动词性结构：动趋式和动结式也都可以带宾语。

3. 句子成分的语义格分析

一个句子表达的语义称为一个“事件”（event）。在这个事件中，有事件的参与者施事、受事、与事，有参与者凭借的工具和材料，又有事件发生的原因和目的、时间和处所，还有事件的结果，等等，这样就构成了一个完整的事件。对句子成分的语义格的分析，就是对一个具体的事件的分析。通过这一分析，可以清楚地了解一个句子表达的语义。而我们对语言的理解，最终就是理解语言的意义。

对句子进行语义格分析，首先要找到句子中的谓语动词。然后根据句子中的其他成分同谓语动词所表示的动作行为的关系，确定它们的格性质和它们构成的语义结构。下面举一些例子。

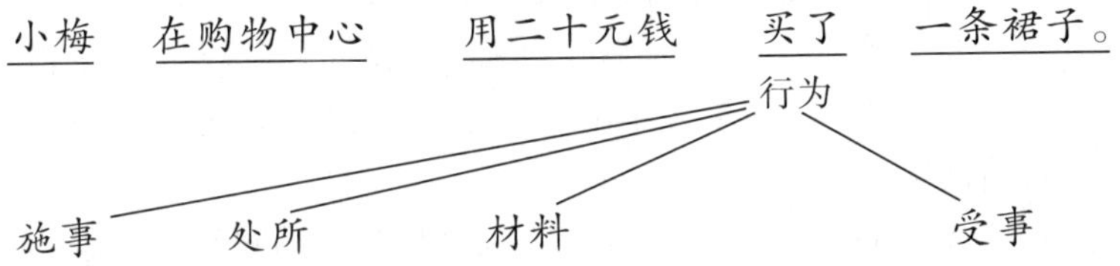

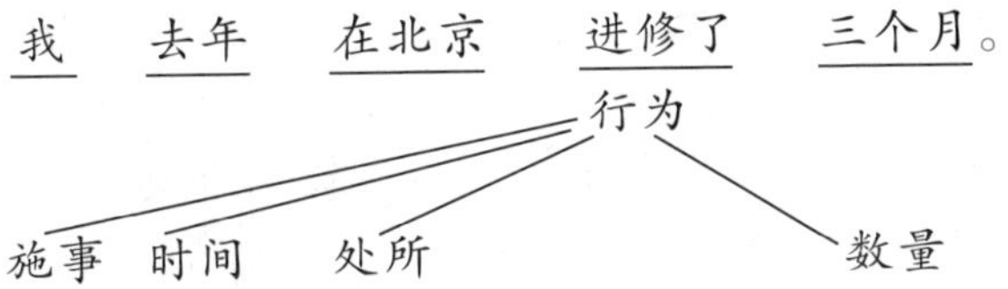

（二）句子和句子成分的语义指向分析

语义格分析只分析谓语动词同句中名词性成分之间的关系，但忽略了其他成分之间的语义关系，如定中关系、状中关系、述补关系等，这显然是不全面的。因此，我们还应该对句子进行语义指向分析。

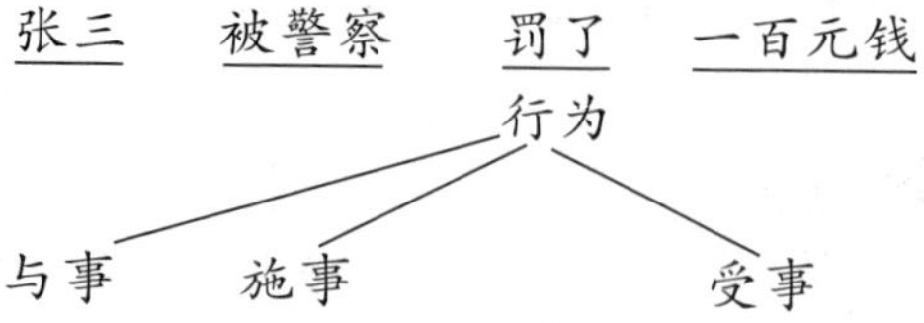

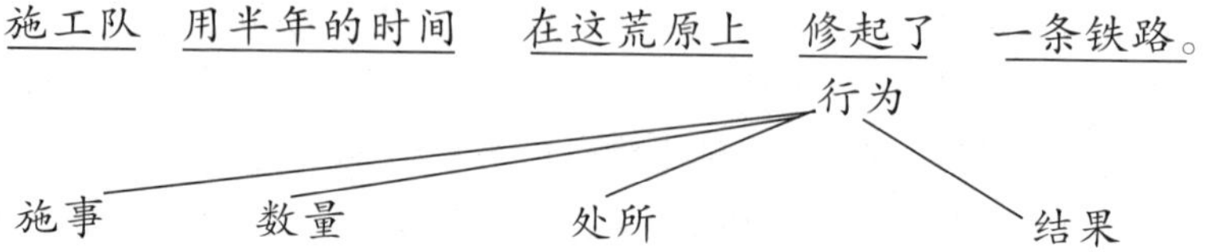

在句子中，句子成分之间具有一定方向性和一定目标的语义联系叫作语义指向。句子成分语义联系的方向称为“指”，句子成分的语义所指向的目标叫作“项”。“指”有单指、双指的区别。“单指”是说句子成分的语义联系只有一个方向，或者前指（指向它前面的成分），或者后指（指向它后面的成分）。双指是说句子成分的语义联系的方向既可以指向它前面的成分，也可以指向它后面的成分。

句子成分的“项”有单项、多项的区别。“单项”是说句子成分的语义联系只指向一个成分，“多项”是说句子成分的语义联系指向两个或两个以上的成分。

语义指向有广义和狭义之分。广义的语义指向包括句子中的一切带有方向性和目标性的语义联系。狭义的语义指向只包括附加性句子成分（定语、状语、补语）同句子中其他成分的语义联系。

1. 状语的语义指向

从语法关系来看，状语修饰中心语，构成状中关系。从语义关系来看，状语不仅可以同中心语发生关系，而且还可以同其他成分发生语义关系。例如：

a. 祥林嫂呆呆地坐在河边。

b. 老王酽酽地沏了一壶茶。

c. 乡亲们紧紧地握住战士们的手。

a例中，状语“呆呆地”在语义上同句中的主语“祥林嫂”相联系，亦即指向主语。b例中，状语“酽酽地”在语义上同宾语“茶”相联系，亦即指向宾语成分。c例中，状语“紧紧地”在语义上同述语动词“握”相联系，亦即指向述语。

副词是只能充当状语的词类。副词充当状语的语义指向的情况更为复杂。以范围副词充当状语的语义指向为例。

北京和上海我都去了。（副词“都”的语义前指，指向“北京和上海”）

北京我们都去了。（副词“都”的语义前指，指向“我们”）

他把五个包子全吃了。（副词“全”的语义前指，指向“五个包子”）

张三一共买了三本书。（副词“一共”的语义后指，指向“三本”）

这家工厂七月份总共生产空调五千台。（副词“总共”的语义后指，指向“五千台”）

他仅仅读了四年书。（副词“仅仅”的语义后指，指向“四年”）

张三只喜欢李四。（副词“只”的语义后指，指向“李四”）

“都、全”是总括性范围副词，其语义功能是从整体上对人和事物、时间、空间等进行概括，所以其语义指向表示多数或整体的成分。

“一共、总共”是总计性范围副词，其语义功能是从总量上对数量进行概括，所以其语义指向表示数量的成分。

“仅仅、只”是选择性范围副词，其语义功能是从范围中选择一定的对象而排除其他，所以其语义指向主体选择的对象成分。

2. 补语的语义指向分析

从语法关系来看，补语补充述语，构成述补关系。从语义关系来看，补语不仅可以同述语发生关系，而且还可以同其他成分发生语义关系。例如：

a. 他喝醉了酒。

b. 他摔破了杯子。

c. 店里走进来一群年轻人。

d. 民警抓住了小偷。

a 例中，补语“醉”在语义上同句中的主语“他”相联系，亦即指向主语。b 例中，补语“破”在语义上同受事宾语“杯子”相联系，亦即指向宾语。c 例中的补语“进来”在语义上同施事宾语“年轻人”相联系。d 例中，补语“住”同述语动词“抓”相联系，亦即指向述语。

3. 定语的语义指向

从语法关系来看，定语修饰中心语，构成定中关系。从语义关系来看，定语不仅可以同中心语发生关系，而且还可以同其他成分发生语义关系。例如：

a. 我们吃了一顿很开心的晚餐。

b. 姚明的球打得好。

c. 你必须给我们一个满意的答复。

a 例中，定语“开心”在语义上同句中的主语“我们”相联系，亦即指向主语。b 例中，定语“姚明”在语义上同述语“打”相联系，亦即指向述语。c 例中，定语“满意”在语义上同近宾语“我们”相联系，亦即指向近宾语。

4. 确定语义指向的方法

确定语义指向常用的方法就是“成分分解—组配法”。通过句子成分的分解—组配，我们可以比较清晰地看出句子成分的语义联系，从而确定句法附加成分的语义指向。例如：

a. 我们踢赢了球＝我们踢球＋我们赢了（补语指向主语）

b. 我们踢破了球＝我们踢球＋球破了（补语指向宾语）

c. 我们踢完了球＝我们踢球＋踢完了（补语指向述语）

练习题

1. 举例说明句子的分类。

2. 分析下面这个句子的语义结构。

全班同学 都 通过了 英语四级考试。

3. 请举例说明名词谓语句中谓语的成分。

4. 形容词谓语句是形容词或形容词性短语作谓语的句子。请举例说明谓语的成分。

5. 请分析连谓谓语句中主语和谓语动词之间的语义联系。

6. 请分析兼语谓语句中主语和谓语动词之间的语义联系。

7. 试分析主谓谓语句中大主语、小主语和小谓语动词之间的语义关系。

8. 试分析插入语的表达功能。

9. 通过句子附加成分的压缩删略，谈一谈你对句子附加成分的表达作用。

10. 举例说明疑问句的类型。

11. 各种问句对答句都有一定的限制。如何回答，特别是如何突破问句的限制就体现了回答的策略。举例说明常见的答句策略。

12. 对于“你是大学生吗?”这个问题，请给出四种不同的肯定的回答。

13. “把”字句的构成条件有哪些？请给以说明。
14. 举例说明双宾语句的类型。
15. 存现句的构成条件有哪些？存现句表达哪些语法意义？
16. 举例说明“是”字判断句中的判断关系。
17. 举例说明“有”字句的类型。
18. 举例说明“有”字句中的语义偏移现象。
19. 用语义格系统分析下列句子的语义结构。

王老五去菜场买了十斤肉。

小刘被连长派去执行侦察任务。

武松用拳头和棍棒打死了一只老虎。

天空中飞来一只矫健的雄鹰。

20. 分析下列句子中的语义指向。

(1) 状语的语义指向。

李处长马马虎虎地签了字。

小妹淡淡地涂了一层口红。

大伟早早地来到学校。

(2) 补语的语义指向。

这件衣服洗干净了。

狙击手瞄准了目标。

小梅哭红了眼睛。

(3) 定语的语义指向。

大伟的作文写得好。

李四拖着疲乏的脚步走回去了。

人民的选择是民意的表达。

第五节 复 句

一、复句概说

复句是由两个或两个以上在意义上相关，在结构上互不包含的单句组成的句子，组成复句的单句叫作分句。例如：

我喜欢电脑，因为它能帮我做很多事情。

秋天到了，天气凉了，树叶落了，菊花黄了。

（一）复句的特点

从意义上看，构成复句的各个分句之间都是有密切联系的。分句在意义上的关联性是组合成复句的重要条件。构成复句的分句可以是主谓句，也可以是非主谓句。例如：

风停了，雨也住了。（分句是主谓句）

尊重知识，尊重人才。（分句是非主谓句）

省略现象在复句中非常常见。构成复句的分句由于相互之间的关联、呼应等方面的联系，为了表达的简练，常常省略一些成分。例如：

你有什么困难，可以来找我。/有什么困难，你可以来找我。（省略了主语）

大家都在做作业，你也快做吧。/小明去过香港，小梅也去过。（省略了宾语）

构成复句时，使用的语法手段主要有两种：语序和关联词语。语序是分句排列的次序。分句排列的语序有时间序、空间序、逻辑序等。关联词语是表示分句之间各种语序的词语。使用关联词语是复句区别于单句的一个显著的特点。

（二）关联词语

关联词语也叫关联词，是用来把分句连接为复句的重要语法手段之一，它们是表示分句之间各种关系的词语。关联词语不是一个单纯的词类，也不是某几个词类的总称。关联词语主要是根据对分句的关联作用而确定的。例如“不但……而且”、“因为……所以”、“如果……那么”、“或者……或者”等。有些副词也具有关联作用，例如“也、就、都、才、又”等。此外还有一些关联短语，例如“不是……而是”、“如果说……那么”、“之所以……是因为”、“一方面……另一方面”等。

不同的关联词语可以表示分句之间不同的语义联系。相同的分句用不同的关联词语联系起来时，可以表示不同的语义关系。例如：

你去，我也去。（并列复句）

你去，然后我去。（承接复句）

不仅你去，而且我也去。（递进复句）

如果你去，我就去。（假设复句）

因为你去，所以我去。（因果复句）

只有你去，我才去。（条件复句）

关联词语可以显示复句的结构层次。在较为复杂的多重复句中，关联词语可以比较清晰地显示出多重复句的结构层次，更好地理解多重复句表达的意义。例如：

如果我们既有优秀的道德品质，又有健康的体魄，既掌握了科学知识，又具有动手的能力，那么我们将来一定会有所作为的。

上面这个三重复句中使用了两对关联词语：“如果……那么”表明第一层的假设关系，两对“既……又”关联词显示第二层的并列关系，“既……又”显示第三层的并列关系。

二、复句的关系—— 一重复句

复句包含着意义、结构、表达多方面的因素，复句可以根据不同的因素做不同的分类。

根据分句间的语义关系，复句可以分为联合复句和偏正复句。联合复句和偏正复句内部根据更具体的语义关系，还可以做进一步的分类。联合复句内部还可以再分为并列复句、顺承复句、解说复句、选择复句、递进复句等类型，偏正复句内部还可以再分为转折复句、条件复句、假设复句、因果复句、目的复句等类型。

根据分句的结构层次，复句可以分为一重复句和多重复句。

（一）联合复句

1. 并列复句

用 A、B、C 等大写字母代表分句，那么并列复句的格式可以表示为：A、B、C…各分句之间是并列关系，即各分句彼此平行，不分先后轻重。并列复句又可以分为平行式和对比式。并列复句常用排列分句语序的方式构成，也可以使用关联词语连接分句的方式。

（1）平行式并列复句。平行式并列复句中的分句之间是平行关系，几个分句平行地分别说明或描写几件事情、几种情况或者同一事物的几个方面。例如：

柳枝绿了，桃花开了。

威武不能屈，富贵不能淫。

你去打瓶醋，另外买袋盐。

小明有时聪明，有时糊涂。

我们既要搞好学习，也要锻炼好身体。

（2）对比式并列复句。对比式并列复句中的分句之间是相对的关系，这种相对的关系或者是意义上的相反相对，或者是事情状况的对比对立。例如：

虚心使人进步，骄傲使人落后。

人非生而知之，而是学而知之。

他是装傻，而不是糊涂。

不要过分地追求分数，而要注意知识的掌握。

并列复句中常用的关联词语如表 4－2 所示。

表 4－2

平行关系	单用	也　又　还　同时　同样　另外
	配对使用	既 A，也（又）B/ 又（也）A，又（也）B/有时 A，有时 B 一方面 A，（另、又）一方面 B/一边 A，一边 B/ 一会儿 A，一会儿 B
对比关系	单用	而　而是
	配对使用	不是 A，而是 B/是 A，不是 B

2. 顺承复句

顺承复句的基本格式为：A，然后 B。前后分句按照时间、空间或逻辑事理上的顺序排列，连贯地叙述连续的动作行为或事件的过程，分句之间有先后相承的关系。例如：

过了那林，船便弯进了叉港，于是赵庄便在眼前了。

刘国梁以 21：14 拿下第一局，继而以 21：13 胜了第二局，最后以 21：9 赢了第三局。

为了青藏高原，守藏战士献出了青春，献了青春又献终身，献了终身再献子孙。

身体好了，学习效率高了，成绩上去了，精神面貌大变样了。

并列复句中的分句之间的关系是平行的或对立的，一般没有时间上的先后之分，可以变动前后分句的语序，所以有人把并列复句中分句的排列状况比作“雁行式”。顺承复句中的分句是按照一定的顺序排列的，或者是按时间顺序，或者是按空间顺序，或者是按逻辑顺序，因此顺承复句中的分句一般不能变动前后语序，有人把承接复句中分句的排列状况比作“鱼贯式”。“雁行式”和“鱼贯式”比较形象、贴切地显示了并列复句和顺承复句的区别。

顺承复句中常用的关联词语如表4－3所示。

表4－3

单用	就 便 才 又 再 于是 然后 接着 跟着 继而 终于
配对使用	首先（起先）A，然后（后来）B/刚A，就B

3. 解说复句

解说复句的基本格式为：A，就是B。前后分句之间是解释和被解释、说明和被说明的关系。一般是前一分句说明一种情况，后面的分句对这种情况加以解释说明，在意义上也相互承接。解说复句一般不用关联词语。

根据分句之间的关系，解说复句可以分为三种情况。

（1）前一分句先概括地说出一种情况，或指出一种事物，后面的分句再对这种情况或事物做具体的解释说明。这种解说复句可以称为解说式。例如：

在延安，美的观念有更健康的内容，那就是整洁、朴素、自然。

云南大理流传着一个动人的故事，那就是阿诗玛的故事。

古人曰：展卷有益。就是说，读书对人是有好处的。

（2）前一个分句先说出一个整体或总的情况，后面的分句对这个整体或总的情况分别叙述说明。这种解说复句可以称为总分式。例如：

汉字编码大致可以分为三种类型：一种是根据汉字形体编码，一种是根据汉字的语音编码，一种是形体、语音相结合编码。

我们班有两个出名的人物：一个是“小灵通”王小明，一个是“吹破天”丁大伟。

(3) 前面的分句先分别叙述说明个体或各个方面的情况，后面的分句再进行总的概括。这种解说复句可以称为分总式。例如：

对自己，学而不厌；对别人，诲人不倦，我们应取这种态度。

我们班的学习委员是李小梅，劳动委员是王大力，体育委员是张勇，宣传委员是刘鸣雁，班长是唐涛，这就是我们的班委会。

4. 选择复句

选择复句的基本格式有两种，一种是：与其 A，不如 B。这一种可以叫作取舍选择复句。另一种是：A，或者 B。这一种可以叫作无取舍选择复句。两种选择复句共同点都是说出两种或几种可能的情况，让人们从中选择，做出决定。

(1) 取舍选择复句。取舍选择复句一般是列出两种可能的情况，选择其中的一种，舍弃另一种。取舍选择复句内部又有两种情况：一种是先舍后取。例如：

依靠别人，还不如依靠自己。

与其临渊羡鱼，不如退而结网。

与其空谈理论，倒不如脚踏实地地实践。

另一种是先取后舍。例如：

宁愿站着死，决不跪着生。

宁流万滴汗，不偷一分懒。

一般来说，先舍后取的选择复句语气比较委婉，而先取后舍的复句语气比较坚定。

(2) 无取舍选择复句。无取舍选择复句一般是列出几种可能的情况，给出选择的范围，但不加以取舍。无取舍选择复句内部又分为两种情况：一种是或此或彼式。说话人列出的供选择的情况不是互相排斥的，或此或彼都可以，带有任凭选择的意味，说话人态度较灵活，口气也较委婉。例如：

这次旅游我们或者去南京，或者去杭州，或者去苏州。

这种鱼有好几种吃法，或清蒸，或红烧，或炖汤。

下午我们是踢足球呢，还是打篮球，或是去打乒乓球？

另一种是非此即彼式。一般是说话人列出两种可能，这两种可能是相互对立、排斥的，二者必选其一。这种选择复句的语气比较坚定。例如：

不是鱼死，就是网破。

沉默呵，沉默，不是在沉默中爆发，就在沉默中灭亡。

要么把老虎打死，要么被老虎吃掉。

选择复句中常用的关联词语如表 4 -4 所示。

表 4 -4

取舍关系	先舍后取	单用	还不如 倒不如
		配对使用	与其 A，不如（宁肯、毋宁、还不如、倒不如）B
	先取后舍	配对使用	宁可（宁肯、宁愿、宁）A，也不（决不、不）B
无选择取舍	多种可能	单用	或者 或是 或 还是
		配对使用	或者，或（是）A/或者，或（是）B/是 A，还是 B
	两种可能	配对使用	不是 A，就是 B/要么 A，要么 B

5. 递进复句

递进复句的基本格式是：不仅 A，而且 B。递进复句表达的是程度、数量、范围、时间、状况等方面的比较或变化。一般是前面的分句说明一定情况的量度或状况，后面的分句则说明更进一层的量度或状况。递进是双向的，递强、递弱、递增、递降等都是递进。根据递进关系的表示，递进复句可以分为三种类型。

（1）单面递进式。单面递进式从一个方面说明递进的状况，只在一个分句中使用关联词语，一般用在后一个分句上，表达的重心也在后一个分句上。例如：

脑力劳动是劳动，而且是很艰苦的劳动。

他们为祖国献出了自己的青春，甚至献出了宝贵的生命。

这次数学题目较难，况且他准备得也不充分。

大江大河都过来了，何况这条小小的河沟。

（2）两面衬托式。两面衬托式从两个方面说明递进的状况，前一分句说明一定的量度，起一种衬托的作用；后一分句强调达到更进一层的量度，表达的重心在后一分句。两面衬托式根据衬托的情况，又可以分为两种。

A. 正面衬托递进。一般是前面的分句肯定已经达到较强的量度，后面的分句强调达到更进一步的量度。例如：

实践不仅是检验真理的标准，而且是唯一的标准。

大伟不但物理好，而且化学也好。

B. 反面衬托递进。反面衬托递进复句也叫作反递复句。一般是前面的分句说明一种同要强调的相反的量度，后面的分句则转到相反的、更强的量度。反面衬托递进实际上是转折关系和递进关系复合而成的一种递进关系。反面衬托递进的语气要比正面衬托递进的语气更强。例如：

经过这次挫折，他不但没有灰心，反而更有信心了。

他的病不但没减轻，反倒更重了。

别说是市里的竞赛了，就是全国竞赛人家都得过大奖。

（3）三层递进式。这是表达递进关系达到最高量度的递进复句。这种递进复句实际上是衬托递进复句和单面递进复句复合而成的递进复句。例如：

他不但学习好，而且工作好，思想品德尤其好。

他出狱后不但不悔过自新，反而旧态复萌，甚至比以前还猖狂。

为了祖国的荣誉，生命尚且不惜，何况受一点伤，更不要说流一些汗了。

递进复句中常用的关联词语如表4－5所示。

表4－5

<table>
<tr><td colspan="2">单面递进</td><td>而且　并且　何况　况且　甚至　更　还　甚至于　更何况</td></tr>
<tr><td rowspan="2">衬托递进</td><td>正衬</td><td>不但（不仅、不只、不光）A，而且（也、还、又、更、连）B</td></tr>
<tr><td>反衬</td><td>不但不/没（不仅不/没）A，反而（反倒、相反、偏偏）B/
尚且A，何况B/别说（慢说、不要说）A，连（就是）B</td></tr>
<tr><td colspan="2">三层递进</td><td>不但A，而且B，甚至（特别是、尤其是）C</td></tr>
</table>

（二）偏正复句

1. 转折复句

转折复句的基本格式是：虽然A，但是B。前面的分句表达一种意思，后面的分句则转到相反或相对的意思上去。后面的分句所表达的是说话人要表达的主要的意思，叫作转折复句中的正句，前面的分句则叫作转折复句的偏句。根据前后分句意思相反相对的程度以及关联词语使用的情况，转折复句中的转折关系可以分为重转式和轻转式两种情况。

（1）重转式。重转式转折复句中的前后分句在意思上相反，有明显的对立，表示较重的转折意味，语气较重。例如：

虽然他学习成绩很好，但是大家并不佩服他。

尽管那个人说得天花乱坠，却没有一个人上他的当。

（2）轻转式。轻转式转折复句中的前后分句在意思上对立不明显，语气也较委婉。例如：

我也想考好，可是考场发挥的情况总是不理想。

大刚不是一个粗野的人，不过有些爽直罢了。

小梅曾经是一个纯真的女孩子，然而亲身的经历让她懂得了社会的复杂。

转折复句中常用的关联词语如表 4 –6 所示。

表 4 –6

重转	单用	虽然　虽　但是　但
	配对使用	虽然（虽说、尽管）A，但是（可是、然而、但、却、还是）B
轻转	单用	可是　可　然而　却　只是　不过　倒

2. 条件复句

条件复句的基本格式为：只有 A，才 B。前后分句之间有条件和结果的推论关系。一般是偏句在前，提出一定的条件；正句在后，表示在满足条件的情况下所产生的结果。根据偏句和正句之间的条件—结果关系，条件复句可以分为两大类：有条件式和无条件式。

（1）有条件式条件复句。有条件式条件复句内部根据分句之间的条件—结果关系，可以分为三个小类。

A. 必要条件式。这类条件复句中的偏句提出条件是特定的或唯一的，正句就偏句所提出的条件来推出相应的结果，结果是以条件为转移的。这类条件复句的语气比较强烈。例如：

平时多流汗，战时才能少流血。

只有双方都有诚意，谈判才能取得进展。

除非我写不动了，否则我会一直写下去。

B. 充足条件式。这类条件复句中的偏句提出的条件是充足的，即具备了这种条件就能产生相应的结果。例如：

付出心血和汗水，就一定会有收获。

只要功夫深，铁杵磨成针。

一旦时机成熟了，革命的暴风雨就来到了。

C. 倚变条件式。这类条件复句中偏句所提出的条件同正句所表示的结果有一种倚变关系或连锁关系，即有了条件 C，就会产生与 C 相对应的结果 C′，条件 C 越充分，结果 C′就越明显。倚变条件式除了使用“越……越……”格式以外，还经常在前后分句中使用相同的词语互相呼应，以表示倚变关系。例如：

氧气越充足，燃烧越猛烈。

哪里有压迫，哪里就有反抗。

谁付出的多，谁收获的就多。

（2）无条件式条件复句。无条件式条件复句中前面的分句表示任何条件或任意的条件，后面的分句表示在任何条件下都会产生的结果。无条件式条件复句中条件同结果是不一致的。这类条件复句的语气最强烈。例如：

不管付出多大的代价，也要把阵地夺回来！

无论是什么样的顾客，我们都要热情接待。

任凭再大的风浪，也阻挡不住我们共和国的航船！

条件复句中常用的关联词语如表 4－7 所示。

表 4－7

<table>
<tr><td rowspan="5">有条件式</td><td rowspan="2">必要条件式</td><td>单用</td><td>才　否则　要不然</td></tr>
<tr><td>配对使用</td><td>只有（唯有、除非）A，才（否则、不）B</td></tr>
<tr><td rowspan="2">充足条件式</td><td>单用</td><td>就　便</td></tr>
<tr><td>配对使用</td><td>只要（一旦、只需）A，就（都、便、总）B</td></tr>
<tr><td>倚变条件式</td><td colspan="2">越 A，越 B。</td></tr>
<tr><td colspan="2">无条件式</td><td colspan="2">无论（不论、不管、任凭）A，都（总是、也、还）B</td></tr>
</table>

3. 假设复句

假设复句的基本格式为：如果 A，就 B。前后分句之间有假设和结果的推论关系。一般是偏句在前，提出一定的假设的条件；正句在后，表示在满足假设条件的情况下所产生的结果。根据偏句和正句之间的假设—结果关系，假设复句可以分为两大类。

（1）一致式。在这类假设复句中，前面的分句提出一种假设，后面的分句根据前面的分句提出的假设进行推论，假设如果成立，结果就能出现，结果与假设是一致的。例如：

如果平时不注意积累写作材料，考场上写起作文来就不能应付自如。

假如武松打不死老虎，那么就会被老虎吃掉。

你要想知道梨子的滋味，你就得亲口尝一尝。

对情况的假设不一定都是未来的，有时对过去的情况也可以进行假设。对未来进行假设一般用于推断事物的发展，对过去进行假设则多用于分析情况，解释原因。例如：

如果昨天不下雨，我们会去看望你的。

刚才这一局你要是冷静一些，你就赢了。

（2）相背式。在这类假设复句中，前面的分句提出的假设是让步性的，把假设作为事实承认下来，而后面的分句则说出与假设实现并不相应的结果，即是说，正句所表示的结果与偏句所假设的条件是相背的。例如：

即使是三好学生，也还是有缺点的。

比赛就是输了，也不能输掉人格。

纵然是龙潭虎穴，我们也要去闯他一闯！

相背式假设复句的分句之间有转折关系，这一点同转折复句有类似之处。不过转折复句的前一分句所说的都是已经实现的事实，而假设复句的前一分句所说的一般都是未实现的情况。比较下面的例子：

即使今天不下雨，我也不想去。（实际上今天下雨了。假设复句）

虽然今天没下雨，但是我也不想去。（今天确实没下雨。转折复句）

假设复句中常用的关联词语如表 4－8 所示。

表 4－8

一致式	单用	那 那么 就 便 则
	配对使用	如果（假如、假使、假若、假设、倘若、若、若是、要是）A，就（那、那么、便、则、也）B
相背式	单用	也 还
	配对使用	即使（就是、就算、纵使、纵然、哪怕、再）A，也（还）B

4. 因果复句

因果复句的基本格式为：因为 A，所以 B。前后分句之间是原因和结果的推论关系。一般是偏句在前，说出一定的原因；正句在后，表示由于偏句所说的原因而产生的结果。根据偏句和正句之间的原因—结果关系，因果复句可以分为两大类。

（1）说明式。这类因果复句中的原因和结果在说话人说话时都已经存在，使用说明式因果复句主要是解释说明原因和结果之间的关系，比较强调原因。例如：

他在中小学时期打下了良好的基础，因此后来能取得很大的成就。

由于大雪封山，车队难以通行。

吉新鹏之所以能够战胜叶诚万，是因为他在气势上压倒了对方。

正是因为中国乒乓球队不断创新，所以在世界乒坛上长盛不衰。

（2）推论式。这类因果复句中的原因在说话人说话时已经存在，但是结果是推论出来的。使用推论式因果复句主要是根据一定的原因推论出应该出现的结果，比较强调结果出现的根据。例如：

现在大家纪念他，可见他的精神感人之深。

既然确定了前进的方向，我们就不会再动摇。

平时刻苦锻炼，比赛时自然能取得好成绩。

推论式因果复句也可以由结果推论原因。例如：

这种产品既然畅销，它的质量也一定不错。

小芳今天特高兴，八成她又考了个满分。

因果复句中常用的关联词语如表 4－9 所示。

表 4－9

说明式	单用	因为　由于　所以　因此　因而　故而　以致　致使
	配对使用	因为（由于）A，所以（才、就、于是、因此、因而、以致）B 之所以 A，是因为（是由于、就在于）B
推论式	单用	既然　既　就　可见　当然　自然
	配对使用	既然 A，那么（就、又、便、则）B

5. 目的复句

目的复句的基本格式为：为了 A，就 B。前后分句之间是目的和手段的关系。表示目的的是正句，表示手段或行为的是偏句。根据偏句和正句之间的目的—手段关系，目的复句可以分为两大类。

（1）追求式。追求式目的复句表示要达到一定的目的，这个目的是说话人所期望达到的比较理想的目的。表示目的的正句可以在前，也可以在后。例如：

为了把我们的祖国建设得更加美好，我们现在就要努力掌握好科学知识。

十年苦练，就是为了今日的一战。

课后要及时温习刚学过的内容，以便巩固学习效果，加深理解。

（2）避免式。避免式目的复句表示的目的是要避免出现一定的情况，这个情况是说话人不希望出现的。表示目的的正句一般出现在后面。例如：

出发前要做好准备，免得到时候手忙脚乱的。

对这种不良现象我们要采取有力的制止措施，以免让它发展下去。

你最好带上件防身的东西，以防坏人打你的主意。

目的复句中常用的关联词语如表 4－10 所示。

表 4－10

追求式	为了　为着　以　以便　借以　好　好让　为的是
避免式	以免　免得　省得　以防

三、复句的层次——多重复句

根据复句的内部结构层次，可以做如下分类：只有一个结构层次的叫作一重复句，或者叫单重复句；有两个结构层次的叫作二重复句；有三个结构层次的叫作三重复句；有四个结构层次的叫作四重复句。四重以上的复句比较少见。一般把一重复句单独作为一类（例如上面“二、复句的关系”描述的内容）；把二重复句、三重复句、四重复句合称为多重复句。

在多重复句中，二重复句、三重复句是关键，多重复句中基本的逻辑语义关系和分句组合的方式、层次在二重复句和三重复句中基本上都表现出来了。掌握了二重复句和三重复句，基本上就可以通过类推的方法去分析和理解更多层次的多重复句的结构。

分析多重复句时，一般用竖线表示结构层次。“Ⅰ”表示结构的第一层次，“Ⅱ”表示第二层次，“Ⅲ”表示第三层次，其余的可以类推。多重复句中逻辑语义关系则一般用汉字注明，如“并列”“因果”等。

（一）二重复句

包含两个结构层次的复句叫作二重复句。二重复句由一重复句扩展而来。二重复句的构成有以下几种类型。

1. 分句Ⅰ一重复句

这类二重复句由一个分句和一个一重复句构成，全句的第一层次在分句和一重复句之间。例如：

一个人不管天生多么聪明，Ⅰ（条件）如果没有后天的刻苦勤奋，Ⅱ（假设）那么他就不可能取得什么成就。（全句是一个条件二重复句）

我赞美白杨树，Ⅰ（因果）就因为它不但象征了北方的农民，Ⅱ（递进）尤其象征了我们民族解放斗争中所不可缺少的质朴、坚强，以及力求上进的精神。（全句是一个二重因果复句）

2. 一重复句Ⅰ分句

这类二重复句由一个一重复句和一个分句构成，全句的第一层次在一重复句和分句之间。例如：

如果没有知识分子，Ⅱ（假设）我们的社会主义建设就不会取得今天的成就，Ⅰ（因果）因此全社会都要尊重他们。（全句是一个二重因果复句）

我们既要认真学习前人的经验，Ⅱ（转折）但是也不要墨

守成规，Ⅰ（解说）这才是正确的态度。（全句是一个二重解说复句）

3. 一重复句Ⅰ一重复句

这类二重复句由两个一重复句构成，全句的第一层次在两个一重复句之间。例如：

有的人活着，Ⅱ（转折）他已经死了；Ⅰ（并列）有的人死了，Ⅱ（转折）他还活着。（全句是一个二重并列复句）

全队上下都关心我帮助我，Ⅱ（因果）我才能站在领奖台上，Ⅰ（并列）没有那些无名英雄的默默地奉献，Ⅱ（假设）我也拿不到这块金牌。（全句是一个二重并列复句）

（二）三重复句

三重复句是多重复句中的一类，包含三个结构层次的复句叫作三重复句。三重复句由二重复句扩展而来。三重复句的构成有以下几种类型。

1. 分句Ⅰ二重复句

这类三重复句由一个分句和一个二重复句构成，全句的第一层次在分句和二重复句之间。例如：

考试的分数从一个方面反映了学生对知识掌握的情况，Ⅰ（因果）学生关心考试的分数是很正常的，Ⅱ（转折）但是不能过分地追求分数，Ⅲ（递进）更不能成为分数的奴隶。（全句是一个三重因果复句）

熊倪是应该感到自豪的，Ⅰ（因果）因为他在极其困难的情况下为中国队夺得了第一枚跳水金牌，Ⅱ（并列）并且蝉联了这个项目的奥运冠军，Ⅲ（递进）更向世界展示了中国运动员的风采。（全句是一个三重因果复句）

2. 二重复句Ⅰ分句

这类三重复句由一个二重复句和一个分句构成，全句的第一层次在二重复句和分句之间。例如：

如果我们既继承了前人的经验，Ⅲ（并列）又借鉴了国外的先进经验，Ⅱ（转折）但又不生搬硬套，Ⅰ（假设）我们的建设速度一定会提高。（全句是一个三重假设复句）

虽然她才16岁，Ⅱ（并列）脸上还充满稚气，Ⅲ（递进）而且也像其他女孩一样喜欢吃零食，Ⅰ（转折）但她却是一个拿过世界冠军的老运动员了。（全句是一个三重转折复句）

3. 一重复句Ⅰ二重复句

这类三重复句由一个一重复句和一个二重复句构成。全句的第一层次在一重复句和二重复句之间。例如：

如果把自己看作群众的主人，Ⅱ（并列）看作高踞于“下等人”头上的贵族，Ⅰ（假设）那么，不管他们有多大的才能，Ⅱ（条件）也是群众所不需要的，Ⅲ（并列）他们的工作是没有前途的。（全句是一个三重假设复句）

任何一个学生，如果他不认真听取老师的指导，Ⅱ（并列）不虚心向同学们学习，Ⅰ（假设）即使他再聪明，Ⅲ（递进）甚至是个天才，Ⅱ（假设）也很难有大的成就。（全句是一个三重假设复句）

4. 二重复句Ⅰ一重复句

这类三重复句由一个二重复句和一个一重复句构成。二重复句在前，一重复句在后。全句的第一层次在二重复句和一重复句之间。例如：

如果我们只看现象，Ⅲ（并列）不看本质，Ⅱ（并列）只看局部，Ⅲ（并列）不看全体，Ⅰ（假设）就不能真正认识事物，Ⅱ（递进）甚至为假象所迷惑。（全句是一个三重假设复句）

虽然天降大雨，Ⅲ（并列）洪水肆虐，Ⅱ（因果）给我们带来极大的困难，Ⅰ（转折）但是我们一定要确保大堤安全，Ⅱ（并列）确保人民生命财产的安全。（全句是一个三重转折复句）

5. 二重复句 Ⅰ 二重复句

这类三重复句由两个二重复句构成。全句的第一层次在两个二重复句之间。例如：

掌柜是一副凶脸孔，Ⅲ（并列）主顾也没有好声气，Ⅱ（因果）教人活泼不得，Ⅰ（并列）只有孔乙己到店，Ⅲ（条件）才可以笑几声，Ⅱ（因果）所以至今还记得。（全句是一个三重并列复句）

如果我们学到了知识，Ⅲ（转折）但是却不会在实践中运用，Ⅱ（假设）等于没学到知识；Ⅰ（并列）只有学到了知识，Ⅲ（递进）而且又能在实践中运用，Ⅱ（条件）这才是真正学到了知识。（全句是一个三重并列复句）

四、紧缩句

紧缩句是用单句形式表达复句内容的一种特殊的句式。紧缩句由复句紧缩而来，句中没有语音停顿。一般认为，紧缩句属于单句的范畴。

从结构来看，紧缩句的构成有以下几种情况。

（1）使用成对的关联词语。例如：

不打不相识。/他非去不可。/你不去事情也能办成。/这把戏我一看就明白。/狐狸再狡猾也斗不过好猎手。

（2）只用一个关联词语。例如：

唱完再唱一个。/无所求就无所惧。/什么时候你都不要骄傲。/跑到天边也要抓住你。/他想说又不敢说。

（3）重复使用相同的词语形成关联。例如：

活到老学到老。/你要什么给什么。/多个人多份力。/你走到哪儿我跟到哪儿。

（4）不用关联词语而靠语义关联。例如：

他不愿意别勉强。/钱少买不起。/人勤地不懒。

从逻辑语义关系来看，紧缩句基本上仍保留着复句的逻辑语义关系，所以紧缩句中的逻辑语义关系跟复句基本上是相同的。

假设关系。例如：

不请我不去。/你再说也没用。/有话你就说。

条件关系。例如：

无私才能无畏。/这事非你去不可。/有口气就得干下去。

转折关系。例如：

想唱唱不好。/人小志气大。/虎瘦雄心在。

因果关系。例如：

他下雨不能来。/我有事走不开。/吃了别人的当然嘴软。

练习题

1. 举例说明关联词语的作用。
2. 举例说明并列复句的两种类型。
3. 分别按照时间顺序、空间顺序、逻辑顺序写出三个顺承复句。
4. 举例说明解说复句的三种情况。
5. 举例说明选择复句的两种情况。
6. 举例说明两面衬托式递进复句。
7. 指出下列复句的关系。

每个人都不想上当受骗，但是又都想发财。

只有你帮助了别人，别人才会帮助你。

要想考过六级英语，首先得过四级。

大伙儿越劝他，他的劲儿越大。

任你说得天花乱坠，我就是不信。

就是你不说，我也知道是怎么一回事儿。

既然事情发展到今天这个地步，我们也只能面对现实了。

与其扬汤止沸，不如釜底抽薪。

得饶人处且饶人，免得日后成仇人。

8. 举例说明紧缩句中的逻辑语义关系。

第六节　现代汉语语法特点

一、现代汉语语法特点研究的重要性

关于汉语语法特点的研究在汉语语法研究中具有特别重要的地位。只有找到了汉语语法的特点，我们才能建立起真正意义上的汉语语法系统，否则，就只能跟在别人后面爬行，模仿国外某种语言的语法。因此，汉语语法研究都和汉语语法特点这一问题相联系；每一次有关汉语语法问题的大讨论（如汉语词类问题的讨论，主宾语问题的讨论等）都和人们对汉语语法特点的不同认识相关；每一种有关汉语语法的新观点、新理论也都是为了解决与汉语语法特点相关的问题而提出来的；每一位语法学家的成就，每一部语法论著的价值也都和对汉语语法特点的认识和探索相联系。因此，汉语语法研究要有新的突破，并且深入下去，就必须探讨汉语语法的特点。

二、现代汉语语法特点

（一）汉语的词类与句法成分之间不存在简单的一一对应关系

汉语的词类没有形态变化。汉语的这一语法特点对汉语语法的基本面貌有着全局性的影响。由于汉语缺乏严格意义上的形态变化，在词类的划分上，在判定句法结构中的句法成分的性质上，在词与句法成分的对应关系上，在句子构造的类型上，以及相关的其他方面，汉语都表现出一系列与英语的差异。这些差异，足以使我们能在语法上将汉语与英语区别开来。从这个意义

上说，没有选择词形变化作为表达语法关系和语法意义的主要手段是汉语语法最大的特点。汉语在语法上表现出来的特征都与这一特点有着直接或间接的因果联系。

英语的词在进入句子时，在不同的位置上，词形会发生相应的变化，以表示词在句子中充当的成分以及所表示的语法意义。这样词（以及词的形态变化）与句子成分之间就有了比较整齐的对应关系。英语中词与句子成分的基本对应关系如下。

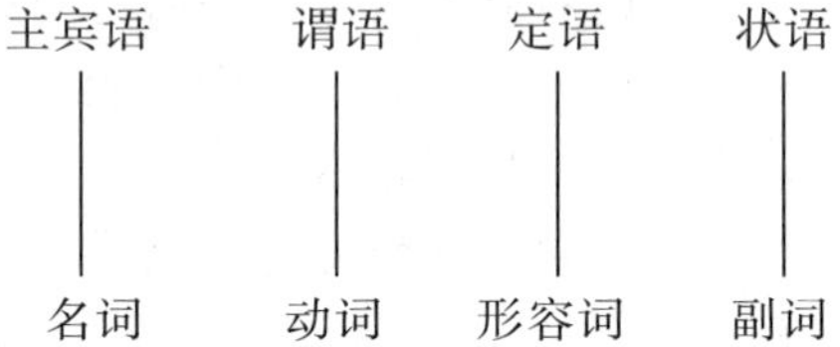

汉语的词类没有形态变化，所以在分布上呈现出一种多功能的状态。因此，汉语的词类同句法成分之间的对应关系不是简单的一一对应的关系，而是复杂的一对多和多对一的关系，如下图所示。

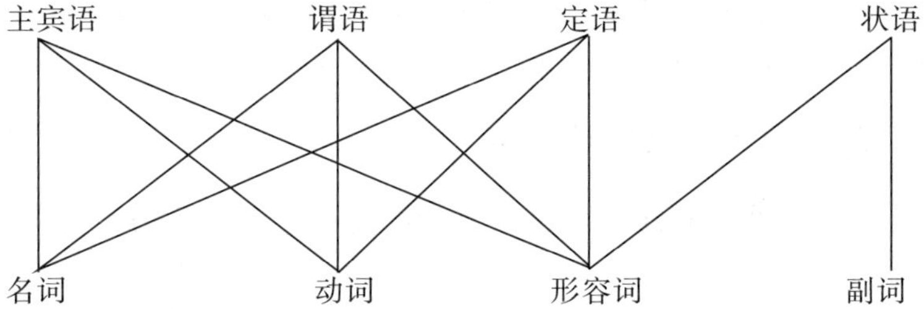

图 4－2　汉语词类同句法成分关系对立图

上面这个汉语词类同句法成分关系对应图中的内容包括了前面的英语词类同句法成分关系对应图中的全部内容，并且还多出了如下内容（斜线连接的内容）：

（1）名词在一定条件下可以作谓语。

（2）名词、动词可以作定语。

（3）动词、形容词在一定条件下可以作主、宾语。

（4）形容词可以作谓语、状语。

下面我们来分别讨论。

1. 汉语的名词在一定条件下可以作谓语

在汉语中，由名词或名词性的短语充当谓语，是一种较普遍的现象，不能简单地用省略了动词“是”来否定它，应该视为与动词谓语句平行的一种句型。它不仅在口语中大量存在，在书面语中也不罕见。

名词或名词性短语作谓语时，一般限于说明时间、处所、天气、自然现象、人的籍贯、职务、单位、身份、职业、疾病、特征等。例如：

今天中秋，明天国庆节。/下一站王府井，终点站亚运村。

小王车工，小李钳工。/王大妈高血压，她丈夫脂肪肝。

马克思德国人。/李教授博士生导师。/这件大衣皮领子。

史密斯黄头发。/这人小心眼儿。/你好大胆子！

门前一条大马路。/这张桌子三条腿。/这台电视三千块钱。

这辆汽车进口的。/我母亲教书的。/这朵花塑料的。

对于名词谓语句，汉语语法学界有过不同的看法。有种意见认为，所谓的名词谓语句，是省略了判断动词“是”，使原来的名词性宾语提升为谓语，真正的名词谓语句在汉语中是不存在的。这种说法有其合理之处。我们上面所举出的例子中大部分确实可以在主语和谓语之间加上判断动词“是”，但是有的例子如果不加入“是”，加入别的动词也同样成立。例如“门前一条大马路”也可以说成“门前有一条大马路”，所以说“门前一条大马路”是“门前是一条大马路”的省略形式，并不符合省略成分的唯一性。此外还有一些名词谓语句中不大好加入“是”。例如“你好大的胆子！→*你是好大胆子！”

汉语中的名词一般不受副词修饰。但是名词性成分作谓语后，还可以受到副词修饰，这就说明名词性成分确实可以作谓语。例如：

你才小气鬼呢。/头上净灰。/教室里就一个人。/明天又星期天了。

汉语里有名词性谓语句，这应该是个不争的事实。有些人其所以否定名词谓语，或者限制它，深层次的原因还是认为谓语必须由谓词性词语充当，名词性词语只能作主语和宾语。如果我们承认，汉语词类与句法成分不是一对一的关系，而是一种一对多（一种词类对应于多种句法成分）的对应，名词性谓语句就是一个必然的逻辑结果，因为这一特点的归纳，就是基于汉语的词类同句法成分之间的对应关系的事实。

2. 名词、动词可以作定语

在印欧语里，经常修饰名词的是形容词。在有些语言里，作定语甚至是形容词的专职。名词只有加上形容词后缀，转化为形容词之后才能作定语。比较下面例子中汉语和英语的“语法”的区别：

学习语法　　to study grammar

语法结构　　grammatical structure

汉语的名词则不同，无论是作主、宾语还是作定语都是一个形式；并且名词修饰名词比较自由，只要意义上可以搭配，就可以直接黏合（不用结构助词“的”）在一起组成偏正结构，甚至可以把一连串的名词叠加在一起构成复杂的偏正结构。例如：

我国南方各省丘陵地区粮食产量概况

中国足球甲级队联赛各队成绩统计表

像上面这样的多项名词构成的复杂的定中结构在英语中是看不到的。

再来看动词作定语的情况。汉语中的动词可以作定语，而且也不需要变化形式；特别是一部分双音节动词，可以直接修饰名词。例如：

思考方式/刺杀计划/指导教师/学习态度/

建设规模/书写姿势/前进方向/设计人员/

教学模式/训练方案/推销手法/进攻路线/

在英语里，只有动词的非限定形式才能作定语。汉语的动词作定语和作述语时候的形式一样，所以汉语中的“动词+名词”序列也有定中结构和述宾结构两种性质。

3. 汉语的动词和形容词在一定条件下可以作主、宾语

在汉语中，体词性词语可以作谓语。同样，谓语性词语也可以作主语和宾语。

哭是弱者的看家本领。/逃避解决不了问题。/去可以，不去也行。

以动词为中心语的状中短语和述补短语作主语的情况相对于单个动词来说，出现频率更高一些。例如：

光说解决不了问题。/能吃是福气。/不懂就是不懂。

吃得太饱不好。/写不好没关系。/说多了没意思。/开得太快危险。

动词性词语作宾语比作主语的更普遍。谓宾动词（如“进行、加以、给以、予以、喜欢、同意、讨厌、觉得、认为”等）经常带上动词、形容词及其构成的短语作宾语。例如：

这个问题已经开始调查。/学校对张老师给予奖励。/这个问题应加以重视。/我最怕纠缠。/我们同意安排他的工作。/他喜欢下棋。/我赞成去北京。/我打算继续考研究生。

谦虚使人进步，骄傲使人落后。/勤奋是成功的阶梯，懒惰是天才的坟墓。/善良比漂亮更重要。/高一点儿好看。/辣点儿有味道。/苦点儿累点儿算不了什么。

她非常爱干净。/我最讨厌虚伪。/我觉得怪里怪气的。/他显得花里胡哨的。

这里有两种观点要加以澄清。一种观点认为，汉语的动词只能作谓语，作主语、宾语的动词已经变成了名词，对主语、宾语位置上的形容词也作如是说。这种观点或许是受了印欧语的影响，而忽略了汉语自身的特点，而且“变成了名词”这种说法本身也不符合汉语的事实。汉语中，主语、宾语位置上的动词、形容词，一般都还具有一般动词、形容词的分布特征，而不具有名词的分布特征。汉语的名词一般不与副词、助动词组合，也不带宾语。主语、宾语位置上的动词、形容词，仍然可以与副词或助动词组合，动词仍然可以带宾语。例如：

吃是人的第一需要。/能吃是福气。/不吃这顿饭也饿不死。

苗条现在成了一种时尚。/能苗条起来当然好。/不苗条未必丑。

4. 形容词可以作谓语和状语

汉语里的形容词能够跟主语、谓语、宾语、定语、状语、补语等各种句法成分相对应，功能最为多样。同英语中的形容词相比，汉语的形容词可以作谓语和状语也是特点。例如：

小王谦虚，小李骄傲。/南方潮湿，北方干燥。/这件衣服贵，那件便宜。/这里很清净，也很舒服。

下面是形容词作状语构成的状中结构：

快跑/慢走/迅速前进/积极工作/认真学习/刻苦训练

愉快地游玩/痛苦地挣扎/紧张地准备/坦然地面对

在英语里，作状语的只能是副词；形容词如果要作状语，先加上前缀或后缀变成副词才行。因此，过去的汉语语法著作把状语位置上的词（包括形容词）一律看成副词，结果是副词和状语成了同义语。这在印欧语里是正常的，在汉语里就有点不合适了。其实汉语里的形容词是能够作状语的，特别是状态形容词

（慢慢儿的、远远儿的、好好儿的、规规矩矩的、热腾腾的）可以比较自由地作状语。例如：

你慢慢儿走。/他远远儿地望去。/面条热腾腾地端了上来。

造成汉语的词类与句子成分不存在简单的一一对应关系的直接原因是汉语词的多功能性，而汉语词类多功能的原因是汉语的词类没有形态变化。由词类与句法成分之间的复杂的对应关系这一基本的区别引发，导致汉语在短语层面和句子层面同英语呈现出一系列的区别。

（二）汉语句子的构造原则同词组的构造原则基本上是一致的

在英语中，短语和句子是两种不同的东西，在构造上也是两套原则。

英语句子包括单句（sentence）和子句（clause）。英语句子的构造原则有三条：

A. 一个句子由主语和谓语两部分构成；

B. 主语和谓语之间具有一致关系；

C. 句子的谓语必须由动词，且必须由一个限定式动词（finite verb）来充当。

英语短语的构造则是另一套原则：词组的构造可以使用动词，也可以不使用动词，即对于词组的构造来说，动词不是必须的，此其一。其二，词组的构造如果需要使用动词，则必须用动词的非限定形式。所以，从是否使用动词和从使用不同的动词形式这两点来看，英语的句子与词组使用的是两套不同的构造原则。

汉语的词类没有系统的形态变化，词在词组和句子中都是同一种形式。从结构的角度来看，汉语的句子与词组几乎是相同的。汉语中的绝大部分词组加上语调和语气就可以实现为句子。汉语的句子与词组在构造原则上确实存在着高度的一致性。

汉语的词组同句子的构造原则基本上一致这一点还突出地表

现在主谓词组上。在结构关系上，汉语的主谓词组同英语的子句相对应。但是，汉语中的主谓词组同其他结构关系的词组一样，并没有因为是由主语和谓语两个部分构成而高其他词组一等，它既可以加上语气、语调实现为句子，也可以作句子的各种成分。例如：

他去恐怕不合适。/我以为他调走了。/我买的衣服。/他吓得脸都白了。

特别是汉语的主谓词组可以作谓语，构成主谓谓语句。这是汉语所有而英语所无的句式。例如：

他个子很高。/这个人心眼儿好。/ 我书包丢了。/他羊肉不吃。/羊肉他不吃。

有人认为，“他个子很高”是“他的个子很高”的省略式，这种说法经不起检验。其一，实际语言的组合之中没有“他个子、这个人心眼儿、我书包、他羊肉”这样的组合；其二，主谓谓语句的主语和谓语之间可以插入副词性状语，这说明二者确实是两个部分。例如：

他的确个子很高。/这个人确实心眼儿好。

还有一种看法，认为“他羊肉不吃”和“羊肉他不吃”是宾语提前的 SOV 句式和 OSV 句式。这种说法也是没有根据的。宾语提前说有一个理论根据，即宾语（受事）本来的位置就在动词谓语后面，因此当宾语（受事）不在动词谓语后面时，就认为是宾语提前了。这种说法有两个方面的问题：其一，宾语同受事之间不能画等号，二者不是一回事儿。把宾语同受事同等看待实际上是把语法成分和语义成分混为一谈了。语言事实告诉我们：汉语中的受事主语句是大量存在的。例如：

杯子摔破了。/饭吃完了。/花儿浇好了。/小偷逮住了。/衣服洗干净了。

其二，所谓提前的宾语往往回不到原来的宾语位置上。

例如：

衣服他洗得干干净净的。→＊他洗衣服得干干净净的。

他什么都不吃。→？他都不吃什么。

学校把老李撤职了。→？学校撤职了老李。

因此，宾语提前说是站不住的。过去认为是宾语提前的SOV句式和OSV句式都应当解释为主谓结构作谓语的SSV句式。既然SOV和OSV句式在汉语中都不存在，所以在汉语中跟SVO相匹配的只有SSV句式。

由此可见，汉语中确实存在着主谓结构作谓语的句式。跟印欧语相比较，主谓词组作谓语是汉语语法的一个明显的特点，主谓谓语句是汉语里最常见、最重要的句式之一，是跟SVO句式相匹配的基本句式。换句话说，SVO句式和SSV句式是汉语中最基本的两种句式：SSV句式的语序体现了事件发展中事物排列的时间顺序，SVO句式的语序则体现了事件发展中事物排列的空间顺序，它们是互补的。

实际上，不仅汉语的句子与词组的构造原则基本一致，汉语的词同词组、句子的构造原则也是基本上一致的。在词、词组、句子这三级语法单位中，都包含了汉语最基本的结构关系类型。如下所示：

	词	词组	句子
主谓关系	地震	雨很大	天晴了。
述宾关系	司令	扫马路	抓坏人！
述补关系	提高	洗干净	干得真漂亮！
定中关系	美人	美丽的姑娘	多可爱的孩子！
状中关系	痛哭	痛痛快快地哭	老老实实地说！
并列关系	来往	你来我往	去不去？

练习题

1. 为什么汉语语法特点的研究具有特别重要的地位?

2. 请举例说明名词谓语句的类型。

3. 现代汉语中的"动词 + 名词"可以构成几种结构关系?请举例说明。

4. 能够带谓词性宾语的动词有哪些?试举例说明。

5. 举例说明形容词谓语句的类型。

6. 有人认为,动词、形容词作主语或宾语就变成了名词。对这种说法,你认为如何?

7. 汉语的句法跟英语的句法有什么不同?请分析讨论之。

8. "他个子高。"是形容词谓语句吗?为什么?

9. "羊肉他不吃。"是宾语提前句吗?为什么?

10. 有人认为,汉语的词法和句法实际上是一套。谈谈你的看法。

第五章　修　　辞

第一节　修辞概述

一、什么是修辞

语言是人类社会维系的纽带，是个人融入社会以及工作、生活必不可少的工具。对我们的日常生活来说，语言的重要性不言而喻，我们使用语言交流情感、进行辩论、协商工作、签订合同、发出请求……在这些过程中，我们显然不会满足于简单地排列或堆积语言符号，而要考虑语言符号的使用效率，会察言观色、考虑说话时的相关背景因素，会潜意识地注意自己的表达，并且会随时调整自己的语言，乃至力求通过改善自己的措辞来达到更好的效果。可以说，当我们开口说话时，我们并不是仅仅在使用语言，而是时刻在考虑如何更好地使用语言，这就涉及到本章所说的修辞问题。

“修辞”二字较早见于《易传·乾卦》，《易传·乾卦》上说“修辞立其诚”①，意指“修理文教”，其意义和所涵盖的范围同今天所说的修辞不同。从今天的字面意义上看，“修辞”可

① 唐代孔颖达正义曰：“修辞立其诚，所以居业者，辞谓文教，诚谓诚实也。外则修理文教，内则立其诚实。内外相成，则有功业可居，故云居业也。”（李学勤：《十三经注疏（标点本）》，北京：北京大学出版社，1999）

理解为“文辞的修饰”，这和中国传统修辞观比较一致。中国传统修辞研究限于书面语，通常和作文联系在一起，从而形成一种“美辞观”，即修辞就是润色文字，美化言辞。这种观点的影响很深，也是普通人对修辞的一般理解，甚至有人认为讲修辞就是指修辞格。根据现代修辞学的理解，上述认识无疑是对修辞的一种偏见，它误解了修辞的本质，同时也大大缩小了修辞的范围。

现代修辞学认为，修辞是在特定语境中为了达到理想的交际效果或实现交际意图，对各种语言要素进行选择、加工的创造性言语活动。因此，“修辞”本质上属于言语范畴，它并非静态行为，而具有动态特点，涉及到说话人、听话人、语境、交际意图和交际者相互地位等因素。

如果说语法涉及的是语言符号间的关系，那么修辞则涉及的是语言符号和使用者（包括交际双方）之间的关系。“为人性僻耽佳句，语不惊人死不休”（杜甫《江上值水如海势聊短述》）、“二句三年得，一吟双泪流”（贾岛《题诗后》）描述的就是言语活动中的修辞行为。

二、修辞和语境

交际活动都是在特定的时空背景下进行的，会受到特定的社会习俗、价值观念的制约，有时还会打上明显的时代烙印；交际活动是双向的，它涉及说话人、听话人两个方面的因素；交际活动源于现实需要，一般都有特定的交际意图或目的；此外，交际双方在社会关系网络中所处的位置、相互间的亲疏远近等也会影响其语言的表达；这些因素构成言语交际活动的发生背景，我们通常称之为语境。

语境包括广义和狭义两种不同的理解。狭义的语境指的是上下文语境，它涉及的是语言内部环境，即一句话的上下文，例如熟语“前言不搭后语”涉及到的就是上下文语境。广义的语境则延伸到语言外部因素，它包括交际者所处的社会文化环境，例如交际双方的社会地位和关系、说话人的交际目的等，本书所说的语境主要指后一种理解。言语交际是在特定的语境中进行的，语境会影响交际者的语言选择、表达和理解，故而修辞和语境密切相关。

首先，语境制约着对语句意义的理解。一方面语境可以使具有多种语义潜能的语句表义具体化、单一化。例如：

（1）他是1992年选的总统。

（2）——他是什么时间参加总统选举的？

——他是1992年选的总统。

（3）他是1992年选的总统，1988年被选上的是乔治·布什。

例（1）是脱离语境的抽象句，可有多种不同的理解，既可表示“他是1992年参加总统选举的”，也可表示“他是1992年被选上总统的”，究其原因是由于“他”的语义角色不明造成的；而在例（2）、（3）中，由于上下文对句义理解的制约，“他是1992年选的总统”表义均比较明确。

一方面，语境也为意义单一的语句产生言外之意或者多种理解提供了客观基础。例如：

（4）白嘉轩说：“大叔，咱们的祠堂该翻修了。”鹿泰恒吹着了火纸，愣怔了一下，燃起火焰的火纸迅速烧出一节纸灰。鹿泰恒很快从愣怔里恢复过来，优雅地把火纸按到烟嘴上，优雅地吸起来，水烟壶里的水的响声也十分优雅，直到“噗”地一声吹掉烟筒里的白色烟灰，说：“早都该翻修了。”白嘉轩听了当即就品出了三种味道：“应该翻修祠堂；祠堂早应该翻修而没有翻修是老族长白秉德的失职；新族长（白嘉轩）忙着娶媳妇埋死人现在才腾出手来翻修词堂。”白嘉轩不好解释，只是装作不大在乎，就说起翻修工程的具体方案和筹集粮款的办法。

（陈忠实《白鹿原》第五章）

例（4）选自陈忠实的长篇小说《白鹿原》，其中白嘉轩对鹿泰恒“早都该翻修了”这句话的三种品味是基于鹿泰恒和白秉德、白嘉轩父子的复杂历史纠葛，读者如果脱离这一语境，是很难理解这句话所包含的复杂意蕴的。

另一方面，语境还可以赋予语句以临时意义。例如：

（5）几个女人有点失望，也有些伤心，各人在心里骂着自己的狠心贼。

（孙犁《荷花淀》）

（6）明代江南四大才子之首唐寅在一老妇人寿宴上赋诗：“这个老太不是人，九天仙女下凡尘。儿孙个个都是贼，偷来蟠桃献老母。”

例（5）中“狠心贼”本是贬义词，在这里失去了贬义色彩，并且体现了女人对自己丈夫的关切和爱护。例（6）中“这个老太不是人”“儿孙个个都是贼”单看都是骂人的话，而放在整首诗中则表义发生变化，转贬为褒。“不是人”体现了“老太”的不凡，“都是贼”夸赞了“儿孙”的孝心。

其次，语境为语句简省的修复和指称的解释提供了条件。言语交际中，人们倾向于语言表达的经济性，因此往往会省略一些前后重复成分、可以意会的成分；此外，还会用指代词来代指前面出现过的成分或者大家都知道的成分。例如：

（7）孙秀娟兴奋地对项明春说，那个赵半仙真是神奇，[1]给你算的卦，[2] 明明没有见到你这个人，[3] 却推算得非常准确，连咱①家里老坟的朝向、埋了几代人、现在住的是公房、我俩②什么时候结婚、只有一个女儿、你③身上有几处伤疤、屁股上有一块黑痣，还有你七岁时淘气从树上掉下来过等，都说得丝毫不差。

（郝树声《侧身官场》第一章）

（8）a. 老总去北京了，临走时他告诉我这件事要自己亲自去办。

b. 老总去北京了，临走时他告诉我这件事要自己亲自去办，所以第二天一早我就去了工商行政管理中心。

例（7）中［1］、［2］、［3］省略了主语，根据上下文语境，可以推出是承前省略了“赵半仙”；根据上下文语境可以看出①处“咱”、②处“我俩”指的是“孙秀娟”和“项明春”，③处“你”指的是“项明春”。简省成分的修复和指称成分的解释依赖于语境，因此如果稍微改变一下语境，那么修复的成分和指称的解释都会发生变化，例（8）a句中可以对指称词“自己”进行解释的包括说话人“我”或者“老总”，根据上下文语境，应该解释为“老总”；例（8）b句中可以对指称词“自己”进行解释的同样包括说话人“我”或者“老总”，但是a句和b句构成的语境不同，根据b句，应该解释为说话人“我”。

再次，语境是鉴别语言运用优劣的依据。语言符号本身只是传递信息的工具，无好坏之分，但是一旦和语境相结合，就会产生适切性等问题，需要根据语境对语言符号进行选择和加工。例如：

（9）a. 这位是张三先生。

b. 这位是张三同志。

c. 这位是张三。

d. 这位是小张。

例（9）是对“张三”进行介绍的不同方式，它们分别适用于不同的语境：a、b句适用于比较正式的介绍，c、d句适用于非正式场合；同时a、b句在做正式介绍时又有所区别，a句适用于比较客气的正式介绍，b句则适用于政治场合；相类似的，c、d句实际上也有着各自适用的语境，不宜相互替换。

正是由于修辞和语境的密切关系，所以我国现代修辞学奠基者陈望道先生认为“修辞以适应题旨情景为第一要义”①。

三、修辞和语言要素

修辞是在特定语境下对语言素材的选择和加工，因此语言是修辞活动赖以存在的物质基础。“修辞所可利用的是语言文字的习惯及体裁形式的遗产，就是语言文字的一切可能性”②，即语言各种相关要素都有可能成为修辞的素材，例如语音、词汇、语义等。根据修辞活动使用的语言要素特点等，修辞可以分为语音修辞、词汇修辞、句式修辞、语形修辞等。

语音修辞，就是利用一种语言的语音作为修辞素材构成的修辞行为。例如成语“默默无闻”有蚊香广告仿为“默默无蚊”，这是利用了同音的特点；而格律诗中的押韵，则是利用诗句尾字韵母相同或近似的特点。

词汇修辞，是以一种语言的词语作为素材的修辞行为，传统上称之为“炼词”。例如宋代洪迈《容斋随笔》记载：“王荆公绝句云：‘京口瓜洲一水间，钟山只隔数重山。春风又绿江南岸，明月何时照我还。’吴中士人家藏其草，初云‘又到江南岸’，圈去到字，注曰不好，改为过，复圈去而改为入，旋改为满，凡如是十许字，始定为绿。‘春风又绿江南岸’”。词语修辞还包括词语的组配和语义变异搭配等，例如“歌声悠扬，飘向四周，也飘到了我的心中”中“飘”字用于描述“歌声”则超越了我们日常的逻辑认知。

句式修辞，是以一种语言的语句作为素材的修辞行为。语句是交际的基本单位，而语句从不同的角度可以划分为不同的类别，其修辞功用存在差别，例如从语气角度看，句子可分为陈述句、疑问句、祈使句、感叹句，它们分别体现了人类交际的不同

---

①② 陈望道：《修辞学发凡》，上海：复旦大学出版社，2008。

功能需求。再如“双重否定”一般表示肯定的意思，但是和普通的“肯定”形式相比，它具有强化语气的作用。

语形修辞，是以文字为基础，利用一种语言的书写形式特点作为素材的修辞行为。例如某豆芽店门前的对联“长长长长长长长，长长长长长长长”就是利用了汉语中的同形字“长（cháng）”和“长（zhǎng）”构成的。汉字是由笔画联结而成的方块图形，具有二维平面特点，以这种构造特点为基础，前人创造了许多语形修辞方式，例如传统文化活动中的拆字、合字、猜字、灯谜等。

修辞以语言要素为基础，因此具体语言可资利用的素材的特点对修辞起着制约作用，并会因此而形成具体语言特殊的修辞现象。

四、什么是修辞学

修辞学是专门研究修辞的语言学分支学科，它以具体的修辞行为作为研究对象，探求如何提高言语交际效果，并且总结言语活动背后存在的修辞规则和规律。修辞学的研究内容主要包括用词造句的研究、话语篇章的研究、辞格的研究、语体的研究、风格的研究、修辞原则的研究等。汉语修辞学发展到今天，蔚为大观，已经形成了学科群，例如分别从表达和接受角度研究修辞现象的表达修辞学和接受修辞学、分别从理论和应用角度研究修辞学的理论修辞学和应用修辞学、研究具体分支内容的辞格学、风格学、文体学、文章学等，和其他学科结合构成的认知修辞学、文学修辞学、美学修辞学等。

中国的修辞学研究源远流长，发轫于先秦时期，春秋时代的孔子开创了早期修辞学的先河。[①] 如谈到语言运用时，孔子认为

---

① 周振甫：《中国修辞学史》，北京：商务印书馆，1991。

“辞达而已矣”（《论语·卫灵公》）；谈到言辞和内容的关系时，孔子认为“质胜文则野，文胜质则史”（《论语·雍也》）。

南北朝时期，梁朝刘勰所著《文心雕龙》首次对诗文修辞规律进行了较为全面深入的分析，例如《通变》该书谈到作品时代风格时说“黄唐淳而质，虞夏质而辨，商周丽而雅，楚汉侈而艳，魏晋浅而统，宋初讹而新”。到了宋代，陈骙完成了我国第一部专门论述汉语修辞的著作《文则》，该书讨论了文体、辞格、风格等问题，它的出现在中国修辞学史上具有重要意义，标志着古代修辞学的建立。

中国早期的修辞学研究通常散见于经学、文学等相关论述中，不具有独立的地位，故而没能形成一个系统的学科体系。五四运动以后，由于深受西方修辞理论的影响，传统修辞学研究完成了蜕变，在中西结合的基础上建立了现代修辞学，汉语修辞学真正成为一个独立的学科。唐钺的《修辞格》（1923）是较早的从现代修辞学角度谈论“辞格”的著作，而胡怀琛的《修辞学要略》（1923）则是中国最早的现代修辞学著作，陈望道先生的《修辞学发凡》（1932）则创立了中国修辞学体系学科，标志着中国现代修辞学的建立。

练习题

1. 有人认为修辞就是追求文辞美化的一种技巧或技术，你如何看待这种观点？
2. 修辞学和文章学的关系是什么？
3. 修辞和语法有何关系？
4. 修辞和语音有何关系？
5. 修辞和词汇有何关系？
6. 修辞学研究什么内容？
7. 修辞研究在现代社会生活中有何作用？

第二节 语音修辞

语音是语言符号的物质外壳，所谓语音修辞，就是利用语言成分的语音特征、语音关系以及现成语音资源所构成的修辞策略和技巧。

现代汉语极富音乐性和节奏感，其语素以单音节为主，词则双音节占多数；在音节内部元音处核心地位，元、辅音相间，辅以四声变化，同时在音节的开合比例中，开音节处于绝对多数。正是由于汉语的音乐性特点，语音修辞的运用和研究由来已久，《尚书·舜典》中说："诗言志，歌永言，声依永，律和声，八音克谐，无相夺伦，神人以和。"语音修辞主要体现在韵律和谐、语音组配等方面。

一、韵律和谐

韵律和谐指的是言语活动在语音上表现出来的一致性和协调性，它包括双声、叠韵、叠音、押韵等方面。

（一）双声、叠韵和叠音

双声、叠韵和叠音在传统的诗文中较多出现，是汉语语音表达上的特殊形式。双声指的是两个相邻音节声母相同，两个声母相同的音节由于发音部位一致，读起来自然顺口，流畅动听。叠韵指的是两个相邻音节的韵母相同，两个韵母相同的音节放在一起，声音相对洪亮，铿锵悦耳。叠音则是相邻两个音节在声韵调上完全相同，即音节自然重叠，兼具双声和叠韵的声韵效果。例如：

（1）……

她是有

丁香一样的颜色

丁香一样的芬芳
丁香一样的忧愁
在雨中哀怨
哀怨又彷徨
……

（戴望舒《雨巷》）

（2）昔人已乘黄鹤去，此地空余黄鹤楼。黄鹤一去不复返，白云千载空悠悠。晴川历历汉阳树，芳草萋萋鹦鹉洲。日暮乡关何处是，烟波江上使人愁。

（崔颢《黄鹤楼》）

例（1）中“芬芳”属于双声手法，“忧愁”“彷徨”属于叠韵手法。例（2）“悠悠”“历历”“萋萋”属于叠音手法。双声、叠韵、叠音的恰当使用可以形成声韵回环之势，形成语音的协调美和音乐美，可增强语言的表达效果，如例（1）中“芬芳”“彷徨”“忧愁”等词声韵回环的特点渲染了淡淡的哀怨之情。

（二）押韵

押韵是中国传统诗歌、词曲的格律要求，具体指的是在一首诗词中，把同韵母或是韵母基本上相同的，而且平、仄相同的字，用在一部分句子的末尾。因为押韵的字都在句子的末尾，所以又叫“韵脚”。押韵首先可以通过声音的联系使不同诗（或词、曲）行统一起来，形成一个整体；其次使诗词句子在朗诵时音律和谐，具备音乐美感，听起来悦耳，增加艺术效果，同时读起来顺口，便于传诵。例如：

（1）朝辞白帝彩云间，千里江陵一日还。
两岸猿声啼不住，轻舟已过万重山。

（李白《早发白帝城》）

（2）孤山寺北贾亭西，水面初平云脚底。

几处早莺争暖树，谁家新燕啄春泥？
乱花渐欲迷人眼，浅草才能没马蹄。
最爱湖东行不足，绿杨阴里白沙堤。

（白居易《钱塘湖春行》）

例（1）中第一句末字“间”，韵母是 an；第二句末一字“还”，韵母是 uan；第四句末一字“山”，韵母是 an。三个字的韵母基本上相同，都有 an 这个音，同时第一句的“间”和第四句的“山”是阴平，第二句的“还”是阳平，同是平声字。例（2）第一、二、四、六、八句尾字都属于平声，含“i”韵。“i”韵不仅使这首七言律诗声韵回环，读起来朗朗上口，而且使得整首诗的首联、颔联、颈联、尾联通过音韵联结起来，浑然一体。

二、语音组配

语音组配包括语音组合的平仄变化、节奏变化、参差变化等方面。

（一）平仄相间

平仄属于传统音韵学概念，指的是声调类别。声调体现的是声音的相对高低变化，是汉语音节结构必不可少的构成部分，它与音长、音强相关。现代汉语声调有四类，包括阴平、阳平、上声、去声，它们在语音的高低、平缓、曲折方面有不同的特点。

在传统音韵学中，四声可归为两类，其中阴平、阳平为平声，上声、去声、入声属于仄声。诗词格律中的平仄规律指的是诗词的平仄相间、节拍变化。例如：

（1）烽火连三月，家书抵万金。

（杜甫《春望》）

（2）明月松间照，清泉石上流。

（王维《山居秋暝》）

例（1）平仄变化是“平仄平平仄，平平仄仄平”，例（2）

平仄变化是“平仄平平仄，平平仄仄平”。诗词语句若能做到声调协调、平仄相间、节奏鲜明，就能使人读起来朗朗上口，听起来铿锵悦耳，从而形成语音形式的声韵美。平仄的和谐变化在齐梁时期还只是一种技巧，而到了盛唐时期就变成了固定的格式，产生了格律。

平仄变化除了追求语音修辞效果以外，也是人体发音生理的需要，例如“厂党委”“美好”等相同声调的音节连用时无法完全按照其字音读出，必需产生语流音变，才能够顺畅地发音。

（二）节奏变化

节奏指的是语流快慢、长短、轻重等方面的变化，又可叫作节拍或者停顿。节奏可用音步来表示，一般来说，汉语中标准的音步一般为两个音节，构成一个基本的节拍。汉语中有些语言成分的节奏是固定的，例如三字格惯用语“穿/小鞋、戴/高帽、泼/冷水”，四字格成语“草木/皆兵、五体/投地、高山/流水”。诗歌韵文的节奏变化也是比较明显而且规律性很强的。例如五言诗节拍变化的两种形式为：2+1+2、2+2+1；七言诗节拍变化的两种形式为：2+2+1+2、2+2+2+1。例如：

（1）江上/往来/人，但爱/鲈鱼/美。
君看/一叶/舟，入没/风波/里。

（王安石《江上渔者》）

（2）离离/原上/草，一岁/一/枯荣。
野火/烧/不尽，春风/吹/又生。
远芳/侵/古道，晴翠/接/荒城。
又送/王孙/去，萋萋/满/别情。

（白居易《草》）

（3）丞相/祠堂/何处/寻，锦宫/城外/柏/森森。
映阶/碧草/自/春色，隔叶/黄鹂/空/好音。
三顾/频烦/天下/计，两朝/开济/老臣/心。

出师/未捷/身/先死，长使/英雄/泪/满襟。

（杜甫《蜀相》）

而一般的非韵文语句，其具体的节奏会随着说话人的语感、语速以及表达的需要发生相应的变化。例如：

风/在吼　马/在叫

……

保卫/家乡

保卫/黄河

保卫/华北

保卫/全中国

（《黄河大合唱——保卫黄河》）

上例中“风/在吼”“马/在叫”中音步之间节奏稍微舒缓，而“保卫/家乡”“保卫/黄河”“保卫/华北”“保卫/全中国”则节奏比较激越。

（三）音节匀称

音节匀称指的是语流中音节组合整齐协调，具体体现为组合时两个搭配部分音节数目的一致性。从音节构成的角度来看，现代汉语词汇主要由双音节词和单音节词构成，其中双音节词占多数；除此之外，还有部分是三个音节以上的多音节词。为了追求语言节奏自然协调，通畅顺口，通常情况下使用单音节词同单音节词搭配，双音节词同双音节词搭配等，而多项并列成分往往要求其音节数目相同。例如：

（1）那清清冽冽的光，秋江静水般的爽，女子手指般的柔，田园牧歌般的淌，仄耳细听似还熠熠有声呢，将群峦环抱的村庄洗濯得冰清玉洁似的。

（伍振戈《桃花江小夜曲》）

(2) 大门上的联额，屏风上的山水，庭院里的花木，显然都不是无意设置的。

(霍达《穆斯林的葬礼》)

(3) 面对他的遗体，任凭人们痛哭也罢，饮泣也罢，哀叹也罢，感慨也罢，对于他都已经毫无意义了。

(霍达《国殇》)

例 (1) 中"光""爽""柔""淌"是单音节相配，如果中间的"柔"换为"柔软"，"光""爽""淌"与"柔软"相配，就会显得结构失衡。例 (2) "大门上的联额，屏风上的山水，庭院里的花木"中定语部分"大门上""屏风上""庭院里"属于三音节相配，而中心语部分"联额""山水""花木"则属于双音节相配。例 (3) 中"痛哭也罢""饮泣也罢""哀叹也罢""感慨也罢"则属于四字相配。

音节匀称不仅仅限于语流中不同的句子片段之间相应成分所包含的音节数目整齐对称性，还包括句子片段内部的音节平衡，例如"稻场上和小溪边顿时少了那些女人们的踪迹"（沈雁冰《春蚕》）中，"稻场上"与"小溪边"属于三音节的组配，如果把"稻场上"换为"稻场"，再与"小溪边"组配，就会稍显失衡。

练习题

1. 韵律和谐体现在哪些方面？有什么作用？

2. 试分析下列诗歌的平仄。

青山横北郭，白水绕东城。
此地一为别，孤蓬万里征。
浮云游子意，落日故人情。
挥手自兹去，萧萧班马鸣。

(李白《送友人》)

3. 试分析下列诗歌的节拍。

你看那浅浅的天河，
定然是不甚宽广。
我想那隔河的牛女，
定能够骑着牛儿来往。

（郭沫若《天上的街市》）

4. 试举例说明语音组合的参差变化。

第三节　词汇修辞

语言中的词汇不是零散无序的，而具有系统性，可以按照特定的关系构成不同的类型。例如从感情色彩上看，有些词具有褒义特点、有些词具有贬义特点、有些词具有中性特点。

不同类型的词语在表义功能和语用价值上面存在差异，这种差异性在词语的选用和组配中具有积极作用，这一过程称为词语选用。

词汇是语言的建筑材料，言语交际过程中的信息传递就是把自己的思想转化为词语的过程，它以待表达的思想为出发点，从脑词库的一系列同义语场中选择恰当的词语组合表义。根据特定的意义选择特定的词语，实际上就是涉及到以语境为背景对词语的表达价值进行评估，这一过程在传统修辞研究中称之为词语锤炼。

词语的组合一方面受到语法规则的制约，另一方面受到语义匹配性的制约，这是人类在自然活动中所积累的实践经验结构或模式的投影。不过人类使用语言具有创造性，在特定情形下出于言义矛盾的考虑，会超越现实经验的束缚，即异于规约性的语法知识或者语义知识，出现异常匹配情况，这种情形称之为词语变异使用。

本节要介绍的词汇修辞包括上面所说的词语选用、词语锤炼、词语变异三种使用情况。

一、词语选用

词汇是语言表达的基础，而语言中的词语数量众多，并且可以按照一定的联系构成大大小小的语义场，覆盖日常生活的各个领域，为言语交际提供丰富的可选手段。特定的语义场由含有相同义素的词语汇集而成，但每个词语都有其独特的价值，需要斟酌选用。词语选用内容丰富，下面主要分析同义词使用、反义词使用和模糊词使用。

（一）同义词使用

同义词是词义相同或相近的一组词语，其在使用范围、程度深浅、语意侧重点、搭配对象和感情色彩等方面存在差异，这为我们的日常表达提供了丰富的可选素材，能够满足多层次、多角度、多方面的交际需要。例如：

（1）台北消息：国民党反动派的头子、中国人民的公敌蒋介石，四月五日在台湾病死。

（新华社 1975 年 4 月 6 日讯）

（2）快讯：歌手阿桑 6 日早晨 8 点半因病去世

（网易 2012 年 8 月 22 日新闻标题）

（3）南非总统祖马宣布：曼德拉因病逝世 享年 95 岁

（中国新闻网 2013 年 12 月 6 日新闻标题）

例（1）、例（2）和例（3）都是报道人因病离世的消息，例（1）使用了“死”，这符合当时国共两党、海峡两岸的政治氛围；例（2）使用了比较平常的“去世”，与死者的身份以及娱乐新闻的特点相对应；例（3）使用了“逝世”，一方面是政治语境的要求，从而显得比较尊敬和庄重，另一方面这也与曼德拉的伟大成就和尊崇的政治地位相符合。

有时为了避免同一词语反复使用，可以先后使用同义词语，这样既不会显得单调枯燥，又可以前后呼应、互相配合。例如：

(1) 胡锦涛指出，当今世界正在发生深刻复杂变化，……胡锦涛强调，人类只有一个地球，…… 他（胡锦涛）表示，中国将继续高举和平、发展、合作、共赢的旗帜，坚定不移致力于维护世界和平、促进共同发展。

（新华网 2012 年 11 月 8 日）

(2) 他的新著《红楼风俗谭》，叙岁时，记年事，说礼仪，谈服饰，讲古董，言官制，道园林，论工艺，兼及顽童深读，学究讲章，“太上感玄”、“八股”陈腔，道士弄鬼，红袖熏香，茄鲞鹿肉，荷包槟榔，至琐至细，无不包藏。

（《文汇报》1987 年 10 月 18 日）

例（1）如果一直使用“指出”，就会显得用词单调，因此通过先后使用同义词语“指出”“强调”“表示”避免这一情况。例（2）使用了同义词语“叙”“记”“说”“谈”“讲”“言”“道”“论”，既避免了重复，又显得富于变化，相得益彰。

此外，同义词还可以连续使用，这样能够强化语气，增加表达效果。例如：

(1) …… 确定一定以及肯定 / 我已经爱上你 / 永远都不放弃/你是我的唯一……

（歌词《确定一定以及肯定》）

(2) 从此决不能望有白盔白甲的人来叫他，他的所有抱负，志向，希望，前程，全被一笔勾销了。

（鲁迅《阿 Q 正传》）

例（1）来源于流行歌词，其中“确定”“一定”“肯定”三词连用，有利于强化程度，表示“我的的确确已经爱上你”。例（2）中“抱负”“志向”“希望”“前程”连续使用一方面音节匀称，形成较强语势；另一方面也凸显了阿 Q 此时内心十分空虚和沮丧，对前程一片迷茫。

（二）反义词使用

反义词是表义相反的一组词，分为绝对反义词和相对反义词，它揭示了事物属性方面相反或相对之处。在词汇修辞中，反义词往往是配对使用。通过反义词的配对使用可以形成对比，或者表现出某种好恶或选择，或者使得事物的性质在对比中得以凸显。例如：

（1）仗义半从屠狗辈，负心多是读书人。

（明·曹学佺所拟名联）

（2）朋友，我相信，到那时，到处是活跃跃的创造，到处都是日新月异的进步，欢歌将代替了悲叹，笑脸将代替了哭脸，富裕将代替了贫穷，康健将代替了疾苦，智慧将代替了愚昧，友爱将代替了仇杀，生之快乐将代替了死之悲哀，明媚的花园，将代替了凄凉的荒地。

（方志敏《可爱的中国》）

例（1）中“仗义”与“负心”是一对反义词，通过与“读书人”的屈膝求荣对比，“屠狗辈”快意恩仇的仗义行径得以彰显。例（2）通过“欢歌”与“悲叹”、“笑脸”与“哭脸”、“富裕”与“贫穷”、“康健”与“疾苦”、“智慧”与“愚昧”、“生之快乐”与“死之悲哀”等的一系列对比，体现了方志敏对“旧社会”的抨击，更主要的是表达了方志敏对美好的“新社会”的向往。

（三）模糊词使用

模糊词就是含义模糊的词语，而模糊性正是词汇表义的基本特点之一，语言中的模糊词语大量存在。例如“你早点来”中“早点”表义就比较模糊，到底如何算早，没有明确的起止时间点。词义的模糊性有时会带来理解上的困惑，但它并不意味着整句话表义都是模糊不清的。模糊词在表义上，往往中心部分比较明确，只是边界不够清晰而已，而这体现了客观事物本身的连续性和边界的模糊性。

在日常生活中，不是所有事情都可以或者需要精确表达，所以模糊词的使用是必不可少的，它可以为语言表达提供自由度和灵活性，例如：

（1）局长：来看看我就行了，还带这么多东西，真够意思！
小李：您别这么说，一点小意思！

（2）NBA 总裁斯特恩：2008 年前将在中国举办常规赛。
（中国新闻网 2004 年 10 月 15 日新闻标题）

例（1）中的局长的“真够意思”和小李的“小意思”含义模糊而丰富，双方不言而明，可以避免说出不方便说的话。例（2）中 NBA 总裁斯特恩所说的“2008 年前”本身所传递信息不是那么明确，可能是 NBA 还没有准备好，具体时间不定；也可能时间定好了，但是暂时不方便透露；也可能是其他原因；所以，斯特恩选择了一个模糊时间词，这样回旋的余地比较大。

模糊词表义的不确定性能够激发人的想象力，在文学语言中较常使用，它有利于增加语言的审美功能。例如：

（1）柔情似水，佳期如梦。
（秦观《鹊桥仙》）

（2）竹外桃花三两枝，春江水暖鸭先知。
（苏轼《惠崇春江晚景》）

例（1）中“柔情”和“佳期”都是比较抽象的词语，难以精确或衡量。用“似水”和“如梦”这种富于联想性的词语来描述，既凸显了“柔情”的纯净、深厚和悠长，也凸显了“佳期”的短暂和难以寻求，同时使整个词句显得韵味悠长，留下了充分的想象空间。例（2）中“三两枝”是虚指，描述的是为竹林所掩映的三三两两的桃花，一片绿中数点红，因此显得格外艳丽。

二、词语锤炼

词语是造句的基本材料，因此，词语的选择与搭配是影响语句意义和表达效果的基本因素。“语言艺术家的技巧就在于寻找唯一需要的词，并把它用到唯一需要的位置”（列夫·托尔斯泰《什么是艺术》）。中国古代素有“炼字”之说，“吟安一个字，拈断数茎须”（卢延让《苦吟》）就是例证。据《苕溪渔隐丛话前集》记载：“（贾）岛初赴举京师，一日于驴上得句云：‘鸟宿池边树，僧敲月下门。’始欲著‘推’字，又欲著‘敲’字，炼之未定，遂于驴上吟哦，时时引手作推敲之势。”这一轶事遂成“推敲”之说，体现了古人对词语修辞的重视。

词语修辞，传统称为词语锤炼，就是根据表达的需求，对可选的词语序列进行仔细斟酌，从中选出最恰当的词语。影响词语选择和搭配的因素很多，下面主要讨论三个方面问题：准确简明、色彩相宜、生动得体。

（一）准确简明

用词准确简明属于消极修辞层面问题，是词语锤炼的基本要求。它具体是指词语选择符合客观事实或者能够明确无误地表达出说话人所要传递的信息。例如：

1999年12月20日澳门回归时，中国中央电视台进行了实况转播，当国家主席江泽民等参加澳门政权交接仪式时，主持人称以“中国政府代表团”；当举行中华人民共和国澳门特别行政区成立暨特区政府宣誓就职仪式时，主持人称以“中央政府代表团”。

例句在称呼中方代表团时，随着语境的变化，用语做出了恰当的调整。“中国政府代表团”和“中央政府代表团”仅一字之差，但表示的政治意义却有明显的差别。使用“中国政府代表团”是因为交接仪式还有另外一方葡萄牙政府代表团参加；而交接仪式完成后，举行中华人民共和国澳门特别行政区成立暨特区政府宣誓仪式的，使用“中央政府代表团”，一方面因为此时已是国内事务，另一方面也体现了此时澳门特区政府和中央政府的关系。

简明是指在词语锤炼的过程中，既追求表义清晰，又追求用词简洁。这体现了语言经济性原则，所谓“文以辨洁为能，不以繁缛为巧”（刘勰《文心雕龙·议对》）。例如：

（1）这几天来，图书馆门口呈现空前的拥挤。

（2）新种的成熟期比旧种早熟一个星期。

（3）舒庆春，字舍予，现年四十岁，面黄无须，生于北平。三岁失怙，可谓无父；志学之年，帝王不存，可谓无君，无父无君，特别孝爱老母，布尔乔亚之仁未能一扫空也。

（老舍《老舍自传》）

（4）中国主张所有核武器国家明确承诺全面、彻底销毁核武器，并承诺停止研发新型核武器，降低核武器在国家安全政策中的作用。

（《2008 年中国的国防》第 14 章“军控与裁军”）

例（1）中“呈现”多余，全句可修改为“这几天来，图书馆门口空前的拥挤”。例（2）“成熟期”与“早熟”重复了“熟”字，可以修改为“新种的成熟期比旧种早一个星期”。例（3）选自《老舍自传》，语言简洁生动，恰到好处，不增不减，清晰地介绍了老舍自己的年龄、体貌特征、出生背景、家庭状况以及自己的思想等。例（4）为《2008 年中国的国防》白皮书第 14 章“军控与裁军”的第二段“核裁军”的第一句话，该文发布后造成了很大的误解，国内外许多媒体纷纷报道“中国承诺停止研发新型核武器”，而该文实际上想要表达的意思是“中国主张所有核武器国家承诺停止研发新型核武器”，因此例（4）

中的“并承诺停止研发新型核武器”宜改为“并主张所有核武器国家承诺停止研发新型核武器”。白皮书为了用语的经济性而省略了“主张所有核武器国家”，结果却导致了表义不明。

（二）色彩相宜

词语的使用受其色彩义的制约，词语的色彩义附着于概念义基础之上，主要包括感情色彩、语体色彩、形象色彩。感情色彩包括褒义色彩、贬义色彩和中性色彩；语体色彩包括书面语体和口语体等，其中书面语体又可细分为科技语体、政论语体等；形象色彩包括颜色形象、声音形象、动作形象等方面。色彩相宜指的是词语使用时要和上下文语境所体现的色彩基调保持一致。例如：

（1）胡锦涛宴请奥巴马　中西合璧四菜一汤

（新华网2009年11月17日新闻标题）

（2）张伯伯：获悉阁下因病住院，父亲让我去医院探访，恰逢你当时不在，未能见面。现馈赠鲜花一束，水果一篮，祝早日康复！

（3）她今天绣十字绣时不小心扎了手，顿时血流如注，疼得差点流下了眼泪。

例（1）为政治新闻报道标题，政治新闻用语一般要求规范、正式，其中“宴请”一词比较文雅庄重，符合语体要求。而日常好友间多用同义的表达“请客”“请吃饭”，如果上述标题换为“胡锦涛请奥巴马客 中西合璧四菜一汤”或“胡锦涛请奥巴马吃饭 中西合璧四菜一汤”则显得不伦不类。例（2）出自晚辈给长辈的留言，其中“阁下”时代色彩不符，同时不够尊重，宜换为“您”；“探访”适用于长对幼、尊对卑，宜换为“看望”；“馈赠”适用受赠者对赠送者说的话，且比较书面化，宜换为“留下”或“送”。例（3）“血流如注”不仅在逻辑语义而且在形象色彩上与文意不符，宜改为“血珠滴滴”。

（三）生动得体

语言生动指言语活动中力求语言表达活泼、形象，富于变化，具有渲染力。语言生动是从积极修辞角度而言，是言语行为的较高要求，同时也是文艺语言的特点。例如：

（1）疏影横斜水清浅，暗香浮动月黄昏。

（林逋《山园小梅》）

（2）郭沫若戏剧《屈原》中婵娟骂宋玉，初为“你是没有骨气的文人！”后改为“你这没有骨气的文人！”

（据朱光潜《咬文嚼字》）

（3）a. 秋雨过后，今天天气非常好，只有微风，小区里小孩都出来玩了。

b. 秋雨过后，今天天气晴朗，煦日和风，小区里小孩嬉戏其间，热闹异常。

例（1）是宋代诗人林逋咏梅诗句，欧阳修评价说“前世咏梅者多矣，未有此句也”；其中“疏影”“暗香”写出梅花稀疏的特点和清幽的芬芳，“横斜”勾画了梅花的神态，“浮动”描述了绰约的风姿；整句体现了梅花神清骨秀、高洁端庄、幽独超逸的特点，描写生动而富于神韵。例（2）“是”改为“这”以后，语势加强，更能体现“婵娟”此时对“宋玉”痛恨惋惜之情，同时也更符合舞台语言简洁明快特点。例（3）b句相对于a句更有表现力，a句中的“天气非常好”比较概括平淡，换为b中的“天气晴朗，煦日和风”后描述相对具体形象一些；a句中“小区里小孩都出来玩了”换为“小区里小孩嬉戏其间，热闹异常”后不仅生动描述了小孩的行为，而且道出了其间的氛围，具有形象色彩。

得体指的是说话人的言语选择同特定的语境之间一种理想的契合状态，语言得体涉及说话人所选择的言语表达形式要符合社会群体文化、心理等方面的价值判断，以及同特定语境相结合能够产生理想的交际效果。例如：

（1）黛玉忙陪笑见礼，以“嫂”呼之。这熙凤携着黛玉的手，上下细细打量了一回，仍送至贾母身边坐下，因笑道：“天下真有这样标致的人物，我今儿才算见了！况且这通身的气派，竟不象老祖宗的外孙女儿，竟是个嫡亲的孙女，怨不得老祖宗天天口头心头，一时不忘。……”

（曹雪芹《红楼梦》第三回）

（2）从前有人请客，四位客人有三位先到。这人等得焦急，自言自语道：“咳，该来的还没来。”一客人听了，心中不快：“这么说，我就是不该来的了？”告辞走了。主人着急，说：“不该走的又走了。”另一客人也不高兴：“难道我就是那该走又赖着不走的人？”很生气，站起身也走了。主人苦笑着对着剩下的一位客人说：“他们误会了，其实我不是说他们。”客人听完心想，不是说他们，那就是说我了，生气也走了。

（3）中山、东莞一带，包括我们现在的长江三角洲附近，只要发达的地区，越发达，水越黑。

（人民网 2009 年 7 月 15 日）

例（1）是王熙凤初见林黛玉时说的一番话，既夸赞了初见的黛玉，又照顾了在场的探春等人的感受，同时还借机奉承了贾母一下，语言周到得体，使每个人都很受用。例（2）和例（1）形成鲜明对比，主人自说自话，未能顾及在座宾客，以致一再产生误解，客人走光。例（3）是海南省某市水务局副局长兼新闻发言人回答记者该市污水问题为何长年未解决时说的一番话，这句话本身没有什么问题，并且可以说是道出了实情，但是出自政府主管部门官员之口，就显得不合时宜，明显是不作为的托词，因此受到社会舆论的普遍谴责。

三、词语变异

词语变异包括两个方面，一是词类变异，二是语义变异。

（一）词类变异

词类是根据词的语法分布归纳出来的类别，具体某个词的词类归属从理论上讲应该是确定的，它实际上体现了该词的语法功能，这种语言知识对于言语社团的具体成员来说是一致的。词的类别属性限定了具体词语在言语交际中使用的各种可能性，例如我们说“很好”“很漂亮”，但不说“很苹果”“很石头”。但在言语活动中，有时为了表达的需要我们会突破具体词语类别的限制，临时赋予其他词类所具有的功能，这种现象称之为词类变异（或者叫作词类活用）。

词类变异主要包括名词、形容词和动词的词性变异使用。例如：

（1）老栓，就是运气了你。

（鲁迅《药》）

（2）搭理他呢，让他自己嘴上快感去。

（王朔《永失我爱》）

（3）看祥子没动静，高妈真想俏皮他一顿。

（老舍《骆驼祥子》）

（4）你是人民队伍的创造者，北伐抗战，你为新旧四军立下了解放人民的汗马功劳。十年流亡，五年监狱，虽苍白了你的头发，更坚强了你的意志。

（周恩来《“四八烈士永垂不朽”》）

（5）这个连长太“军阀”了，年纪不大，脾气可不小。

（曲波《山呼海啸》）

（6）春夏之交多风沙日，冥坐室内，想四壁以外都是荒漠。在万念灰灭时偏又远远的有所神往，仿佛天涯地角尚有一个牵系。

（何其芳《梦后》）

例（1）“运气”、例（2）中“快感”本为名词，这里均临时活用为动词，例（3）中“俏皮”、例（4）中“苍白”“坚强”本为形容词，这里均临时活用为动词，例（5）中“军阀”本为名词，这里临时活用为形容词。例（6）中“牵系”本为动词，这里临时活用为名词。词类活用源于表达需求和语言现实的矛盾，通过突破词类常规的方式使语言表达更加简洁、形象。

（二）语义变异

遣词造句不仅要受到特定语言的语法规则的制约，而且受到词语之间相互语义选择的制约。词语组合的语义选择关系实际上是对人们的惯常认知、习俗约定等百科知识的模拟，反映在言语实践活动中就是某个词和另外一个词的搭配、某个词在句子中担当的语义角色、某个词的使用范围等是否符合逻辑语义知识。例如“猴子吃桃子”不仅合乎语法，也合乎语义；而“猫吃桃子”合乎语法，但不合乎语义。因此，词语间的语义选择就构成了言语活动中词语间比较稳定的常规搭配关系。

在言语活动中，有时通过对惯常语义知识的偏离，突破词语间的语义关系而采取超常规的组合方式，或者扩大词语的适用范围等造成语言理解和感受上的异化和陌生感，变习见为新异，从而形成新奇、生动、幽默等表达效果，这种语言加工方式即语义变异。例如：

（1）你是无益的梦幻，
还是朦胧的招引，
当你在心的旅途的前方闪耀，
带着愿望萌芽时，
美丽的震惊？

（严家鑫《围巾》）

(2) 小莉随口说道，她的反应想来很快，编瞎话从来不打磕巴，而且一脸诚实。

(柯云路《夜与昼》)

(3) 既要将自己的书进行“坚壁清野”，又要对儿子的“书”采取“三光政策”。定期对儿子那些被他作践得很惨的“书”加以扫荡，毫不吝惜。

(梁晓声《母亲》)

根据《现代汉语词典》（修订本）的释义，“美丽”意为“使人看了发生快感的，好看的”，表示某种事物的属性；而“震惊”解释为“使人大吃一惊，大吃一惊”，表示人的某种行为；因此，根据相关释义，“美丽”和“震惊”不宜搭配。在例（1）中，“美丽的震惊”这一组合打破了语义的常规组合，传递了鲜活的感受。例（2）中“诚实”在语义色彩上属于褒义词，联系具体语境，可以看出这里是以褒义之词行贬斥之实，属于褒义贬用，形成讥讽的效果。“坚壁清野”、“三光政策”本用于军事斗争领域，在例（3）中二者适用范围发生偏移，即表明“母亲”行为之果决彻底，同时又显得语言诙谐幽默。

练习题

1. 同义词的选用有何作用？

2. 词语修辞要求用词准确简明，但是词汇具有模糊的特点，日常语言有时也需要表义模糊，如何看待表义准确简明和表义模糊之间的关系？

3. 某政府有此宣传标语：“门前没有树，一看就不富；门前没有花，一看就知生意差；门前没有草，一看就知效益不好”。从修辞的角度如何看待该宣传标语？

4. 试分析下列语句修改的作用？

(1) 原句：他们泪眼模糊地四顾，武士们还在打捞。

改句：他们泪眼模糊地四顾，只见武士们满脸油汗，还在打捞。

（鲁迅《眉间尺》，见《鲁迅手稿选集》）

（2）原句：我想，不管伯和是活着或已死亡，假若他能够知道景芳现在的生活情形，他一定很放心，……

（巴金《化雪的日子》，见《巴金短篇小说选集》）

改句：我想，不管伯和是活着或者已经死亡。假若他能够知道景芳现在的生活情形，他一定很放心，……

（见《巴金选集》上卷）

（3）原句：黑李是哥，白李是弟，哥比弟大着五岁。

（老舍《黑白李》，见《赶集》）

改句：黑李是哥，白李是弟，哥哥比弟弟大着五岁。

（《老舍短篇小说选》）

5. 什么是词类变异，试举例说明。

6. 什么是语义变异，试举例说明。

第四节　句式修辞

句子是言语交际的基本单位，一段话、一篇文章是一连串语句的组合体。在众多语言要素中，句子身份比较特殊，它既是语法单位，又是表述单位。因此，句子所包含的语法因素及其表述作用密切相关，例如："枯藤老树昏鸦，小桥流水人家，古道西风瘦马，夕阳西下，断肠人在天涯。"（马致远《天净沙 · 秋思》）这首元代小令几乎全部由体词性词语构成，从语法角度来说，体词性成分具有指称功能；从表述角度来说，这些句子蕴含了一个个具体的意象，整体构成一个意象群，意味深厚，韵味无穷。除了词类选择以外，句子成分的次序、构造的复杂程度、结构的松紧以及句子的整散分布等也和具体的表述作用密切相关，具有独特的修辞价值。

一、长句和短句

从构造的复杂程度来看，句子有长短之分。从表达的角度来说，构造越复杂的句子其语义容量也就越丰富，所能够传递的信息量也就越大；构造越简单的句子其语义容量也就越小，所能够传递的信息量也就越少。从理解的角度来说，构造越复杂的句子大脑在线处理耗时越长，理解起来越困难；构造越简单的句子大脑在线处理耗时越少，理解起来越容易。因此，长句和短句从修辞价值的角度来说，各有利弊。例如：

（1）a. 因此，女性的身体并非是一个封闭自足的有机物，而是受主流（父权制度）社群、性和经济欲望控制和对此作出反抗的一个场境。

（《没有界限的经济和经济学》，《读者》，1998 年第 8 期）

b. 女性身体不是封闭自足的有机物，它受到主流（父权制度）社群制约，受到性制约，受到经济欲望制约，并对此作出反抗。

例（1）a 句是一个并列复句，结构严谨，逻辑性强；同时表义紧促，包含的信息量较大。b 句是对 a 句改造而得来的，变为由五个单句构成的句群，每个单句相对于 a 句来说，长度短一些，内容单薄一些，关系松散一些；但是却显得表义简明，语气轻松，节奏明快。

（2）周强要求，各级法院要建立健全重大敏感案件审理监督指导和舆情应对机制，确保重大敏感案件的审理取得良好的法律效果和社会效果。

（《最高法：配合劳教改革探索完善轻微刑案快审快结机制》，新华网）

（3）甲：今天，我来说一段儿大美人。我先谈谈什么叫美人，关于美人的标准……

乙：嘿嘿，谈美人，有点意思！这么着，您先歇会儿，我来谈吧！

（姜昆、梁左相声《大美人》）

例（2）是一个复杂长句，表意周密严谨，严肃庄重。例（3）中甲、乙均是一系列短句构成的句群，各个短句表义简明，语用成分多，比较自由。通过对比例（2）、例（3），我们可以看出，长句和短句的使用实际上是受到语境制约，在日常谈话或者演讲中使用短句比较多，力求简明晓畅，避免冗繁隐晦，因此尽量不使用复杂的长句；而在报告和政论等语言环境中，逻辑性和严谨性比较重要，因此使用长句比较多。

二、整句和散句

整句和散句不是相对于个体句子而言的，它体现的是整个句群的结构面貌，即句子结构是整齐匀称，还是参差错落。整句是指结构整齐、长短一致的句子；散句是指结构不一、长短不等的句子。整和散是相对而言的，且相反相存，没有整无所谓散，没有散无所谓整。例如：

（1）向前进，向前进，战士的责任重，妇女的冤仇深；古有花木兰，替父去从军；今有娘子军，扛枪为人民。

（《红色娘子军》主题曲）

（2）六尺之躯，一抔黄土，穆斯林们一个个离去了，什么都没有带走，把一切都留下来了，汇成了玉的长河。

（霍达《穆斯林的葬礼》第三章）

例（1）中各个相对应的句子显得结构划一，具有形式上的整齐美；从韵律上看，整个句群节奏匀称，便于吟诵；从表述上看，同形结构的重叠起着语义相互强化的作用，因此显得比较有气势。例（2）中各个句子结构相异，长短相间，属于散句连用。例（2）特点是形式自由、活泼，节奏富于变化，根据作品思想表达的需要选择相应的句式结构，不受形式的约束。

(3) a. 射箭要看靶子，演出要看观众，所以，写文章要看读者，做演说要看听众。

b. 射箭要看靶子，演出要看观众，写文章做演说，难道可以不看读者不看听众么？

从形式上看，例（3）a 句由前、后两对整句构成，而 b 句前两句属于一对整句，后一对则属于散句。从表达上看，a 句语势平缓，略失呆板，b 句则富于变化，表义生动，稍胜一筹。同时，从表达主旨来看，b 句的重心也显得更加明确和突出。通过 a 句和 b 句的对比可以看出，整句和散句仅仅是就形式而言的，基于语言形式和思想内容之间的辩证关系，简单追求形式的整齐华美，狭隘地认为整句优于散句，是极不妥当的，二者各有其修辞作用。

三、语序调整

语序即句子中构成成分的组合顺序，如现代汉语中定语位于中心语之前、谓语位于主语之后等，它是影响句子结构构造和句子语义表达的重要因素。一种语言中的语序在语法上具有强制性，但在实际的言语活动中，句子成分间的排列顺序会存在丰富多彩的变化，形成临时性的各种变式语序。例如：

(1) 长夜难明赤县天，
百年魔怪舞翩跹，
人民五亿不团圆。

一唱雄鸡天下白，
万方乐奏有于阗，
诗人庆会更无前。

（毛泽东《浣溪沙·和柳亚子》）

（2）唯有这一天的兵营最痛苦。痛苦的沉默，沉默的痛苦。

（刘恒志《共和国在裁军》）

（3）她马上有了一种感觉，这促使她立刻翻身下床，几步到窗前，撩起窗帘——下雪了，果然！

（迟子建《北国一片茫然》）

（4）苏苏是一痴心的女子，
象一朵野蔷薇，她的丰姿；
象一朵野蔷薇，她的丰姿
来一阵暴风雨，摧残了她的身世。

这荒草地里有她的墓碑
淹没在蔓草里，她的伤悲；
淹没在蔓草里，她的伤悲——
啊，这荒土里化生了血染的蔷薇！

（徐志摩《苏苏》）

例（1）中“人民五亿不团圆”按照常规语序应该是“五亿人民不团圆”，即句中主语的定语后置，这是出于韵律的需要，《浣沙溪·和柳亚子》中该句的平仄要求是“平平仄仄仄平平”。例（2）中“痛苦的沉默，沉默的痛苦”属于定中互易，结构对称，在表达上相互补充、说明，使得整个语义表达更加丰满，突出强调了裁军时兵营的沉默和士兵们的痛苦。例（3）中“下雪了，果然”属于状语后置，在这里强调了她内心预料要下雪的心理状况。例（4）“象一朵野蔷薇，她的丰姿”正常的语序为“她的丰姿像一朵野蔷薇”，这里主谓语序颠倒是出于韵律的需要，在语序颠倒之后句末的“丰姿”与首句的“女子”、第四句的“身世”尾字押韵；同样的道理，“淹没在蔓草里，她的伤悲”的正常语序为“她的伤悲淹没在蔓草里”，通过语序调整以便与首句和尾句押“ei”韵。

练习题

1. 长句和短句各有什么作用？
2. 什么是整句？整句有什么价值？
3. 什么是散句？散句有什么价值？
4. 语序调整有什么修辞作用？

第五节　语形修辞

中国很早就产生了文字，即汉字，它是记录汉语的视觉符号系统，也是中国传统文化的重要载体。基于汉字独特的形体特点和构造特点而形成的书法、字谜、灯谜、测字等成为中国传统文化活动中的一部分，不仅如此，汉字还是传统的修辞要素之一。语形修辞主要体现在利用汉字的形体结构特点进行分解诠释以及对特定汉字进行组合等来形成某种表达效果，语形修辞方式较多，本节主要介绍析字和猜字两种。

（一）析字

所谓析字，就是利用汉字的形体结构特点，对其进行分解组合，或稍加改造并根据特定需要加以诠释的一种修辞行为。例如：

（1）是夜有十数小儿于郊外作歌，风吹歌声入帐。歌曰："千里草，何青青！十日卜，不得生！"歌声悲切。

（罗贯中《三国演义》第九回）

（2）我既是酒乡的一个土著，又这样的喜欢谈酒，好像一定是个与"三酉"结不解缘的酒徒了。

（周作人《谈酒》）

（3）我跟你享了一天福么？你算个什么玩意？游手好闲二滑屁，吊儿郎当不务正业。咱俩多一句也别说，打八刀！

（王立纯《拍手歌》）

例（1）中“千里草”是“董”字的分解，“十日卜”则是“卓”字的分解，歌谣采用隐晦曲折的方式表现了东汉末年民间对权臣董卓的厌恶。例（2）中“三酉”合起来即“酒”字，别有意趣。例（3）中“八刀”合起来即“分”字，利用析字的方式避免直接说不好的事情。

上述三例均为字形组合表义，析字还包括分解表义，即把一个字拆成可独立表义的几个汉字。例如：

又一日，塞北送酥一盒至。操自写“一合酥”三字于盒上，置之案头。修入见之，竟取匙与众分食讫。操问其故，修答曰：“盒上明书一人一口酥，岂敢违丞相之命乎？”

（罗贯中《三国演义》第七十二回）

例句中杨修按照对曹操之意的猜测，对“一盒酥”中“盒”字进行了拆分改造，并加以诠释。“盒”可分为“合 + 皿”，“合”又可拆为“人 + 一 + 口”，根据诠释的需要忽略“皿”，于是“一盒酥”就可解释为“一人一口酥”。

析字还包括根据某种需要，对汉字的形体构造或者对汉字的形体改造加以主观解释的文字修辞方式，这种析字方式又叫作测字。例如：

友、有、酉

此三字根据民间传说是明末崇祯皇帝测字时所写，时值李自成进攻北京，崇祯内心焦灼，微服出外，在街边看见一算命先生，连写了三个同音字：友、有、酉，以测时运。算命先生把“友”析为“反”字出头，意为反贼势大；“有”字析为“大”“明”的半边组合，意为大明失去半壁河山；把“酉”字析为“尊”字去“丷”去“寸”，即斩首去尾，暗示崇祯有性命之危。上述传说显然为民间杜撰，但是却清晰地展示了析字（或测字）的方式和本质。

（二）猜字

猜字，又称字谜，是借助提示并通过对汉字进行增删拆解的方式形成新的汉字的言语修辞活动。例如：

（1）水流绝涧终日。

（2）女直入居中原，宋分南北。

例（1）为叶国泉所做，谜底为“门”；“水流绝”即无水，“终日”即“日没”，所以“涧”字删减之后只剩下“门”。例（2）为顾为善所做，谜底为“案”；例（2）以“宋”字为基础，“宋”字南北拆分，“女”字放入中间，即构成“案”字。

练习题

1. 试举例说明什么是语形修辞？

2. 试举例说明什么是析字。

3. 析字包括哪些类型？

4. 什么是猜字？试举例说明。

5. 除了课本中提到的语形修辞类型外，你能否再想到其他类型的语形修辞方式？

第六节　辞　　格

语言和社会生活息息相关，它不仅是日常沟通和交流的基本工具，也是文化承载和传播的工具。人类形成已有漫长历史，因此人类言语活动也是极其久远的。在漫长的言语实践探索过程中，基于言语修辞的需要，人类逐渐创造出一些偏离现有的语言规则或者有着特定使用价值的表达模式，这些表达模式一旦稳定下来并为人们广泛接受和使用时，就变成了辞格。辞格可以使语言表达变得生动、形象，有助于增强语言的形式美，增加语言的表现力和感染力，是文学语言的重要特点。本节主要分析比喻、借代等 14 个比较常用的基本辞格。

一、比喻

比喻是借助于事物之间的相似性打比方的一种修辞手法，即用乙来比方甲，被比方的事物称为本体，用来打比方的事物称为喻体，联系二者的词语称为比喻词。例如“生命就像一只旧钩子……（毕淑敏《预约死亡》）”中“生命”是本体，“钩子”是喻体，“像”为比喻词。例如：

（1）久雪初晴，酷寒却使得长街上的积雪都结成冰，屋檐下的冰柱如狼牙交错，仿佛正等待着择人而噬。

（古龙《九月鹰飞》第一回）

（2）这句话就像是条鞭子，一鞭子抽在叶开脸上。

（古龙《九月鹰飞》第十五回）

例（1）“屋檐下的冰柱如狼牙交错”用“交错的狼牙”来比喻“屋檐下的冰柱”，例（2）“这句话就像是条鞭”用“鞭子”来比喻“这句话”。

根据本体、喻体及比喻词隐现情况，比喻可分为如下几种基本类型。

（一）明喻

明喻就是本体、喻体和比喻词都出现的比喻，常见的比喻词有“像、如同、似、如、仿佛”等。例如：

（1）这初秋之夜如一袭藕花色的纱衫，飘起淡淡的哀愁。

（何其芳《秋海棠》）

（2）这东明路就像一条飘带，飘扬在郑州城的外围。

（张宇《垃圾问题》）

（3）此刻天阴，工事土墙呈现出生机勃勃的暗红色，真像运动员鼓起的大块胸肌。

（朱苏进《凝眸》）

例（1）本体为“初秋之夜”，比喻词为“如”，喻体为“一袭藕花色的纱衫”。例（2）本体为“东明路”，比喻词为“像”，喻体为“一条飘带”。例（3）本体为“工事土墙”，比喻词为“像”，喻体为“运动员鼓起的大块胸肌”。

（二）暗喻

暗喻又叫隐喻，只出现本体和喻体，不用比喻词语，或者比喻词为“是、变成、成为、等于”等。例如：

（1）美感的记忆，是人生最可珍的产业，认识美的本能是上帝给我们进天堂的一把秘钥。

（徐志摩《曼殊斐儿》）

（2）我一直认为疼痛是一种力量，是使一个人早熟的催化剂。

（迟子建《原始风景》）

例（1）包含两个暗喻句，一为“美感的记忆，是人生最可珍的产业”，本体是“美感的记忆”，喻体是“人生最可珍的产业”，比喻词是“是”；一为“认识美的本能是上帝给我们进天堂的一把秘钥”，本体是“认识美的本能”，喻体是“上帝给我们进天堂的一把秘钥”，比喻词是“是”。例（2）中本体为“疼痛”，喻体为“力量”“使一个人早熟的催化剂”，比喻词为“是”。

（三）借喻

借喻是一种较特殊的比喻手法，只出现用来表示本体的喻体，而本体和比喻词都不出现。例如：

（1）当隋唐之际，少林寺武功便已名驰天下，数百年来精益求精，这寺中卧虎藏龙，不知有多少好手。

（金庸《倚天屠龙记》第一回）

（2）我这辈子只是在生活的道上盲目的前冲，一时踹入一个泥潭，一时踏折一枝草花，只是这无目的的奔驰……

（徐志摩《再剖》）

例（1）“卧虎藏龙”把少林寺功夫好手比喻为“虎”和“龙”，但隐去了本体和比喻词。例（2）“一时踹入一个泥潭”是用“泥潭”来比喻“生活中的挫折或困境”，这里隐去本体和比喻词。

二、借代

借代是基于人或事物之间的相关性，利用与某人或事物相关的其他人或事物来代指此人或事物的修辞手法，被代指的事物叫“本体”，用来代指的事物叫“借体”。例如“我是一个右派，你一个县长来向我请教，让你的上级知道了，不怕摘走你的乌纱帽?”（周大新《向上的台阶》）中用“乌纱帽”来指代“官职”。

根据本体和借体之间的关系特点，借代可以分为以下不同的类型。

（一）部分代整体

部分代整体就是用事物具有代表性的部分来代指整个事物。例如：

（1）春天，树木开花了，是晴朗、暖和的天气，早晨大路上还充满了褴褛的衣服和光赤的脚。

（巴金《能言树》）

（2）凡是愿意留下的，再不许强拿人家一草一木。

（姚雪垠《李自成》）

例（1）中“褴褛的衣服和光赤的脚”代指穷人，例（2）中“一草一木”代指“任何东西”。

（二）专名代泛称

专名代泛称指的是用具有典型性的人或事物的专用名称代替

一类人或事物，例如：

(1) 不知谁家子，调笑来相谑。妾本秦罗敷，玉颜艳名都。

（李白《相和歌辞·陌上桑》）

(2) 杜康能散闷，萱草解忘忧。借问萱逢杜，何如白见刘。老衰胜少夭，闲乐笑忙愁。试问同年内，何人得白头。

（白居易《酬梦得比萱草见赠》）

例 (1) 用罗敷来代指美女，因为罗敷据说是古代有名的美女，所以古代文学作品常用罗敷来代指美女，故而例 (1) 中“妾本秦罗敷”不能理解为该女子的名字就是“罗敷”。例 (2) 用“杜康”来代指酒，因“杜康”为古代名酒，所以在文学作品中常被用来泛指酒。

（三）标志代本体

标志代本体是用某一事物突出的标志特征代指事物本身，例如：

(1) 白宫对考虑释放石油库存传闻保持缄默。

（腾讯网 2012 年 8 月 18 日新闻标题）

(2) 青翼排名最末，身手如何，今日大家都眼见了，那紫衫、白眉和金毛可想而知。

（金庸《倚天屠龙记》第十七回）

例 (1) 用美国总统府所在地“白宫”来代指“美国政府”，因为白宫是美国政府的标志，提起白宫就会联想到美国政府。相类似的，新闻报刊常常用“北京”来代指“中国政府”，用克里姆林宫来代替俄罗斯政府。例 (2) 选自金庸武侠小说《倚天屠龙记》，“紫衫”指的是经常穿着紫色衣衫的一个人，“青翼”是指通常披着青色斗篷的一个人，二者是都用其显著的服饰代指该人；“白眉”指的是长着白色眉毛的一个人，“金毛”是留着金色头发的一个人，二者都是用人物显著外貌特征来代指该人。

（四）具体代抽象

具体代抽象是指用客观存在的具体事物代替相关的抽象事物。例如：

（1）人民浴血奋战赢得的胜利，又将为血泊所淹没。中国往何处去？

（刘白羽《红太阳颂》）

（2）昔日夫妻大打出手 民警调解终化干戈

（人民网 2012 年 8 月 13 日新闻标题）

例（1）用具体的“血泊”代指抽象的战争，因战争往往血流成河，提起“血泊”往往会联想到打斗和战争。例（2）用“干戈”代指夫妻打斗，因提起干戈往往会想到战争，这里同时采用了比喻的手法，把夫妻打斗比喻为战争。

（五）容器代事物

容器代事物是指用盛放事物的容器代指容器所装纳的事物。例如：

（1）壶开了，赶快把水倒入瓶中。

（2）大江东去，浪淘尽，千古风流人物。

（苏轼《念奴娇·赤壁怀古》）

例（1）用容器壶来代替壶中的“水”，“壶开了”实际上指“水开了”。例（2）用“大江”来指代“江水”，因“大江”可以看作盛放江水的容器。

（六）结果代原因

结果代原因是指用事情所产生的结果代指造成该结果的原因。例如：

（1）林先生早已汗透棉袍。虽然累得那么着，林先生心里却很愉快。

（茅盾《林家铺子》）

（2）总之，我不怪他们公布我的信，我只是对他们公布的动机和目的感到要吐口水而已。

（李敖《李敖回忆录》）

例（1）用“汗透棉袍"表示“累”，而“累”是“汗透棉袍”的原因，“汗透棉袍”是“累”的结果和外在体现。例（2）“吐口水”的原因是“恶心”，这里以结果代指原因。

三、比拟

比拟是以此物拟彼物的修辞手法，被比拟的称为本体，用以比拟的称为拟体。比拟的特点是在形式上拟体和拟词均不出现，只出现本体。例如：“大小的岛屿拥抱着，偎依着，也静静地朦胧地进入了睡乡。”（鲁彦《听潮的故事》）该句中以“人”拟“海”，直接用“人”的行为来描述大海。

根据本体和拟体之间的关系，比拟可分为如下三个小类。

（一）以人拟物

以人形容物的比拟手法，叫作拟人。拟人的特点是把物当人写，赋予无生命事物以人的特点，比如人的行为、情感等特征，从而使得无生命事物显得活灵活现。例如：

（1）春蚕到死丝方尽，蜡炬成灰泪始干。

（李商隐《无题》）

（2）我无法再继续写下去，所有的英文字母全在我脑子里跳疯狂的舞蹈。

（陈丹燕《玻璃做的夏天》）

（3）那笔落地时很伤心，但还是无可奈何地破碎了，洒出一串黑血。

（何继青《哭歌》）

例（1）中“蜡炬成灰泪始干”把无生命的“蜡炬”有生化。例（2）“英文字母全在我脑子里跳疯狂的舞蹈”赋予“英文字母”以人的特点。“伤心”“流血”与人相关，例（3）用此描述“钢笔”，把“钢笔”人化。

（二）以物拟人

以物拟人是指用事物来形容人的比拟手法，赋予人以事物的属性或特点。例如：

（1）现在总算是逃出这牢笼了，我从此要在新的开阔的天空中翱翔，趁我还未忘却了我的翅子的扇动。

（鲁迅《伤逝》）

（2）荷叶下面，有一个人的脸，下半截身子长在水里。

（孙犁《荷花淀》）

（3）开始是一对两对，后来，三对五对，就渐渐地满了，满得要溢出来了，像小菜汤一样，挤来挤去。

（王安忆《阿跷传略》）

例（1）“翱翔”是飞鸟的行为、“翅子”属鸟类所有，文中用鸟的行为来形容“我”此时的心情。例（2）“下半截身子长在水里”用荷花在水中的生长形象地描述“人”此时在水中的状态，把人物化。例（3）选自王安忆《阿跷传略》，描述的是舞台上的人由少渐渐变多，其中“满得要溢出来了”把“人”拟为“水”。

（三）此物拟彼物

此物拟彼物就是用一事物来形容另外一事物，例如：

（1）月亮一露面，满天的星星惊散了。

（杨朔《金字塔夜月》）

（2）义务，几分钱一两？权利，几角钱一斤？

（3）他们（老通宝等）钱都花光了，精力也绞尽了，可是有没有报酬呢，到此时还没有把握。

（茅盾《春蚕》）

“惊散”为动物行为，例（1）“满天的星星惊散”把无生命的“星星”写做有生命的动物。例（2）把抽象的事物“权力”“义务”拟为具体的商品。例（3）“精力也绞尽了”和例（2）一样，也是把抽象的“精力”拟为具体的事物，用其“绞尽”来说明“精力”消耗极大。

四、夸张

夸张是故意言过其实，对人或事物加以超越事实的描述的修辞手法。夸张所反映的内容在“量”上面与客观实际或者人们的一般认识存在一定程度的出入，它比较突出地反映了说话人的主观感受或体验，同时也能够比较生动地凸显所表达事物的本质特征，能够给听话人留下深刻的心理印象，传递信息的效果更加明显。例如：

（1）君不见黄河之水天上来，奔流到海不复回。

（李白《将进酒》）

（2）来了阵雨，雨点一开始就有烂梅子那么大，砸得人疼。

（金曾豪《野种》）

（3）经过了几百年漫长的等待之后，手术室的门打开了，她看见了那张下面带轮子的床，老周还在那上面躺着，他的脸上蒙了一块白布。

（述平《某》）

例（1）“天上来”突出了黄河之水落差之大，气势之宏伟。例（2）“雨点一开始就有烂梅子那么大，砸得人疼”以夸张之语言突出了阵雨雨势之大，来势之猛。例（3）“几百年漫长的等待”体现了“她”内心的焦躁和煎熬。

根据事物客观实际和表述的“量”之间的关系，夸张可以分为如下三个类型。

（一）扩大夸张

扩大夸张就是在量上面把一般事物往大、多或快等方面说，故意夸大其实。例如：

（1）母亲已经哭得再哭不出声，几天间老了几十年。

（何继青《哭歌》）

（2）飞流直下三千尺，疑是银河落九天。

（李白《望庐山瀑布》）

（3）危楼高百尺，手可摘星辰。不敢高声语，恐惊天上人。

（李白《夜宿山寺》）

例（1）“几天间老了几十年”突出“母亲”因伤心而憔悴异常。例（2）“三千尺”“落九天”极言落差之大，水势之急，水声之响。例（3）“高百尺”从数量上突出“危楼”很高，“摘星辰”“不敢高声语，恐惊天上人”从行为上进一步烘托“危楼”之高。

（二）缩小夸张

缩小夸张就是在量上面故意把一般事物往小、少、慢、矮等方面说。例如：

（1）五岭逶迤腾细浪，乌蒙磅礴走泥丸。

（毛泽东《七律·长征》）

（2）山，快马加鞭未下鞍。惊回首，离天三尺三。

（毛泽东《十六字令·山》）

（3）一个浑身黑色的人，站在老栓面前，眼光正像两把刀，刺得老栓缩小了一半。

（鲁迅《药》）

例（1）把“逶迤的五岭山脉”说成翻腾的“细浪”，把高大的“乌蒙山”说成“泥丸”，体现了豪迈的浪漫主义情怀。例（2）“离天三尺三”突出主观感觉离天之近，说明“马”速之快。例（3）“刺得老栓缩小了一半”突出“浑身黑色的人”眼光之锐利瘆人。

（三）超前夸张

超前夸张就是在描述两件事时，故意在时间序列上把后出现的事说成是先出现的，或是说成二者同时出现。例如：

（1）这些情景，就像在眼前展开了一样，家里捅的烂狍子肉，浇的热炕头，在等他们回来，甚至他们已经闻到了肉香，……

（曲波《林海雪原》）

（2）把名字刻入石头的人，名字比尸首烂得更早！

（臧克家《有的人》）

例（1）“他们”还未回家已闻肉香，时空扭曲，显然属于心理臆想，同时从侧面说明他们已经饿了。例（2）“石头”比“尸首”烂得快，作者是用这种异于常识的语言体现个人强烈的情感倾向。

五、双关

双关是利用语词成分在语音或者语义上的关联性，使语句内容同时关涉两种事物，表达两种意思，言在此而意在彼的修辞手法。例如：

（1）父亲现在躺在殡仪馆的冰库里，那地方很冷。

（何继青《哭歌》）

（2）杨柳青青江水平，闻郎江上踏歌声。东边日出西边雨，道是无晴却有晴。

（刘禹锡《竹枝词》）

例（1）中“那地方很冷”中的“冷”既指冰库里温度低，又指那里让人心寒，前者是其表达的表层意思，而后者是其表达的深层意思。例（2）“道是无晴却有晴”中第二个“晴”字和

"情"谐音，言在"晴"而意在"情"。

根据双关修辞手法中双关性建立的依据，双关手法可分为两小类：谐音双关；语义双关。

（一）谐音双关

谐音双关是利用词语之间音同或音近的条件使得某个词语或句子语义双关的修辞手法。例：

（1）我失骄杨君失柳，杨柳轻飏直上重霄九。

（毛泽东《答李淑一》）

（2）孔夫子搬家，尽是书。

例（1）中"杨""柳"具有双关特点，明指杨花、柳絮，暗指杨开慧、柳直荀两位烈士。例（2）中"书"与"输"音同，在这句歇后语中，应做"输"理解。

（二）语义双关

语义双关是利用词语或句子在特定语境中形成的多义性而构成双关的修辞手法。例如：

（1）"雅"要地位，也要钱，古今并不两样的。但古代的买雅，自然比现在便宜；办法也并不两样，书要摆在书架上，或者抛几本在地板上，酒杯要摆在桌子上，但算盘却要收在抽屉里，或者最好是在肚子里。

（鲁迅《病后杂谈》）

（2）我以为他们已经护送你出城了呢，没想到你现在还站在这十字街口！

（姚雪垠《李自成》）

例（1）中"收在抽屉里"的"算盘"是计算工具，"肚子里"的"算盘"是个人的想法和打算。例（2）中"十字街口"字面意义指的是两条路交叉处，但也可借喻为面临的人生决择，而后者是实际上要表示的隐含意义。

通过例（1）、例（2）可以看出，语义双关和借喻密切相关，一个词语或句子往往借助于在语境中形成的借喻义构成双关义。但是语义双关和借喻毕竟不是一回事，借喻是借用喻体来说明本体事物，从而使得比较枯燥、抽象的本体事物表达得既生动、具体，同时语言又简洁明了；而语义双关则是借一个词语或句子关顾两个事物，同时包含两种意思，表面一层意思，隐含另外一层意思，使得语言表达含蓄委婉、幽默风趣。

六、对比

对比是把不同的事物或者同一事物的两个方面，放在一起相互比较的修辞手法。例如“有的人活着，他已经死了；有的人死了，他还活着”（臧克家《有的人》）中把“死人”“活人”进行对比。

根据对比的内容，对比手法可以分为两个小类：事物之间对比；事物内部对比。

（一）事物之间对比

事物之间对比就是把不同的事物并举出来，找出其不同点，相互比较的修辞手法。例如：

（1）我的声音低如呻吟，她的声音高如咆哮，惊动楼道里各家人，都出来观看热闹。

（张宇《垃圾问题》）

（2）我发现，城市人和农村人最大的区别，不在于口音，也不在于穿戴，而在于为人处世的方式和方法。农村人大喊大叫，城市人不动声色；农村人为一个针头一条线能计较出脸红脖子粗的效果来，城市人却决不为一城一地的得失而轻举妄动。

（刘静《父母爱情》）

（二）事物内部对比

事物内部对比就是把同一事物相反相对的两个方面并举出

来，相互比较的修辞手法。例：

（1）阳奉阴违，口是心非，当面说得好听，背后又在捣鬼，这就是两面派行为的表现。

（毛泽东《中国共产党在民族战争中的地位》）

（2）父亲的仕途可能在开始的时候用力过猛了一些，伤了点元气，五十岁之前大踏步地向前，向前，向前，想不向前都不行；而五十岁之后，父亲似乎是累了，显出了老态，喘着气开始了原地踏步。

（刘静《父母爱情》）

运用对比手法时，应注意不同事物或者同一事物的两个方面，应该有互相对立的关系，否则是不能构成对比的。事物间的对比或者事物不同方面的对比，能够使人对事物的本质或者性质有着更为清晰的认识。因此，通过对比手法，可以使想要表达的思想、情感取向、价值选择等比较明确地体现出来。

七、反语

反语又称为“反话”，指使用与意欲表达的意思相反的词语或句子去表达这种意思。根据语义正反使用关系，可把反语划分为两个小类：以正当反；以反当正。

（一）以正当反

以正当反是用正面的语句去表达反面的意思。例如：

（1）但衣角会被踹住，可见穿的是长衫，即使不是“高等华人”，总该是属于上等的。

（鲁迅《推》）

（2）有几个“慈祥”的老板到菜场去收集一些菜叶，用盐一过，这就是她们难得的佳肴。

（夏衍《包身工》）

例（1）“高等华人”表达了对穿长衫者的讽刺，例（2）

"慈祥"实指心黑不仁。

（二）以反当正

以反当正就是用反面的语句去表达正面的意思。例如：

(1) 小陶气愤地说："这些死人！只管看着干什么，还不把你们的雨衣扔过来。"

（徐怀中《西线轶事》）

(2) 几个女人很失望，也有些伤心，各人在心里骂着自己的狠心贼。

（孙犁《荷花淀》）

例（1）中"死人"这里实际上体现了对战友的亲切感，是一种亲密称呼。例（2）中"狠心贼"本是个贬义词，这里实际上指的是"几个女人"的丈夫，体现了她们对丈夫既爱又怨式的关心。

八、反复

反复是指在形式上有意重复使用某些词语或句子的修辞手法，它具有强调感情，突出思想，加强节奏感等多方面的修辞作用，在诗歌、散文等中较常用。例如：

……

大堰河，为了生活，
在她流尽了她的乳液之后，
她就开始用抱过我的双臂劳动了；
她含着笑，洗着我们的衣服，
她含着笑，提着菜篮到村边的结冰的池塘去，
她含着笑，切着冰屑悉索的萝卜，
她含着笑，用手掏着猪吃的麦糟，
她含着笑，扇着炖肉的炉子的火，
她含着笑，背了团箕到广场上去晒好那些大豆和小麦，

……

（艾青《大堰河——我的保姆》）

例句选自诗人艾青《大堰河——我的保姆》，节选部分反复出现“她含着笑”，突出体现了“大堰河”勤劳乐观的性格特点，善良坚韧的优秀品质；同时又形成了一个节奏群，和思想表达相一致。

（一）按重复内容

反复按重复的内容，可分为词语反复、句子反复。

1. 词语反复

词语反复指的是重复的内容是词或短语，例如：

（1）不在沉默中爆发，就在沉默中灭亡。

（鲁迅《记念刘和珍君》）

（2）大山原来是这样的！月亮原来是这样的！核桃树原来是这样的！香雪走着，就像第一次认出养育她成人的山谷。

（铁凝《哦，香雪》）

例（1）反复出现“沉默”一词，表达作者对北洋政府的愤怒和对民众觉醒的期盼之情。例（2）反复出现“原来是这样的”，体现了香雪此时愉快的心情。

2. 句子反复

句子反复指的是重复的内容是句子，例如：

翩翩少年，弱不禁风；皤皤老成，尸居于气。无三年能持续之国士，无百人能固结之法团。呜呼！有国如此，不亡何待哉！不亡何待哉！

（梁启超《论毅力》）

例句中“不亡何待哉”这一句反复出现，体现了作者在国家危亡之际发出的痛心疾首之情。

（二）按重复方式

反复按重复的方式，可分为连续反复、间隔反复。

1. 连续反复

连续反复指的是连续重复相同的词语或句子，中间没有其他语句相阻隔。例如：

（1）“新月！新月啊！……”韩子奇无力地嘶喊着，扑倒在雪地上……

（霍达《穆斯林的葬礼》第十四章）

（2）我的治疗方案出来了——不—截—肢—了!! 不截肢了！不截肢了！不截肢了！

（张勤《我从金色中走来》）

例（1）“新月”连续重复使用，表明女儿“新月”之死给“韩子奇”带来无比沉重的打击，使其悲痛欲绝。（2）“不截肢了”反复出现，体现了“我”意外之后欣喜、激动，以致语无伦次。

2. 间隔反复

间隔反复在形式上的基本特点就是有其他语句把重复出现的词语或句子隔开。例如：

……

教我如何不想她？
月光恋爱着海洋，
海洋恋爱着月光。
啊！
这般蜜也似的银夜
教我如何不想她？
水面落花慢慢流，
水底鱼儿慢慢游。
燕子你说些什么话？
教我如何不想她？
……

（刘复《教我如何不想她》）

例句中反复出现“教我如何不想她”这句话，作为该诗每个部分的结尾。从重复的方式上看，它们相互间有较长的阻隔；从使用价值上看，它们突出体现了作者留学国外时对祖国的思念之情。

九、排比

排比是连续使用三个或三个以上结构相同或相似、语气一致、意义相互关联的句子或句子成分陈述同一事物或者某一中心意旨的修辞手法。排比的特点是：在形式上，句子整齐匀称；在表述上，密切关联的意思连续铺展开来，从而显得语势贯通，情感充沛，气势磅礴。例如：

（1）她爱太阳，爱土地，爱劳动，爱清朗朗的大马河，爱大马河畔的青草和野花……

（路遥《人生》）

（2）白天，我被求生的本能所驱使，我谄媚，我讨好，我妒嫉，我耍各式各样的小聪明。

（张贤亮《绿化树》）

例（1）中五个并列的谓语部分结构相似，表意相关，一起对“她”进行多角度陈述。例（2）中“我谄媚，我讨好，我妒嫉，我耍各式各样的小聪明”采用平列描述的方式，陈述“我”的各种行为，加强了表达的语气。

根据排比句构成单位之间的语义关系，排比句可以分为以下两个小类。

（一）平列式

平列式的构成单位所表达的内容在语义表达上是并列或平铺的关系。平列式往往是从不同角度、不同侧面描述同一事物，或者是并列表述不同的事物或行为等。例如：

（1）他们不会高声朗笑，不会拼死搏击，不会孤身野旅，不会背水一战。

（余秋雨《上海人》）

（2）我不相信天是蓝的，我不相信雷的回声，我不相信梦是假的，我不相信死无报应。

（北岛《回答》）

例（1）从四个不同的角度对“他们（上海人）”的特点进行描述，例（2）则是四个平行相关的句子，体现了诗人北岛的怀疑与执着。

（二）层递式

层递式构成单位所表达的内容在语义逻辑上，具有程度的递升或者递降的特点，而非平列的关系，从而表达层层递进的事理。例如：

（1）事情就是这样，他来进攻，我们把他消灭了，他就舒服了，消灭一点，舒服一点；消灭得多，舒服得多；彻底消灭，彻底舒服。

（毛泽东《关于重庆谈判》）

（2）如果说在过去那种情况下有些还可以谅解，那末现在继续说假话，就很不对了。谁还要这样做，就是存心害党，害国家，害人民，害自己。

（聂荣臻《恢复和发扬党的优良作风》）

例（1）三个排比句表述的内容从对国民党的打击到其相应的反应程度都是递增的，比较生动地说明了以战止战换取和平的策略。例（2）所表述的内容在程度上是递降的，但在事理表述上层层深入，说明“说假话”的危害性极大，并非只是“害人”，最终还是会“害己”。

十、仿拟

仿拟指的是通过模仿现有的词语、句子或语篇而临时创造出新的词语、句子或语篇的一种修辞手法。例如：

(1) 那几年，我不就改造成家庭妇男了吗？不信，你们问文婷，我什么不干？什么不会？

（谌容《人到中年》）

(2) 经验使我知道，我在受着武力征伐的时候，是同时要得到文力征伐的。

（鲁迅《准风月谈·后记》）

例 (1) 通过更改“家庭妇女”中的“女”字而得到临时新造词语“家庭妇男”，例 (2) 通过模仿“武力征伐”，改“武”为“文”，形成新造的临时组合“文力征伐”。通过例(1)、例 (2) 可以看出，仿拟的对象通常应为大家所熟知，只有以此为语境或者理解背景，通过模仿的方式新造出的语言片段才能为人所理解。

根据仿拟语言单位的大小，仿拟可以分为：仿词语；仿语句；仿篇章。

(一) 仿词语

仿词语就是以现有的语词作为蓝本，通过更改其中构成成分而形成新的临时语词。根据仿词语的途径，仿词可以分为音仿和义仿两种。

1. 音仿

音仿就是使用读音相同或相近的语素仿造出新词语。例如：

(1) 历史研究是“实事求是”，历史剧作是“实事求似”。

（郭沫若《历史·史剧·现实》）

(2) 某蚊香广告词：默默无蚊。

例 (1) “实事求似”是通过同音模仿“实事求是”而来，“似”“是”同音；通过“实事求是”与“实事求似”，比较清晰生动地说出了历史研究和历史剧作的区别。例 (2) “默默无蚊”仿自成语“默默无闻”，作为蚊香广告，比较新颖。

2. 义仿

义仿就是通过换用意义相反或相近的语素仿造新词语。例如：

（1）有些天天喊大众化的人，连三句老百姓的话都讲不出来，可见他就没有下过决心跟老百姓学，实在他的意思仍是小众化。

（毛泽东《反对党八股》）

（2）然未庄只有钱赵两姓是大屋，此外十之九是浅闺，但闺中究竟是闺中，所以也算得一件神异。……后来这终于从浅闺里传进深闺里去了。

（鲁迅《阿Q正传》）

例（1）中“小众化”仿自“大众化”，表示脱离普通百姓的小圈子；例（2）“浅闺”仿自“深闺”，这里表示小户人家。

（二）仿语句

仿语句就是模仿现有语句结构，通过更换或添加部分词语仿造出新的相似语句。例如：

（1）年年岁岁雪相似，岁岁年年豹不同。

（雪豹皮衣广告词）

（2）何必白吾白以及人之白，文吾文以及人之文哉？

（余光中《逍遥游·风鸦鹈》）

例（1）仿自唐代诗人刘希夷《代悲白头翁》诗句“年年岁岁花相似，岁岁年年人不同”，例（2）仿自《孟子·梁惠王上》语句“老吾老以及人之老，幼吾幼以及人之幼”，例（1）、例（2）通过模仿名句，临时更换个别词语构成新的语句，别有趣味。

（三）仿篇章

仿语篇就是模仿现有的语篇框架结构，通过更换其中的词语形成新的相似语篇；或者是模仿现有语篇的体式或腔调，形成新的语篇。例：

(1) 分不在高，及格就行。学不在深，作弊则灵。斯是教室，唯吾闲情。小说传得快，杂志翻得勤。琢磨下围棋，善于抄作业，猎奇闻。无书声之乱耳，无复习之劳形。虽非跳舞场，堪比游乐厅，心里云："混张文凭。"

(《教室铭》)

(2) 亲，祝贺你哦！你被我们学校录取了哦！南理工，211院校噢！奖学金很丰厚哦！门口就有地铁哦！景色宜人，读书圣地哦！亲，记得9月2日报到哦！录取通知书明天"发货"哦！上网就可以查到通知书到哪了哦！

(3) 药有十味：好肚肠一根，慈悲心一片，温柔半两，道理三分，信行要紧，中直一块，孝顺十分，老实一个，阴阳全用，方便不拘多少。

用药方法是：宽心锅内炒，不要焦，不要躁，去火埋三分。

用药时切忌：言清行浊，利己损人，肠中毒，笑里刀，两头蛇，平地起风波。

(燕武《心病药方》，《广州日报》1998年12月1日)

例(1)仿自唐代刘禹锡《陋室铭》，通过更换部分词语得来。例(2)是南京理工大学2011年模仿网络淘宝体的腔调，给学生的非正式大学录取通知书。例(3)是唐朝僧人石头和尚为解除众生苦恼，仿拟中医药方所撰之文。

十一、顶真

顶真亦称为蝉联、联珠，其基本形式特点是把上一句末尾的词语作为下一句的开头，使二者首尾相重合，形成一种链式的结构。例如：

(1) 楚山秦山皆白云，白云处处长随君。长随君，君入楚山里，云亦随君渡湘水。湘水上，女萝衣，白云堪卧君早归。

（李白《白云歌·送刘十六归山》）

（2）茵茵牧草绿山坡，
山坡畜群似云朵，
云朵游动笛声起，
笛声悠扬卷浪波。

（古月《草原春早》）

例（1）首部分末尾“长随君”和第二部分起首“长随君”相合，第二部分句尾“湘水”和最后一部分起首“湘水”相合。例（2）首句以“山坡”结尾，次句以“山坡”开头；次句以“云朵”结尾，第三句以“云朵”开头；第三句末尾包含“笛声”，尾句以“笛声”开头。顶真不仅在形式上前后相连，音韵和谐；同时表意前后相扣，气势连贯而下。

十二、回环

回环，又称为回文，是利用变换语序的方式构成词语形式上的回环往复的特点以表现事物相互关系的修辞手法。例如：

（1）科学需要社会主义，社会主义更需要科学。

（郭沫若《科学的春天》）

（2）只见他店中一个个的伙计，你埋怨我，我埋怨你；那掌柜的虽是陪我坐着，却也是无精打采的。

（清·吴趼人《二十年目睹之怪现状》）

例（1）上下句和例（2）中“你埋怨我，我埋怨你”，在形式上上句和下句首尾相连，宛如环形链条，构成回环手法。由例（1）、例（2）可以看出，回环的基本特征是前后两部分具有镜像特点，即后一部分可视为是前一部分的倒叙排列形式。

根据回环形式上的松紧，回环可分为两小类：严式回环；宽式回环。

（一）严式回环

严式回环在形式上要求前后两部分具有完整的对称性，即可视为完全相同的语句进行语序的颠倒构成的。例如：

（1）月光恋爱着海洋，海洋恋爱着月光。

（刘半农《教我如何不想她》）

（2）客中愁损摧寒夕，夕寒摧损愁中客。门掩月黄昏，昏黄月掩门。翠衾孤拥醉，醉拥孤衾翠。醒莫更多情，情多更莫醒。

（纳兰性德《菩萨蛮》）

例（1）、例（2）在形式上具有镜像特点，例（2）因为形式上有此特点，被称为回文词。回环手法用在诗歌中就形成了回环诗，例如：

白头人笑花间客，客间花笑人头白。年去似流川，川流似去年。老羞何事好，好事何羞老。红袖舞香风，风香舞袖红。

（张孝祥《菩萨蛮》）

（二）宽式回环

宽式回环在形式上有较大的自由，不像严式回环那样要求前后两部分必须具有对称性，而是根据实际表达的需要，可增加、减少或改变个别词语后再颠倒语序，形成大致回环往复的形式特点。例如：

（1）舞台小天地，天地大舞台。

（柯灵《戏外看戏》）

（2）事业需要人才，人才推动着事业。

例（1）上下句只存在一字差异；例（2）前后两部分大致构成回环形式，只是前部分的“需要”在后部分变为“推动”；二者用回环手法表达了舞台和天地、事业和人才的辩证关系。

十三、对偶

对偶就是把字数相等、意义密切相关、结构相同、用词互相对应的两个短语或句子，放在一起的修辞手法。传统诗文中的对偶相对比较严格，要求字数相等、结构相同、对应词语词性一致、平仄协调等。而现代诗文中对偶的运用相对宽松，只要字数相等、结构相同、声韵大体协调就可以。例如：

墙上芦苇，头重脚轻根底浅；山间竹笋，嘴尖皮厚腹中空。

（毛泽东《改造我们的学习》）

根据对偶上下句表达内容之间的关系，对偶可以分为：正对；反对；串对。

（一）正对

正对是从两个角度、两个侧面说明同一事理，表示相似、相关的关系。例如：

（1）近水楼台先得月，向阳花木早逢春。

（《增广贤文》）

（2）抽刀断水水更流，举杯消愁愁更愁。

（李白《宣州谢朓楼饯别校书叔云》）

例（1）上句和下句说的是同样道理：近者占据先机，例（2）上下句都体现的是诗人的离愁别绪。

（二）反对

反对上下两部分一般表示相反关系或矛盾对立关系。例如：

（1）忧劳可以兴国，逸豫可以亡身。

（欧阳修《新五代史·伶官传序》）

（2）横眉冷对千夫指，俯首甘为孺子牛。

（鲁迅《自嘲》）

例（1）、例（2）体现了对偶和对比的交叉点。从形式上看，例（1）、例（2）结构对称、字数相同、词性相对，属于对偶；从语义上看，例（1）和例（2）的上、下对之间表示相反的内容，因此也可以看作对比。

由例（1）、例（2）可以看出，对偶和对比密切关联。尽管对比和对偶在形式上都是成对的，但二者的差异还是比较明显的，对比主要侧重其内容所表示意义的相反或相对，而不管结构形式如何；而对偶主要是侧重结构形式上的对称，要求字数相等、结构相同或相似。有的对比也是对偶（即反对），就意义内容说是对比，就结构形式说是对偶。

（三）串对

串对也叫“流水对”，其上、下对所表达的内容在意义上具有承接、因果、假设、条件等关联性。例如：

（1）为有牺牲多壮志，敢教日月换新天。

（毛泽东《到韶山》）

（2）欲穷千里目，更上一层楼。

（王之涣《登鹳雀楼》）

例（1）上对“为有牺牲多壮志”和下对“敢教日月换新天”结构对称，字数相等，词性对应，同时二者之间具有因果关系；例（2）在结构上符合对偶的基本要求，同时上对“欲穷千里目”和下对“更上一层楼”之间具有条件关系。

十四、拈连

拈连是利用语境联系，把适用于甲事物的词语顺势移用于乙事物身上的修辞手法。甲事物可称为前项，乙事物可称为后项，拈连往往是由前项的描述引出对后项的描述，一个完整的拈连手法包含前项、拈连词和后项这三个要素。拈连要贴切自然，避免只注意形式、不考虑内容的生搬硬套。在形式上，甲事物一般是具体的，在前；乙事物一般是抽象的，在后。例如在“线儿缝在军衣上，情意缝在我心里”中，“线儿”是前项，“情意”是后项，“缝”是拈连词，它由“缝线”顺势用为“缝情意”。

按照拈连前项、拈连词的隐现情况，拈连可分为：全式拈连；简式拈连。

（一）全式拈连

全式拈连中前项、后项均出现，拈连词把二者黏合在一起。例如：

（1）铃子叮叮当当的摇着，一切低起头在书桌边办公的同事们，思想都为这铃子摇到午饭的馒头上去了。

（沈从文《到北海去》）

（2）这架飞机该有多大的重量啊！它载着解放区人民的心，载着全中国人民的希望，载着我们国家的命运。

（方纪《挥手之间》）

例（1）中的“摇”由“摇铃”而移用于“摇思想”，例（2）中的“载”由“载着解放区人民的心”移用于“载着全中国人民的希望”“载着我们国家的命运”。

（二）简式拈连

简式拈连前项省略，或和前项组合的拈连词省略，只是后项和后项拈连词出现，但借助上下文语境，拈连关系还是比较清晰的。例如：

（1）然而，在有“人”心者的眼中、脑中，红红的被屠杀者的血，是永远洗涤不去的。

（郑振铎《六月一日》）

（2）几只羊低头择草，忧伤间只让我觉得它们嚼的不只是草，而是冬天里半发的绿意，以及草场上无边无际的阳光。

（张晓风《画晴》）

例（1）中适用于衣物的“洗涤”一词移用于“眼”和

“脑”，表现了对牺牲者的深切的悼念和对施暴者的憎恨，文中前项和前项拈连词隐去；例（2）“嚼”由与“草”组合，移用于“冬天里半发的绿意”“草场上无边无际的阳光”，后项拈连词隐去。

练习题

1. “猫长得像老虎”是不是比喻？比喻的构成有什么要求？
2. 什么是借代？借代的构成有什么要求？
3. 借代和借喻有什么区别？
4. 什么是比拟？比喻和比拟的区别是什么？
5. 夸张是否就是夸大其词？夸张有什么修辞价值？
6. 什么是双关？双关包括哪些类别？
7. 什么是反复？反复包括哪些类别？
8. 反复和排比有何异同？
9. 什么是对偶？对偶和对比有何异同？
10. 什么是回环？回环包括哪些类型？
11. 回环和顶真有何区别？
12. 什么是拈连？试举例说明。
13. 什么是仿拟？试尝试对某名句或名篇进行仿拟。
14. 试分析下列例句使用了什么修辞手法。

（1）龙象熊形成新“权力三角”应对美回归亚洲。

（2）煮豆燃豆萁，豆在釜中泣。本是同根生，相煎何太急。

（3）上海自来水来自海上，中国长生果生长国中。

（4）她还时时觉得那森严的考场上书写考卷的“沙沙”声仍萦绕耳畔，像蚕儿在争食桑叶。

（5）苍茫无际，没有月光，没有鸟鸣，没有人迹，只有漆黑的羊肠小道。

（6）宝剑锋从磨砺出，梅花香自苦寒来。

(7) 在北国，除泰山、华山这些早已名闻中外，还有许多等待人们去发现、去观赏、去利用的风景区。

(8) 小篷船，装粪来，
惊飞水鸟一大片。
摇碎满河星，
摇出满囱烟。
小篷船，装粪来，
橹摇歌响悠悠然。
穿过柳树云，
融进桃花山。

(9) 什么树开什么花，什么花结什么果。

(10) 砍头不要紧，有钱才是真。栽了我一个，幸福几代人。

(11) 你是膝盖上钉掌——离了蹄啦！

(12) 瑞雪兆丰年。看着这漫天飘舞的雪花，大家已经看到了来年的好收成。

(13) 他飘飘然地飞了大半天，飘进土谷祠，照例应该躺下便打鼾。

(14) 遥想公瑾当年小乔初嫁了，雄姿英发。羽扇纶巾，谈笑间，樯橹灰飞烟灭。

(15) 我似乎打了一个寒噤，我就知道，我们之间已经隔了一层可悲的厚障壁了，我也说不出话。

(16) 11月，广州还是秋高气爽，北国名城哈尔滨早已草木皆冰了。

(17) 昔我同门友，高举振六翮。

(18) 天上也是皎洁无比的蔚蓝色，只有几片薄纱似的轻云，平贴于空中，就如一个女郎，穿了绝美的蓝色夏衣，而颈间却围绕了一段绝细绝轻的白纱巾。

（19）天寒热泪冻成冰，冻不住心头的爱和憎。

（20）在花市开始以前，站在珠江岸上眺望那条浩浩荡荡、作为全省三十六条内河航道枢纽的珠江，但见在各式各样的楼船汽轮当中，还夹杂着一艘艘载满鲜花盆栽的木船，它们来自顺德、高要、清远、四会等县，载来南国初春的气息和农民群众的心意。

第七节　辞格综合运用

辞格的综合使用情况可以分为辞格的连用、辞格的套用和辞格的兼用三个方面。

一、辞格连用

辞格连用是在一段话里相继出现相同辞格或者不同辞格，同时承载这些辞格的句子是相互独立的。例如：

（1）那一望无边挤得密密层层的大荷叶，迎着阳光舒展开，就像铜墙铁壁一样。粉色荷花箭高高地挺出来，是监视白洋淀的哨兵吧！

（孙犁《荷花淀》）

（2）但他的背脊仍然挺得笔直，他的人就像是铁打的，冰雪、严寒、疲倦、劳累、饥饿，都不能令他屈服。

（古龙《多情剑客无情剑》第一回）

例（1）连着使用了明喻和暗喻，“那一望无边挤得密密层层的大荷叶，迎着阳光舒展开，就像铜墙铁壁一样”是明喻，本体为“大荷叶”，喻体为“铜墙铁壁”，比喻词为“像”；“粉色荷花箭高高地挺出来，是监视白洋淀的哨兵吧”是暗喻，本体为“粉色荷花箭”，喻体为“哨兵”，比喻词为“是”。例（2）“他的人就像是铁打的”使用了明喻，本体为“他的人”，喻体为“铁打的”，比喻词为“像是”；“冰雪、严寒、疲倦、劳累、饥饿”则是排比手法。

二、辞格套用

辞格套用是指一种辞格里又包含着其他辞格，形成以大套小的包含关系。例如：

（1）狂风紧紧抱起一层层巨浪，恶狠狠地将它们摔到悬崖上，把这些大块的翡翠摔成尘雾和碎末。

（高尔基《海燕》）

（2）一个扰嚷喧嚣，一个肃穆幽静；一个珠光宝气，炫人耳目，一个雄奇深邃，浑然天成；一个灯火辉煌，城开不夜，一个月色迷离，万籁俱寂；一个矗起沙漠间，蓝天绿地，却置身万丈红尘，一个历经千百劫，刀劈斧斫，反化成胸中丘壑。

（邵燕祥《大峡谷去来》）

例（1）整体使用了拟人手法，其中“把这些大块的翡翠摔成尘雾和碎末”又使用了借喻手法。例（2）整体上采用了由四个相似分句构成的排比手法，同时每个分句内部又采用了对比手法，如第一分句“扰嚷喧嚣”和“肃穆幽静”相对比。

三、辞格的兼用

辞格的兼用是指一句话里兼有两种以上的修辞方式，也叫“兼格”。例如：

（1）啊，乡愁呀，如轻烟似的乡愁呀。

（郑振铎《海燕》）

（2）老和尚说：“梦幻尘缘，由光石火，如水中月，如镜中影，如雾中花。”

（梁羽生《七剑下天山》）

例（1）兼用了反复和比喻两种辞格，例（2）兼用了比喻和排比两种辞格。

以上分析的辞格连用、辞格套用和辞格兼用是辞格综合使用的三种具体情况，更为复杂的辞格综合使用是上述三种情况的交错出现，例如：

处处干燥，处处烫手，处处憋闷，整个老城像烧透的砖窑，使人喘不过气来。

（老舍《骆驼祥子》）

例句出现了辞格连用情况，“处处干燥，处处烫手，处处憋闷”使用排比手法，“整个老城像烧透的砖窑”使用了比喻手法；同时也出现了辞格兼用的情况，“整个老城像烧透的砖窑”不仅包含了比喻手法，也使用了夸张手法。

练习题

1. 辞格的兼用和辞格的套用有何区别？

2. 试分析下列句子中的辞格综合使用情况。

（1）富家一席酒，穷汉半年粮。

（2）盼望着，盼望着，东风来了，春天的脚步近了。

（3）高尚是高尚者的墓志铭，卑鄙是卑鄙者的通行证。

（4）天上白云如魔术师似的变化多端，有时像峰峦，有时像河川，有时像雄狮，有时像奔马。

（5）人生就是案几，上面充满杯具和洗具。

第八节　语　　体

人类社会的生产和生活实践在广度和深度上都是不断向前发展的，基于现实需要，人们的语言实践也会越来越多元化、越来越细腻，这使得我们的语言生活多姿多彩。中华文明源远流长，汉字产生的时间久远，在数千年的历史里二者一直未曾中断过，故而中国留下了世界上最为丰富的书面文献，它生动地反映了中华先民们在语言使用上面所做出的贡献，例如甲骨卜辞、先秦诗歌、诸子散文、汉赋、唐诗、历代奏议策对……在这一系列的语言实践中形成了丰富多彩的语言使用体式。

在漫长的语言实践中，人类社会由于交际的需要在语言使用体式上逐渐形成了一些共性倾向，这些倾向性经过有意识地加工和创造并最终固定下来，就形成了语体。简言之，语体是为适应不同的交际需要而形成的语文体式。

语体是语言使用的功能性分类，它表面上体现为语言成分的选择和组合上的不同形式特点，但其实质上体现的是语言成分的功能性差异，体现的是语言成分不同的言语交际价值。例如“老婆、夫人、媳妇”是一组同义序列，交谈中我们有时会选择“老婆”，有时会选择“夫人”，有时会选择“媳妇”，它们实际上传递了不同的交际信息。

语体具有全民性。语体是在人类群体性语言生活中逐渐形成的，它一方面体现的是人们日常生活中语言使用的某些共性特点的聚合；另一方面它又对个人语言的使用具有普遍制约性，为个人语言的使用提供某种倾向性的模式或指引。因此，语体具有全民性，它不会因人而异。

语体具有稳定性。语体是适应交际需要而产生的，因此特定语体一旦形成，就会伴随着社会交际需要而长期存在，不会轻易发生变化，除非其赖以存在的交际土壤随着社会的发展而消失，例如甲骨文上的占卜用语体式、古代的奏章体式等今天已不再使用。

语体的种类繁多，目前比较一致的观点是语体首先可分为口语体和书面体两大类。口语体和书面体密切相关，从历史发展的角度来说，口语体先产生，是书面体的源头和基础；而书面体则是口语体的加工和升华，它反过来又能够为口语体提供更为丰富的内容，从而推动口语体的发展；因此，口语体和书面体互相作用，共同丰富了我们的民族语言，并且促进着语言的发展。

一般来说，口头表达是口语体的最常用的交际方式，但是口语体不等于口头表达；书面表达是书面体最常用的表达方式，但是书面体不等于书面表达。这是因为口语体可以有书面表达形式，例如影视剧本、戏曲、戏剧中的人物对白；而书面体也可以有口头表达形式，例如学术报告、企业年终总结汇报等。

口语体又可分为谈话体、演讲体、论辩体；书面体又可分为事务语体、政论语体、科技语体、文艺语体。

一、口语体

口语体是适应口头交际需要而形成的语文体式。口语体的语境依赖性比较强，成分省略比较常见，有时要结合手势、眼神等伴随性的姿态语方能领会说话人的真实意图。此外，口语体较多使用口语词和语气词，语句选择一般比较简短，传递的信息自然晓畅，忌讳隐晦拗口。口语体包括谈话体、演讲体、讨论体三种类型。

（一）谈话体

谈话体是适应日常交谈需要而形成的具有特定言语特点的语文体式。日常生活交谈是最典型的谈话语体，它最充分地体现了口语体的特征。例如：

妇女甲："唉，把娃娃熬累坏了！"

妇女乙："高明楼也太不讲理了，人家加林教了三年书，他儿子刚毕业，凭什么把人家挤下来？"

妇女甲："加林不是年年在全公社评头等教师？"

妇女乙："是模范教师！"

妇女甲："噢，模范……"

妇女丙："模范顶个屁！而今有后门比啥都吃得开！"

妇女甲："想不到还有这么不讲理的事。"

妇女丙："怎想不到？你好像是个吃奶娃！"

锄地的人哈哈大笑。

（路遥《人生》）

例句选自路遥的《人生》，是一段典型的日常对话。从例句可以看出，谈话体所用的口语词比较多，例如使用方言词、俚语词、俗语词、儿化词甚至比较粗俗的语言，同时也经常使用语气词或者感叹词；谈话体所用句式忌讳过于复杂冗长，一般比较简短明快，传递的信息比较通俗易懂；借助上下文语境，谈话体语句存在较多的省略现象，而且停顿较多，并且会出现一些口误和一些无意义的语气间隔等；此外，谈话体语句间自由度和随意性比较大，同时话题的转换比较自由和频繁。

（二）演讲体

演讲体与谈话体不同的是，它是演讲人的独白，而对话者是听众。因此做演讲前往往要认真思考准备，形成腹稿，很多时候写成演讲稿。演讲体重视篇章结构模式，注重根据听众的特点和演讲的内容遣词造句，同时话题比较集中。一般来说，一场高质量的演讲记录下来就是一篇不错的文章，它往往与书面体比较接近。例如：

今天，我高兴地同大家一起参加这次将成为我国历史上为争取自由而举行的最伟大的示威集会。100 年前，一位伟大的美国人签署了解放黑奴宣言，今天我们就是在他的雕像前集会。……100 年后的今天，在种族隔离的镣铐和种族歧视的枷锁下，黑人的生活备受压榨。100 年后的今天，黑人仍生活在物质充裕的海洋中一个穷困的孤岛上。100 年后的今天，黑人仍然萎缩在美国社会的角落里，并且意识到自己是故土家园中的流亡者。今天我们在这里集会，就是要把这种骇人听闻的情况公诸于世。……当我们让自由之声响起，让自由之声从每一个大小村庄、每一个州和每一个城市响起来时，我们将能够加速这一天的到来……

（马丁·路德·金《我有一个梦想》）

例句选自《我有一个梦想》，它是美国黑人民权运动领袖马丁·路德·金 1963 年在华盛顿林肯纪念堂前的盛大集会中所做的著名演说，影响深远。这篇演说深刻地揭示了美国黑人所遭受的不公和非人道待遇，抨击了美国的种族隔离制度，反映了广大黑人的心声，极富有渲染力和鼓动性。演讲体适用于政治、经济、学术等诸多领域，其目的是凝聚听众、鼓动听众、说服听众或者启迪听众等，为政治活动、经贸活动和科学技术等服务。从例句可以看出，演讲首先从内容上要求具有鲜明的观点，能够比较深刻地抓住问题的本质或者提出问题的解决方法；其次，演讲的语调要多变，经常使用语气词，并辅以手势、表情等体态语言，以增强表现力和感染力；此外，演讲的句子以简短、口语化为宜，同时语句要层次分明、逻辑清晰。

（三）论辩体

口头语体有时会用于比较正式的场合，例如我们就某个工作任务或者研究上的疑难问题进行商讨、法庭中原告被告间的控辩，签订商贸协议或外交协议时中外代表为了各自国家利益的唇枪舌剑、国外大选时总统候选人进行的电视辩论等等。例如：

陈小凡：请问对方辩友，今天谈将来是不是谈趋势？

王青梅：我们当然是在谈趋势，而我们所说的趋势是基于在历史和现实当中，找到我们的依据来谈的将来。

简安军：谢谢对方同意我方观点，谈将来当然要看趋势，以现实做基础，以趋势做判断，科技的毁灭性趋势，对方辩友怎么看不到。

吉星：可对方辩友就是忽略了历史，我们要从历史的方面来证明科技不会毁灭人类。

付新：对方辩友那个叫趋势吗，对方辩友那个叫作看着历史对未来的幻想。

郑维：对方辩友，我方至少还把我方的推断基于历史，而对方辩友却做出凭空猜测，难怪对方辩友会用这种不科学的方法得出这个不科学的结论。

吴天：我方明明是立足现实看趋势，对方辩友为什么看不到呢？请问今天的科技都独立发展了，这还不是毁灭趋势吗？

（2001 年国际大专辩论赛初赛第一场辩词）

例句选自 2001 年国际大专辩论赛初赛第一场辩词，由新加坡国立大学对悉尼大学，其中吴天、简安军、付新、陈小凡属于新加坡国立大学参赛队员，郑维、吉星、王青梅属于悉尼大学参赛队员。例句属于典型的论辩体，根据例句可以看出，辩论除了具备口语体的一般特点外，其特殊之处在于：首先，它在辩驳双方之间展开，双方的发言轮换进行；其次，它限于特定的讨论范围，话题比较集中，尽管针锋相对，但都不能够脱离论题。此外，论辩体还包括讨论，它和辩论的相似之处在于都围绕着某个议题展开，但是讨论的参入者可以是多方的，并且相互的观点可以是相容的，不必一定针锋相对。

二、书面体

书面体是适应书面交际需要而产生的语文体式。它显得相对规范、庄重，用词方面，书面色彩比较浓厚，例如经常使用文言词语、专业词语、科技术语等；句式方面，所用句式相对比较复杂，较多使用包孕成分、关联词语以及修饰成分。由于缺乏伴随语境，书面体不能轻易省略成分，句子结构一般比较完整。此外，出于表达的需要，书面体比较重视句子间的层次性、连贯性和逻辑性。

书面体可进一步细分为事务语体、政论语体、科技语体和文艺语体。

（一）事务语体

事务语体是国家、社会机构或者普通公民处理事务时运用的一种语文体式。事务语体可分为公文语体与日常应用语体，其中公文语体又分为行政公文语体、法律文书语体、财经文书语体等；日常应用语体又分为书信语体、告白语体、条据语体等。例如：

（1）

中华人民共和国主席令

第四十八号

《全国人民代表大会常务委员会关于修改〈中华人民共和国个人所得税法〉的决定》已由中华人民共和国第十一届全国人民代表大会常务委员会第二十一次会议于2011年6月30日通过，现予公布，自2011年9月1日起施行。

中华人民共和国主席　胡锦涛

2011年6月30日

（2）

介绍信

×××单位：

兹有张国华的档案属于贵单位管理，现因本公司招聘张国华到本公司任职，签订正式劳动合同4年，从2011年7月1日起生效，在此期间，本公司（广州天宇科技有限公司）将负责管理该员工的档案，负责该员工与档案有关的各项事宜。（注：本公司为××××，具有保存档案资质）特此申请批准提档。

此致

广州天宇科技有限公司

负责人：张天宇（法人印章）

2011年6月1日

例（1）属于公文语体，公文语体包括法律条令、规章制度、批示、请示、布告、通告等，种类比较多。公文语体特点之一是它具有固定的格式，受到框架、程式的约束比较强，比如它会有一些特殊的句式和特殊的行款等，不允许拿别的形式来代替；其次是它具有一些专门的公文用语，例如“值此……之际”“为要”“此致”“此令”“兹”“查”“据”“请示”“通告”“批示”“布告”“既往不究”“辑拿归案”“决不姑宽”等，不可以随意用同义的其他词语去代替；此外，公文体较少运用口语词、俚俗语、口语句式，一般不使用方言词，而古词语、文言词及文言句式的使用与其他语体相比显得相对较多，并且在语言使用上力求庄重规范。

例（2）属于日常应用语体，它包括书信、介绍信、借条、收据、请假条、通知、存取款单等，在我们日常生活中经常会用到。日常应用语体也有一定的格式要求，例如银行存取款单、收借条涉及款项的数字除了阿拉伯数字以外，还要求用“零、壹、贰、叁、肆、伍、陆、柒、捌、玖、拾、佰、仟”等中国传统的大写方式；书信的开头、结尾以及信封等也有特定的表达格式，还有些固定的问候语与祝颂语，如你好、此致、敬礼等。但是与公文语体相比，日常应用语体显得灵活自由一些。此外，日常应用语体用语力求简明扼要、平易质朴。

（二）政论语体

政论语体是为政治活动而服务的一种语文体式，它广泛地和社会生活的各个方面直接联系着，极具政治宣传性和思想鼓动性。政论语体包括新闻报道、政治评论、宣传标语、思想杂谈、杂文小品等直接评论社会生活及其有关的各种问题的文章，它还包括为政治活动服务的讲演、报告等口头形式。

（1）任务艰巨，北京峰会面对复杂多变国际形势，肩负促进团结协作、维护地区和平稳定、促进共同发展的重要使命。国际金融危机余波未平，国际和地区热点问题此起彼伏，本地区

“三股势力”复趋活跃，贩毒和跨国有组织犯罪屡禁不止，给本地区安全和发展带来诸多不稳定、不确定因素。发展的任务是紧迫的，稳定的内部环境和和平安宁的外部环境是必须的。上海合作组织各成员国领导人共同宣示加强合作、团结一致推动上海合作组织事业发展的政治信念，对于本地区各国有效应对面临的挑战、维护和平稳定、实现共同发展繁荣具有重大意义。

（选自《携手共建和谐美好家园》，人民日报 2012 年 6 月 8 日社论）

（2）从公开的文字上看起来：两年以前，我们总自夸着“地大物博”，是事实；不久就不再自夸了，只希望着国联，也是事实；现在是既不夸自己，也不信国联，改为一味求神拜佛，怀古伤今了——却也是事实。于是有人慨叹曰：中国人失掉自信力了。

如果单据这一点现象而论，自信其实是早就失掉了的。先前信“地”，信“物”，后来信“国联”，都没有相信过“自己”。假使这也算一种“信”，那也只能说中国人曾经有过“他信力”，自从对国联失望之后，便把这他信力都失掉了。

（选自鲁迅《且介亭杂文·中国人失掉自信力了吗》）

政论语体可以分为一般政论体和文艺政论体，例（1）属于一般政论体，例（2）属于文艺政论体。从例（1）可以看出一般政论体经常会涉及到一些行业术语，在选词用语上面重视标准和规范，整体显得正式而庄重；一般政论语体在句式的选择和运用上灵活性比较大，为了宣传的需要，有时会集中使用某种句式，有时长句和短句搭配使用，有时为了突出重点，强调感情，还会出现设问句和反诘句，以及疑问句和陈述句的搭配；一般政论体所涉及的修辞手法在类型上比较集中，如排比、层迭、对偶、设问、反问等，可以用来加强言语的气势和增强言语的说服力。例（2）属于杂文，是文艺政论语体的一种。相对于例

(1)，它在语言使用上更加灵活，可以语言犀利、可以诙谐幽默，甚至参杂嬉笑怒骂等；在修辞手法上，较多使用比喻、夸张、借代、比拟等，以增强其生动性、形象性和感染力。文艺政论体除了杂文以外，还包括随笔、小品等，它的一个重要特点是追求语言的艺术化，已向文艺语体靠拢。

（三）科技语体

科技语体是人们记载、传播科学研究（包括自然科学研究和社会科学研究）成果时运用的一种语文体式。例如：

摄氏温标，亦称“百分温标”。由瑞典天文学家摄尔西斯（Andreas Celsius，1701—1744）于 1742 年首创。原规定在 101.325 千帕（1 大气压）下水的冰点为 0℃，沸点为 100℃。摄氏温度的单位称为“摄氏度”，用℃表示。为统一摄氏温标和*热力学温标，1990 年国际温标（ITS－90）对摄氏温标作了新规定：摄氏温标由热力学温标导出，摄氏温标的零点等于热力学温标中的 273.15K。根据新定义，摄氏温度应为 $t = T - 273.15$，式中 T 为热力学温度。在这个新定义下，摄氏温标的零点与水的冰点并不严格相等，在目前的测量精度下两者在万分之一摄氏度内一致；水的沸点也不严格等于 100℃，但差别不超过百分之一摄氏度。

（《辞海》对“摄氏温标”的解释，详见《辞海》第 2005 页）

结合例句可以看出，科技语体在语言使用上有三个比较突出的特点：一是用语的科学性，二是表达的逻辑性，三是描述的客观性。

用语的科学性。科技语体的主要功能是对科学研究成果的叙述和说明，因此非常重视选词用语的精确性，语言表达力求科学、简明。为了达到这一点，科技语体中经常大量使用科技专业术语，有时在运用术语时还要插入对应的英文术语；此外科技书体经常还会用到符号、公式、图表等，例如数学领域会用到基本符号“≥、≈、≠、≯、∵、∴、∈、≌”等。

表达的逻辑性。科学研究重在探求事物间的因果关系，因此科技语体相应地重视语言的逻辑关系，句子结构一般比较完整，很少有省略情况；所选用的句式严整而较少变化，还会使用一些特定的句式框架，如“当且仅当……”“设……”“真正含于……”等；此外，科技语体使用关联词的频率也比较高。

描述的客观性。科技语体用语一般比较客观、质朴，力求与客观现实的实际情况相吻合，因此一般不会使用涉及个人情感或者主观臆测之类的词语，同时较少运用修辞方式，尤其是形象性、描绘性的修辞方式。

（四）文艺语体

文艺语体是运用语言艺术化地描述自然景观、抒发个人情感体验或者反映社会生活时运用的一种语文体式。例如：

（1）穿过大门的门洞，迎门便是一道影壁，瓦顶、砖基，四周装饰着砖雕，中心一面粉墙，无字无画，像一片清澈的月光。影壁的底部，一丛盘根错节的古藤，虬龙般屈结而上，攀着几茎竹竿，缠绕着繁茂的枝干，绿叶如盖，葳蕤可连接地面，每逢春夏，紫花怒放，垂下万串珠宝。

（霍达《穆斯林的葬礼》第一章）

（2）“师傅！师傅！”韩子奇像在梦中看见了天塌地陷，灵魂都被惊飞了，他呼喊着扑倒在地，扶起四肢松软的师傅……梁亦清在徒弟的怀抱中吃力地睁开了双眼。“宝船，宝船！”他气力微弱地呼叫着。在这一瞬，他的眼睛是清亮的，炯炯有神，他在搜索那生命与心血化成的目标！当那双眼睛接触到宝船时，他的一双晶亮的瞳孔立即像燃烧的流星，迸射出爆裂的光焰，随即熄灭了……

（霍达《穆斯林的葬礼》第三章）

例（1）、例（2）均选自霍达的《穆斯林的葬礼》，前者描述自然景观，后者描述人物的情感。从例（1）、例（2）可以看出，文艺语体在语言使用上具有极大的包容性和开放性，但凡有助于生动、形象表达的词语、句式结构、修辞手法等均可使用，比如例（1）、例（2）中使用了一些富于文艺色彩的词语，如“清澈、盘根错节、紫花怒放、天塌地陷、清亮、炯炯有神、爆裂、气力微弱、惊飞”等；运用了明喻（例如“中心一面粉墙，无字无画，像一片清澈的月光。”）、借喻（例如“每逢春夏，紫花怒放，垂下万串珠宝。”）、反复（例如“宝船，宝船!”）、比拟（例如“他的一双晶亮的瞳孔立即像燃烧的流星，迸射出爆裂的光焰，随即熄灭了……”）等修辞手法。总体而言，文艺语体注意语言素材的多样性、新异性和独创性；追求表达的鲜活性、生动性和形象性；同时重视韵律变化，追求节奏感和音乐美。

文艺语体对应的文学形式比较丰富，具体的文学形式所对应的语言运用特点也存在差异，故而会形成独具特点的下层分支语言体式。一般而言，文艺语体向下可进一步分为韵文体和散文体两大分支体系。

韵文体是文艺语体中非常讲究韵律的一种语文体式，它注重语言形式的音乐美，广泛使用联绵词、叠音词、拟声词，并通过音节配合、平仄相间、重章叠句、押韵等方式来营造整体的韵律氛围。中国韵文体的历史悠久，如《诗经》、楚辞，汉赋、唐诗、宋词、元曲等都属于韵文体。而在现代社会，韵文体的承载形式主要有现代诗歌、戏曲、歌词等。

散文体与韵文体相对，它的形式特点是语句可以按照表达的需要参差变化，散行排列，不讲究韵律。因为没有韵文那么明显的形式限制，因此散文体遣词造句、谋篇布局就比较自由洒脱，便于发挥个人的文学想象力和创造性；同时，与韵文体相比，散文体对词汇体系中各色词语以及各种功能的句式结构的兼容性更强，可以尽情地利用各种修辞手法来增强语言的表现力；因此，散文体所表现出来的言语风格显得更加丰富多彩。散文体包括小说、散文、戏剧等。

各种语体源于特定社会交际的需要，并经过长期语言实践而形成，一旦形成就具有了独立性，有自己发展的轨迹。但是社会交际的范围大小和任务的数量都是不断变动的，而且有时交际类型和交际任务并非单一的而是复合的，因此在实际的语言生活中各种语体相互渗透、相互交叉是比较常见的。例如散文诗、书信体小说、韵文式政治宣传语等，而杂文实际上就是文艺语体和政论体结合形成的。语体的交叉和渗透是特定语体在发展过程中必然会出现的现象，它能够丰富特定语体的内容，并且推动特定语体的发展。

练习题

1. 语体是不是就是文体，如果不是，二者有何区别？
2. 淘宝体、凡客体是不是一种语体？如果不是，该如何看待？
3. 什么是口语体？什么是书面体？二者关系如何？
4. 什么是科技语体？科技语体有何特点？
5. 什么是政论语体？一般政论语体和文艺政论语体有何区别？
6. 什么是文艺语体？文艺语体有何特点？

后　记

《现代汉语概论》是华南师范大学文学院现代汉语教研室的教师在多年的教学基础上根据教学积累而写成的关于现代汉语课程的教材。本教材吸收了近年来汉语语言学界新的观点、理论和方法，诸如华语和域外华语的观点，具体为言语语音分析方法、语义场理论、语言和文化分析、句法同构理论、句法语义分析理论和方法、修辞和语用相结合的方法等等。编写时，我们在内容的精当方面做了很大努力，并且力图有所创新。

本教材没有写入“文字”（或“汉字”）部分。道理很简单：语言和文字是不同的现象，汉语和汉字也是不同的现象。现行汉字早在魏晋时期就已经定型，而其时汉语尚处于中古时期。汉语和汉字各有其发展规律，应当分别研究。实际上我们也是这么做的。关于汉字学的知识，我们的汉语言文学教育专业和相关专业专门开设了“汉字学”课程，系统地讲授汉字学的有关知识。我们觉得这种做法是比较合适的。

本教材的具体编写人员及任务如下：

张舸　　绪论和语音部分

练春招　词汇部分

周国光　语法部分

董祥冬　修辞部分

这本教材是我们华南师范大学文学院现代汉语教研室集体智慧的结晶。教研室的诸位同事在编写过程中给予了无私的援助和极有价值的建议。同时我们也参考了国内有代表性的教材和时贤的高论。谨此一并致以深切的谢意！

编者

2014 年于华师行知园